몬테소리의 유아교육

Montessori Early Childhood Education

몬테소리의 유아교육

황현숙 저

동 문 사

PREFACE

머리말

"어른이 되어서 누리는 행복은 어린이였을 때 어떤 삶을 살았는가와 밀접하게 관련된다. 우리의 실수는 어린이에게 영향을 미치고, 지울 수 없는 인상을 남겨둔다. 우리는 죽을 것이지만 어린이들은 우리의 실수로 인해 고통을 받을 것이다. 어린이에게 영향을 주는 것이 무엇이든지 간에 인류에게 영향을 미친다. 왜냐하면 영혼의 섬세하고 비밀스럽게 휴식하는 곳에서 인간의 교육이 성취되기 때문이다."

−The Secret of Childhood, Montessori, 1936−

가르친다는 것은 교육하는 사람의 살아가는 길을 보여주는 것이라 할 수 있다. 교육을 통하여 세상을 바라보는 방향을 나타내고 원하는 것을 달성하기 위하여 집중하는 목표가 무엇인지 표현하는 것이라 할 수 있다. 누군가를 가르치고 그로 인해서 나타나기를 원하는 변화를 보고 싶은 것이다. 그리고 교육은 변화하는 시대에 맞추어 적합한 교육환경이나 방법의 개선을 통해 또는 새로운 개발을 통하여 최고의 교육효과를 찾고자 하는 변화를 해 왔다.

어린이를 교육하는 교사는 어린이의 생애에 강한 영향을 미친다. 유아교사는 자신이 원하는 교육을 하고 싶어 하며 교육으로 유아에게 어떤 변화가 일어나기를 바란다. 그런데 어떤 교육을 실현하기 원하는가에 따라 교육의 결과가 목적인지 과정이 목적인지에 따른 교사의 관점에 따라 그 교육이 나아가는 길은 달라진다. 그리고 우리가 알지 못하는 곳에서도 교육의 효과는 일어난다.

몬테소리는 어린이에게 미치는 교육의 영향을 누구보다 잘 이해하고 있었으며, 교육을 하는 교사의 입장에서 우선하기보다는 교육을 받게 되는 유아가 무엇을 원하는지를 중요하게 생각했다. 또한 유아가 무엇에 민감한지 유아에게 적합한 방법이 어떤 것인지를 심각하게 고민하고 관찰하여 유아에게 적절한 교육을 적용한 사람이라 할 수 있다. 그래서 그녀가 살던 시대에 행해지던 교육의 부적절함을 지적하고 개선해야 함을 주장하였다. 그리고 새로운 교육이 필요하고 새로운 교사가 필요하다고 주장하였다.

요즘의 교육현장은 여러 가지 면에서 과거보다는 낫다고 할 수 있다. 어린이들에게 행해지는 교육은 다양하고 새로운 교육적 방법과 기술이 적용되고 있다. 예전보다 깨끗하고 풍부한 교육환경을 제공받고 있다. 교사는 전문적 교육지식을 가지고 있으며, 매체의 발달로 광범위한 전문지식의 공유가 가능해지고 교실환경은 매우 발달된 기계와 매체들로 자리 잡고 있다. 이를 바탕으로 어린이들은 과거보다 더 좋은 교육을 받고 있으며 학교라는 장소에서 행복하게 배우고 있는가를 생각해 볼 필요가 있다.

몬테소리 교육은 그냥 한동안 유행을 타다가 사라지는 것이 아니라 지금도 교육에 적용하는데 있어 공감을 하고 인정을 할 수 있는 이론이다. 시대의 변화가 있었지만 현대 교육자들에게 영향을 끼치고 세계적으로 몬테소리 학교가 존재하고 있다. 그리고 무엇보다 어린이들의 입장에서 바라본 교육의 실천이 되고 있다. 몬테소리 교육을 지지하는 입장도 있을 것이고 혹은 단점을 지적하거나 적절하지 않다고 보는 입장도 있을 것이다. 어느 한 가지의 교육이 최고의 교육이 될 수는 없다. 그것은 교육을 적용하고 실천하는 자가 풀어나가야 할 과제라고 할 수 있다.

교사의 길을 가려고 유아교육과를 진학하지만 진정으로 유아를 사랑하는 것에 대하여 구체적으로 모르고 오는 경우가 있다. 교사라는 일을 하면서도 자신이 유아를 사랑하는 것에 우선하여 필요한 것이 무엇인지 모르는 경우가 생기곤 한다. 교사가 행복해야 아이들이 행복하다. 유아와 부모에게 현장의 교사에게 우선적으로 필요한 점은 한 인간으로 지켜져야 할 그리고 발달되어야 할 자신에 대한 사랑이나 자유의 의지이다. 몬테소리가 강조했던 새로운 교사의 역할은 교사는 무엇보다 자신을 사랑해야 하며 자신을 객관적으로 보는 눈을 가져야 한다는 점을 강조했다. 어린이의 정상화된 모습도 자신을 사랑하고 타인을 사랑할 수 있는 것이다. 몬테소리 교육은 이런 점에서 앞으로도 계속 이어져 나갈 강한 뿌리를 가졌다고 할 수 있다.

몬테소리 교육은 철학과 이론을 기초로 교육방법과 교구가 제공된다. 몬테소리 교구가 다양하고 영역별 교구가 풍부하며 교구 하나하나를 적용하는 방법이 구체적인 시범으로 소개된다. 교구의 모양이나 효과가 화려해 보이거나 지적인 면에서 뛰어난 것으로 보이기도 한다. 그리고 교육의 영향은 어린이의 정신적인 면에서 일어날지라도 표면으로 나타나는 것이 교구 작업이라서 교구에 더 중요성을 가지는 경향도 있다. 그러나 이론의 바탕이 된 어린이의 욕구와 흥미를 중심으로 만들어진 교구활동이므로 몬테소리 교육 철학을 먼저 이해하고 교구를 시범할 필요가 있다.

이러한 교육의 특징이 시대가 지나도 적용할 수 있고 유지되고 있는 몬테소리 교육의 비법이기도 하다. 몬테소리가 경험한 의학과 철학, 인류학, 과학적 사고가 바탕이 되어 고안된 어린이를 위한 교육이며 자연과 인간 존중의 사상을 기본으로 풀어나간 교육을 알고 이해하기에는 짧은 시간으로는 부족하다.

그러나 몬테소리 강의를 들으면서 어린이가 느꼈던 즐거움을 느끼고 그녀가 우리 교육자들에게 하고 싶었던 것들을 이해할 수 있다면 좋겠다는 마음으로 이 교재를 만들게 되었다. 몬테소리 교육이 가지고 광범위한 철학과 다양한 교육 방법을 이해를 위하여 조금이나마 도움이 되는 교재가 되기를 희망한다.

PREFACE

머리말

이 교재는 몬테소리의 삶을 중심으로 일어난 큰 사건들과 그에 바탕이 된 교육이론을 살펴보고, 교육내용, 교사의 역할, 환경을 살펴보았다. 현대 사회에서의 유아교육을 위하여 몬테소리 교육이 변해야 할 점에 대해서도 살펴보았다. 마지막으로 교육활동을 영역별 교구활동 계획안 중심으로 살펴보았다.

제1장은 몬테소리가 태어나서부터 성장하여 교육자가 되기까지 어릴 적부터 남달랐던 그녀의 개혁적인 삶의 역사를 알아보았다. 여자였지만 과학을 좋아하고 최초로 의학을 공부하다가 특수교육과 일반 교육학으로 전환하게 된 몬테소리가 살아온 생애를 살펴보았다. 가난한 동네에서 어린이집을 개원하고 교사훈련을 시작하게 되는 그녀의 삶을 살펴본다.

제2장은 몬테소리가 어린이집에 적용한 교육 방법들을 소개하는 장으로 당시의 학교에서와 달리 어린이집에서는 새로운 방법을 시작하였다. 그것은 인류학적인 고려, 교실의 어린이에 맞는 환경, 자유, 규율, 독립, 운동과 작업, 감각교육과 침묵, 자연재배, 손작업, 쓰기와 읽기 교수 등이다.

제3장은 몬테소리가 어린이집에서 유아들을 관찰하면서 발견한 유아들의 자연스러운 비밀들을 살펴보았다. 몬테소리도 교육을 하면서 미리 결정하고 정리해놓지 않았던 교육원리로 자신도 모르던 것을 관찰을 통해 어린이들의 행동 특성들을 발견하게 되었다. 이러한 발견들이 몬테소리 교육 원리로 발전하게 된다. 정신적인 특성으로는 흡수정신, 민감기가 있고 교육적인 특성으로 반복, 집중, 상과 벌, 존엄성, 훈육, 쓰기와 읽기, 침묵, 자유로운 선택, 장난감들, 그리고 신체적인 효과가 있다.

제4장은 몬테소리가 말하는 새로운 교사의 특성은 무엇인지에 대하여 알아본 것으로 몬테소리 교사의 자질과 역할에 대하여 소개하였다. 교사 중심이 아닌 유아 중심의 교육특성을 가지고 교사 자신을 객관적인 관점에서 돌아보게 하며 교육자로서 전문적인 자질을 살펴본다.

제5장은 몬테소리 교육내용을 알아보는 장으로 몬테소리 교육목적과 일상생활, 감각, 수, 언어, 문화 영역의 다섯 가지 교육내용으로 나누어 살펴보았다. 각 영역의 목적, 세부 내용과 활동의 종류를 알아보았다.

제6장은 몬테소리 유아교육과정을 구성하는 교수방법, 교육과정 운영, 교육환경으로 나누어 살펴보았다. 하루일과, 누리과정과의 연계, 실내 환경의 구성, 실외환경, 그 외 필요한 환경 구성, 교육평가로 구성된다.

제7장은 몬테소리 교육의 현대적 의미를 살펴본 것으로 몬테소리 교육의 의미, 세계적 현황, 현대 교육에 있어 몬테소리 교육의 적용, 과제를 살펴보았다. 몬테소리 교육 자체가 가지고 있는 교육적 의미와 가치를 시대적인 흐름에 따라 어떤 변화를 가지고 왔었는지 그리고 지금의 시대에 맞는 교육을 실천하기 위해서는 어떤 점들을 고려해야 할지 생각해 보았다.

제8장은 몬테소리 교육활동으로 다섯 가지 영역별 교육 내용에 맞는 교구 활동을 시범 활동 계획안을 몇 가지 소개하였다. 나머지 활동들은 각 교구의 시범을 보고 개인별로 작성할 수 있도록 하였다.

이 책이 출판하기까지에 많은 사진 자료와 도움을 준 원장님들, 유아들의 사진 제공에 동의를 해 준 학부모님들, 몬테소리를 사랑하여 만들어져 왔던 많은 책들과 몬테소리 교육을 사랑해 준 학생들에 힘입어 그리고 무엇보다 몬테소리 교육의 기쁨을 느끼게 해 준 마리아 몬테소리를 기억하며 이 책의 집필을 마칠 수 있었음에 감사드린다.

2017년 1월
저자 황현숙 씀

CONTENTS

차 례

머리말 ◆ 4

CHAPTER 1 몬테소리의 개혁적인 생애 11

1 몬테소리의 어린 시절 16
2 이탈리아 최초의 여성 의사 19
3 정신병원 수용 시설에서 만난 어린이들 23
4 특수교육의 시작 24
5 일반 교육학에 대한 관심 27
6 어린이집(Casa dei Bambini)의 개원 27
7 교사훈련 교육과 교육 전파 31

CHAPTER 2 몬테소리의 어린이집에 적용한 방법 37

1 어린이집의 개원 38
2 어린이집에서 적용한 방법 41

CHAPTER 3 몬테소리가 어린이집에서 발견한 것들 67

1 어린이에게서 발견한 정신적 특성 70
2 어린이에게서 발견한 교육적 특성 74

CHAPTER 4 몬테소리의 새로운 교사 91

1 몬테소리 새로운 교사의 특성 93
2 몬테소리 교사의 자질 99
3 몬테소리 유아교사의 역할 103

CHAPTER 5 몬테소리 교육내용 111

1 몬테소리 교육목적 112
2 몬테소리 교육내용 115

CHAPTER 6 몬테소리 교육과정 143

1 몬테소리 유아교육과정 144
2 몬테소리 교육환경 157
3 몬테소리 교육평가 171

CONTENTS

차 례

CHAPTER 7 몬테소리 교육의 현대적 의미 183

1 몬테소리 교육의 의미 184
2 몬테소리 교육의 세계적 현황 193
3 현대 교육에 있어 몬테소리의 적용 198
4 현대 몬테소리 교육의 과제 209

CHAPTER 8 몬테소리 교구활동 실제 215

1 일상생활 영역 교구활동 216
2 감각 영역 교구활동 243
3 수 영역 교구활동 272
4 언어 영역 교구활동 302
5 문화 영역 교구활동 322

참고문헌 343

CHAPTER 1

몬테소리의 개혁적인 생애

1. 몬테소리의 어린 시절
2. 이탈리아 최초의 여성 의사
3. 정신병원 수용 시설에서 만난 어린이들
4. 특수교육의 시작
5. 일반 교육학에 대한 관심
6. 어린이집의 개원
7. 교사훈련 교육과 교육 전파

마리아 몬테소리는 누구인가?

'제가 스스로 할 수 있도록 도와주세요'
이 말은 몬테소리 어린이집에서 유아들이 어른에게 외치는 소리이다.

그림 1-1 마리아 몬테소리

출처: https://marielinder.wordpress.com/2010/ 01/10/tomorrow-sees-the-beginning-of-a-new-term/

몬테소리가 성인들에게 말하기를, 어린이의 눈으로 어린이를 보라고 한다. 또, 어린이가 지닌 창조적인 성장 발달의 힘을 인정하라고 한다. 유아교육을 하는 사람이라면 누구나 한 번쯤 듣거나 말한 적이 있는 이야기이고, 유아의 입장에서 교육을 하고 있다고 생각하고 있을 것이다. 그러나 몬테소리의 말을 곰곰이 생각해 보면 진정 우리가 어린이의 눈으로 어린이를 보고 있는지 되짚어봐야 할 것이다.

어린이가 있는 가족이라면 흔히 겪는 일상의 단면을 예로 들어 생각해 보자. 가족들이 함께 나가야 하는 모임 때문에 외출할 시간이 다되어 준비하고 있는 모습을 떠올려보라. 모두 옷을 차려입고 현관문 앞에 다다르면 아직도 신발을 신고 있는 아이를 보게 된다. 아이가 손을 더디게 움직이며 신발에 발을 넣은 뒤, 잽싸게 하지 못하고 느릿느릿 끈을 조이고 있는 모습을 보면 부모는 안달이 난다. 처음에는 인내심을 가지고 아이를 기다리며 지켜봐 주지만, 점차 초조함을 견디다 못해 빨리 신으라고 재촉하거나 화를 내고, 아니면 어른이 대충 얼버무리듯 단번에 해치워버린다. 스스로 뭔가를 해보려던 아이는 부모에 의해 순식간에 강제로 신발을 신게 되는 상황에서 울상이 되거나 당황해 한다. 가족 모두는 뭔가 불편한 상태로 집을 나선다. 그리고 부모는 곧 좀 전의 상황을 잊어버린다. 아이도 금방 잊어버리게 될까? 이 상황에서 부모는 어린이의 눈으로 어린이를 보고 있는가? 유아가 느끼는 것은 무엇일까?

길거리에서도 간혹 울고 떼쓰는 아이와 함께 어른이 야단을 치고 있는 모습을 보게 된다. 대부분은 부모가 아이를 훈육한다는 명분으로, 즉 어른의 입장에서 아이에게 올바른 길을 가르친다며 야단을 치고 잔소리를 하고 벌을 주고 있는 것이다. 과연 아이들은 이러한 방법의 어른의 규제나 처벌을 필요로 할까? 한편, 이와 반대의 상황도 볼 수 있다. 식당에서 가족이 식사를 하고 있고, 잠시 부모의 감시를 벗어난 아이들은 다른 손님들 주위를 뛰어다니며 놀이에 여념이 없다. 분명히 다른 사람들의 식사를 방해하고 있는 데도 아이들의 부모는 야단을 하기는커녕 전혀 개의치 않는다. 그렇다면 이것은 유아의 입장을 충분히 고려하여 자유롭게 놔두는 것인가?

객관적인 입장에서 이 상황을 다시 한 번 생각해 보고 성인과 유아의 관점에서 잘 살펴보자. 성인과 유아는 생각하는 수준과 범위가 다르고 몸의 크기가 다르고 행동하는 정도가 다르다. 성인들은 모든 것에 서투르고 힘들어 하는 유아의 입장을 고려하지 못할 때가 많다. 유아의 입장을 안다고 하더라도 늘 반복되는 상황에서 인내심이 줄어들고 곧이어 화를 내거나 재촉하고 빨리 움직이지 않는다고 야단을 치는 경우가 많다.

유아는 신체 발달이 아직 완성되지 못하여 천천히 움직이고, 신발 끈을 요령 있게 움직이며 조작하기에는 손가락의 힘이 약하고, 끈을 어느 방향으로 움직여야 하는지 잘 모르고, 끈을 조이기에는 힘이 부족하다는 것을 성인은 왜 생각하지 못하는 것일까? 이외에도 일상에서 일어나는 일에서 성인들은 유아의 입장을 고려하지 못할 때가 많다. 왜 어른은 유아가 혼자서 하고 싶어 하는 것을 기다려주지 못하고, 또 유아의 입장에서 생각하지 못하는 것일까?

교사와 유아의 관계에서도 마찬가지이다. 한 가지 행동을 함에 있어 성인과 유아가 원하는 목적은 다르다. 성인과 유아 시기의 삶은 풀어나가야 할 문제나 목표가 다르다. 앞의 예에서 성인은 빨리 신발을 신고 외출하기 위하여 움직이는 것이라면, 아이가 원하고 필요로 하는 것은 완성된 신발을 신은 모습이 아니라,

자신의 힘으로 움직여 스스로 신발을 신는 과정이라는 것을 잊어서는 안 된다. 성인이 아이를 이해하지 못하고 성인과 유아 간의 갈등과 혼란의 시간들이 매일 경험된다면 유아가 어떻게, 어떤 모습으로 성장할지 생각해 보아야 할 것이다. 부모는 유아에 대한 전문성이 부족하여 유아를 이해하기 어렵다 할지라도 전문가인 교사는 유아의 발달을 이해하고 유아의 마음을 이해해주는 사람이 되어야 하지 않을까?

그림 1-2 어린이 신발

"……the teacher's task is first to nourish and assist, to watch, encourage, guide, induce, rather than to interfere, prescribe, or restrict."

—Maria Montessori, The Montessori Method—

몬테소리는 유아교사가 할 일은 유아를 방해하거나 규정하고 제한하기보다는 지켜봐주고 격려하고 안내하고 유도하고 도와주고 영양분을 공급해 주는 임무가 우선이라고 하였다.

마리아 몬테소리는 일상생활에서 유아가 겪게 되는 모든 상황을 누구보다 유아의 입장에서 유아가 무엇을 원하는지를 잘 고려한 사람이다. 유아가 스스로 뭔가를 하고 싶어 하는 욕구가 얼마나 강하며, 또 유아들만이 가지고 있는 뛰어난 능력을 인정한 사람이다. 그녀는 유아의 타고난 성장에 대한 창조성과 능력을 인정한 사람이다.

생각해 보기

생활 속에서 자신이 경험하거나 관찰했던 성인과 유아 간에 일어난 일화 하나를 예로 들어, 유아의 입장과 성인의 입장에서 어떤 차이가 있는지, 유아의 입장은 어떤 것인지 생각해 보자! 어떤 방법으로 해결하면 좋을지 방안도 찾아보자!

익히 알고 있는 전통적인 교사의 역할이 아닌 '가르치지 않는 교사'가 되어야 몬테소리가 말한 진정한 교사가 될 수 있다. 그렇게 하면 유아는 자신이 원하는 것을 자유롭게 할 수 있는 자유인이 되는 것이다. 유아가 스스로 배우게 자유를 주는 사람이 곧 교사이고, 유아에게 자유를 줄 수 있는 구체적인 조직화된 교육을 준비하는 일이 교사의 일이다.

교사의 역할을 얘기하면서 '안내자', '비교사'가 되어야 한다는 몬테소리의 주장은 당시에는 일반적으로 인식되지 않았다. 교사 중심의 학교 장면에서 유아 중심의 학교라는 것은 상상하기 힘든 것이었다. 그녀는 당시 어린이집에 다니던 사회적으로 불우하고 어려운 환경에 있던 코흘리개 어린이들로서는 기대할 수 없었던 교육적 성과로 어린이 교육에 기적을 일으킨 사람이었다.

생각해 보기

자신이 경험한 교사의 역할은 어떤 것이었으며, 몬테소리의 '비교사'의 의미를 생각해 보고, 자신이 되고 싶은 교사 또는 하고 싶은 교사의 역할은 어떤 것인가 생각해 보자!

이탈리아의 작은 도시에서 태어난 한 여성이 세계적으로 유명한 교육학자가 되기까지 시대를 거스르는 새로운 개혁정신과 결코 비범하지 않은 일생이 전개된다. 그녀는 여성으로서의 사회적 편견을 깨고 스스로 원하는 것을 향하여 투쟁하기를 두려워하지 않았다. 여성과 아동을 위한 사회개혁에 일생을 바친 마리아 몬테소리는 유명세와 함께 많은 어려움도 겪었다. 여성으로서, 직업인으로서, 사회개혁가로서, 또한 어머니로서의 파란만장한 그녀의 생애와 업적을 살펴보자.

1 몬테소리의 어린 시절

마리아 몬테소리는 어떤 아이였는가?

그림 1-3 몬테소리의 어머니 (레닐데 스토파니)

출처: http://scommons.wikimedia.orgwikiFi leMaria_Montessori_(portrait).jpguselang=ko

마리아 몬테소리(Maria Montessori, 1870~1952)는 1870년 8월 31일, 이탈리아 중부의 작은 해안지역인 안코나(Ancona) 키아라발레(Chiaravalle)에서 태어났다. 몬테소리가 태어난 시기는 이탈리아가 통일이 되고 산업발전이 이루어지던 때이며, 개혁과 보수적 경향이 공존한 혼란의 시대였다. 시민들의 문맹률도 높고 여성이나 어린이에 대한 권리는 생각하기 어려우며 어린이 노동도 흔하게 일어나던 때였다(마리아 몬테소리, 2001). 이탈리아에서는 1880~1890년대까지만 해도 전반적으로 소녀들이 교육받는 장소로 가정이 가장 좋은 곳이라고 생각하였고, 여자 혼자서는 밖으로 나가는 것이 바람직하지 못하다고 여기던 때였다.

몬테소리의 아버지인 알렉산드로 몬테소리는 군인 출신으로 후에는 공무원직에서 일하였다. 통일을 이끄는 조국 해방 전투에 참가하여 훈장을 받기도 했으며 소금공장, 재정관리 감독관, 공인회계사 등의 직업을 거쳤다. 아버지는 보수적인 사고를 가지고 있었던 만큼 그의 딸이 전통적인 여성의 모습을 지니기를 바랐다. 이후 몬테소리가 자신이 원하는 공부와 직업을 선택하려고 할 때, 격렬히 반대했고 그의 생각대로 안 되자 고집부리는 딸 마리아와 결별하기까지 하였다.

반면에 어머니인 레닐데 스토파니(Renilde Stoppani)는 교육자의 집안에서 성장하였으며, 당시 여자로서는 책을 많이 읽고 개혁적인 사상을 가진 사람이었다. 몬테소리의 외삼촌인 안토니오 스토파니는 밀란 대학교의 지질학 교수이자 자유주의 성직자이기도 한 유명한 사람이었다. 외삼촌과 어머니의 영향으로 마리아는 어린 시절부터 개척적이며 강건한 성품으로 자랐다. 몬테소리의 어머니는 규율이 엄한 편이었으나 교육에 열정을 가지고 딸을 지지하였다. 몬테소리는 어머니에게서 많은 영향을 받았다. 예절과 규율 지도뿐만 아니라 자신이 원하는 일을 추구하는 데 포기하지 않는 강인함도 어머니에게서 배웠다.

몬테소리의 어린 시절 일화를 소개한다. 4주간의 가족 휴가를 끝내고 집으로 돌아와 배가 고프다고 칭얼거리는 어린 몬테소리에게 어머니는 오래된 빵 조각을 건네며 "좋아, 그렇게 못 기다리겠다면 이 빵을 먹도록 해."라고 말하며 교육에 엄격함을 보여준 어머니였다. 이런 어머니의 강인한 교육방법은 몬테소리가 어려운 일을 겪을 때마다 헤쳐 나갈 수 있는 힘이 되었던 것으로 보인다.

어머니는 몬테소리가 자기보다 못한 이웃을 돕도록 길렀다. 가난한 사람을 위해 매일 뜨개질감을 맡아서 하도록 했다. 타일 바닥을 청소할 필요가 있을 때마다 청소하는 일을 맡았다. 이러한 경험들은 후에 몬테소리 교육의 '일상생활연습'에 그대로 드러나 있다. 몬테소리는 가정에서 평화 중재자의 역할도 하였다. 부모가 싸

우는 모습을 보고는 의자를 놓고 올라가 부모의 양손을 잡아 자기의 손에 얹어 화해시키기도 했다고 한다.

그림 1-4 젊은 몬테소리

출처: http://www.montessori-academy.org/wp-content/uploads/2015/01/ExtraordinaryWomen_Montessori10_tx800.jpg

이후 1875년 가족이 로마로 이사를 하면서 몬테소리는 좀 더 넓은 지역에서 학교를 다니고 더 나은 교육을 받을 수 있었다. 그러나 당시 학교들은 어디나 전문성을 갖춘 행정이 이루어지지 못하는 열악한 환경이었다. 비록 고향보다는 크고 공공시설이 많은 좀 더 나은 교육환경이었지만, 학교에서 배우는 것은 으레 읽기, 쓰기, 산수 정도를 벗어나지 못했다. 책은 충분하지 못했고, 다른 교육용구는 부족했으며, 지저분했다.

학생들의 상상력을 키울 만한 교육제도나 방법이 아니었다. 초등학교 시절 몬테소리는 자신만만하고, 강인한 의지를 지닌 약간은 독선적인 데가 있었다. 때로는 다른 사람이 용납하기 어려운 책임감 같은 것이 있었으며, 수학을 좋아하던 아이였다. 학문적으로 몬테소리는 우수했고 남들보다 빨리 배웠다. 10세 무렵 심하게 아팠는데 곁에서 걱정하고 있는 어머니에게, "어머니, 걱정하지 마세요. 나는 죽지 못해요. 해야 할 일이 너무 많으니까요."라고 할 정도로 강인한 사명감을 가진 어른스러운 모습을 보이기도 했다.

상급 학교로 진학하면서 몬테소리는 사회적 인식을 벗어난, 결코 평범하지 않은 새로운 길을 개척함으로써 갖가지 어려움에 직면하기 시작하였다. 당시 여성에게 최고의 직업은 교사였고, 미래에는 현모양처가 되는 것을 당연시 하던 때였다.

수학과 과학을 좋아하던 몬테소리는 대부분의 여학생들과는 달리 1883년 기술학교에 입학하였고, 이로 인해 아버지와 의견 충돌이 생겼다. 이 무렵 여학생이 기술학교를 간다는 것은 평범한 일이 아니었다. 여자 아이들은 기술학교에 가기보다는 고전적인 학문을 공부하는 것이 보통이었다. 마침내 우수한 성적으로 기술학교를 졸업한 몬테소리는 공학에 관심을 가지다가 후에 생물학 분야로 옮겨간다. 그러다 의학을 해야겠다는 생각을 하였다.

몬테소리는 아버지의 반대에도 불구하고 자신의 의지대로 기술학교에 입학, 아주 우수한 성적으로 졸업하였다. 몬테소리의 부모는 가정을 이루거나 여자로서는 최고의 직업인 교사가 되기를 격려하였다. 그러나 몬테소리는 어느 날 길을 가다가 아이를 안고 가는 우울하고 슬픈 표정의 여자를 보게 되면서 무언가를 느끼고 결심하게 되어 의과대학에 가서 의사가 되고 싶다고 말하였다. 당시로서는 여학생이 의과대학에 진학하고 의사가 되는 일이 전혀 없던 때였다. 몬테소리의 친척들과 가족들은 반대했고, 특히 아버지는 심하게 반대하였다. 로마 대학에서도 의과대학은 남성들의 전용물로 몬테소리가 입학하는 것을 허락하지 않았다. 그러나 그녀는 자신의 의지를 꺾지 않고 입학면접을 하였고, 심지어 교수에게 "저는 제가 의사가 되리라는 것을 확신합니다!"라고 말하였다.

2 이탈리아 최초의 여성 의사

최초의 여성 의학도는 어떤 사람이었나?

1890년 몬테소리는 로마 대학의 물리학 · 수학 · 자연과학 학생으로 입학하였다. 2년 뒤 의과대학에서 공부를 할 수 있는 학위를 받았다. 의대에 가기를 원하는 그녀의 강인한 의지와 어머니의 지지를 받으며 입학을 허락하지 않는 대학을 향해서 해 볼 수 있는 다양한 방법으로 자신의 입학을 허락해 줄 것을 요청하였다. 교황에게 사정을 호소하기까지 하였다. 확실한 정황은 없지만 여러 가지 추측이나 사람들에게 전해지는 이야기로는, 교황의 중재를 통하여 몬테소리가 의대에 입학할 수 있게 되었다고 한다.

드디어 몬테소리는 이탈리아 최초의 여성 의학도가 되었다. 몬테소리는 자신의 성에 대해 당당했을 뿐만 아니라, 학업을 충실하게 하면서도 학비를 버는 등 자신의 일을 확실하게 완수하였다. 의대에서 학위를 받기까지 개인병원에서 일을 하면서 학비를 충당할 돈을 벌었다.

마리아 몬테소리가 의대에 다니는 것은 정말 쉽지 않았다. 편견에 사로잡힌 남학생들은 여학생과 같은 장소에서 공부한다는 것에 분개했고, 심지어 복도를 지나가면 몬테소리를 향하여 야유를 보내기도 하였다. 강의실에서는 모두가 자리에 앉은 다음에야 몬테소리가 앉아야 하는 등 남학생들과의 학교생활을 함께하는 것에 많은 어려움이 따랐다.

그러나 몬테소리의 열정은 꺾이지 않았고, 누구보다 학업에 열심이었다. 날씨가 좋지 않아 대부분의 학생들이 결석할 때도 학교에 출석하였다. 당시 의과대학 공부는 노트 암기 위주로 공부하고 자격증을 얻는, 학위 자체를 위하여 시험 치는 학생들이 많았다. 몬테소리는 여성이었기 때문에 관심을 받은 것도 있지만, 무엇보다도 다른 학생들과 달리 성실하고 배우는 데 열심이었고, 영리하고 훌륭한 학생이어서 관심을 받게 되었다. 다른 사람들은 의과대학의 위신에 관심이 있었지만, 몬테소리는 의학을 실천하는 데 관심이 있었다. 특히, 힘들었던 것은 해부학 실험이었다. 남학생들이 함께하는 것을 금지하여 밤에 혼자서 어두운 시체해부실에서 코를 찌르는 악취를 맡으며 해부실험을 할 때는 무엇보다 힘들었다고 회고하였다.

몬테소리를 괴롭힌 것은 이러한 외적 장애물 외에도 해부실험에 대한 어려움도 있었다. 이때 느낀 것을 긴 편지로 적었다. 무서운 해골, 불안한 기분이 들게 하는 시체들, 그리고 바깥에 있는 여자들의 장신구를 한 복장과 행복해 보이는 모습들……. 이러한 힘든 것을 이야기했을 때 가족들의 반응 등으로 한때는 절망감을 느끼고 아팠던 일화도 있다. 몬테소리 스스로 극복했다고 했지만 여전히 심한 아버지의 반대, 동료 학생이나 몇몇 교수의 적대감 등으로 어려움을 느끼고, 드디어 모든 것을 포기하고 해부실을 떠났다.

그러나 그녀의 일화 속에는 자신의 불확실한 미래에 대하여 어떤 사명감을 갖고 있는 직관적인 사고들이 엿보인다. 해부실에서 벗어나 집으로 가는 길에 황폐한 핀치오(Pincio) 공원을 걸어가며 무엇을 할 것인가 생각하던 중에 길가에서 비탄한 표정으로 동냥을 하고 있는 여성 걸인을 만났다. 여성 옆에는 아이가 있었는데, 알록달록한 종잇조각을 가지고 아주 행복한 표정으로 열중하며 놀고 있었다. 아이의 행복한 표정에서 뭐라고 말할 수 없는 감동을 받은 몬테소리는 어려움을 극복하고 의과대학을 마쳐야겠다는 사명감을 갖고 실험실로 돌아갔다. 오랫동안 몬테소리와 같은 길을 간 마케로니(Maccheroni)는 "우리는 그저 우리 자신들만 편안하려고 태어나지 않았어."라고 말하던 몬테소리를 회상하였다. 그 뒤 몬테소리는 해부실에 대한 혐오감이 사라지고 다시는 회의를 가져본 적이 없었다고 한다(마리아 몬테소리, 2001).

그리고 다른 학생들로부터도 차츰 인정을 받기 시작하였고, 옷차림도 전통적이면서 매력적으로 맵시 있게 꾸미고 사회적으로 행동했다. 여러 행사에서도 젊은 여자 의대생은 항상 주목을 받았고, 장학금을 받았다. 남자 · 여자를 위한 병원에서 보조의사로 일하며, 어린이의 병을 치료하는 전문가가 되었다. 마지막에는 모든 학생이 모인 강의실에서 각자 강의를 하게 되어 있는데, 몬테소리의 진지한 어조와 수준 높은 강의 내용에 감명을 받아서 모두 조용하고 진지했다고 한다. 논문 발표 날에는 큰 박수를 받았다.

여러 가지의 고비 끝에 의과대학을 졸업할 때 몬테소리는 훌륭한 성적을 얻었고 '피해망상의 연구에 대한 임상학적 기여(편집증)'라는 제목의 우수한 논문을 발표하였다. 이 장면을 본 아버지는 마침내 딸과 화해를 하였다. 드디어 마리아 몬테소리는 1896년 7월 10일, 최초의 여성 의사가 되었다.

> "모든 것이 이제는 끝났다. … 유명해졌어. … 얘! 너도 알듯이 어떻게 생각하면 어려운 것이 아니야. 만약 누구나 원하기만 한다면 얻을 수 있어. 그러나 상당한 노력이 필요한 거야."

학위를 받고 친구에게 쓴 편지를 보면 강인한 노력의 결과로 원하는 것을 이룬 몬테소리의 의지를 엿볼 수 있다.

생각해 보기

몬테소리가 의사가 되기까지 어려움을 딛고 자신이 원하는 것을 이루는 모습을 보고 본인의 삶에서 이러한 경험이 있는지, 앞으로 이런 어려운 일이 일어날 경우에 자신의 각오를 생각해 보고 얘기해 보자!

의사가 된 몬테소리는 의학뿐만 아니라 사회문제에도 폭넓은 관심을 가졌다. 소외된 어린이에 대한 문제나 농촌문제 해결을 위한 사회 프로그램을 다루는 귀부인들을 만났다. 베를린 여성총회의 이탈리아 대표로 선정되어 발표한 여성의 권리를 위한 연설은 큰 호응을 받았다. 이후에도 농촌과 농장 여성들의 해방, 결혼한 여성의 경제와 법적 권리, 가난하고 고아가 된 어린이들을 위한 수용시설과 건강법제 등 사회적 개혁을 위한 연설을 여러 차례 하였다.

의사로서도 헌신적으로 일하던 몬테소리는 의사인지 간호사인지 모를 정도로 보호와 간호를 겸한 많은 일을 했다. 대부분 가난한 사람들과 특히 어린이와 관련된 일을 많이 했다. 1896년 몬테소리는 로마의 산토 스피리토(Santo Spirito) 병원에 자신의 포트폴리오를 내고 외과보조를 맡았다. 여성병원, 아동병원에서 때때로 일하고, 개인개업도 하였다. 몬테소리는 의사들에게서 기대할 수 있는 이상의 진찰을 실천하였다. 자신이 처방을 하는 환자들을 따뜻하게 대하고, 병도 잘 치료해 주는 의사였으며, 필요한 경우 침구를 세탁하고 따뜻한 스프를 끓여 주는 일을 마다하지 않고 사랑으로 환자를 보살핀 의사였다.

따뜻한 간호를 받은 환자들은 감사의 표현을 했다. 어머니 레닐데 몬테소리는 몬테소리에게 고마움을 표시하는 환자로부터 받은 편지들을 늘 간직하고 있었다고 한다. 어릴 적 불우한 친구를 도와주고 청소를 하던 몬테소리의 행동은 의사로서도 일관된 모습을 보였다.

생각해 보기

몬테소리가 의사의 역할을 하면서 보여준 여러 가지 모습을 생각해 보고, 자신은 유아교사로서 어떤 역할을 하고 싶은지 생각해 보고 얘기해 보자!

3 정신병원 수용 시설에서 만난 어린이들

관찰로 보게 된 지적 장애어린이들의 욕구

정신병원에서 계속 연구를 하던 몬테소리는 병원과 연계된 정신이상자 수용소를 방문한 일이 있었다. 별다른 공공시설이 없는 곳에 어린이들이 수용되어 있는 것을 보면서 안타까워했다. 몬테소리는 어린이들이 빵을 먹고 있다가 손으로 작은 빵부스러기를 쥐고 지저분하게 만지작거리는 모습을 보았다. 이를 본 몬테소리는 어린이들이 아무런 놀이기구도 없고 가지고 놀 것도 없는 방에 방치된 것을 발견하고, 어린이들이 뭔가를 만지며 지루함을 달랠 수 있는 것이 필요하다고 생각하였다. 아이들은 감각적인 자극을 위하여 절망적으로 손으로 빵을 만지고 있음을 깨달았다. 이러한 결핍이 장애를 가진 어린이의 현재 상태를 지속하게 만들었다는 것을 알았다. 몬테소리는 어린이들이 단순히 먹는 것 자체보다 높은 갈망이 있음을 알았으며, 이들의 장애는 감각을 충분히 자극받지 못해서 일어난 결함이라는 생각을 하였다. 따라서 치료적인 면에서의 접근이 답이 아니라 교육적인 측면에서 해답을 찾을 수 있다고 생각하였다.

생각해 보기

몬테소리가 장애가 있는 어린이들을 다른 사람들과는 달리 다른 시각으로 관찰하게 되었다. 어떤 것이었는가?

4 특수교육의 시작

의사였던 몬테소리가 특수교육을 시작하게 된 이유

몬테소리는 지적 장애 어린이들을 치료하고, 다양한 시도를 통하여 관찰하고, 활동을 지도하면서 어린이들의 반응을 연구하기 시작하였다. 정신적으로 결함이 있는 어린이들에 대한 자료를 찾아 공부하기 시작하였다. 특히, 19세기 프랑스의 '아비뇽의 소년'이라는 연구를 한 이타드(Jean-Marc Itard)와 그의 제자인 세강(Edouard Séguin)의 연구를 파고들었다.

이타드는 "의학적 교육학"이라는 감각의 작용을 통한 전신개발에 초점을 두어 정신적 결함이 있는 어린이들을 훈련시킬 수 있는 가능성을 이루게 한 사람이다. 몬테소리는 특수교육을 공부하기 위해 프랑스어를 이탈리아어로 번역하면서 이해하기 시작하였다. 자신의 의과대학 학위를 위한 연구보다 이때 공부한 것이 더욱 열심이었다고 한다. 이타드는 감각을 통한 교육기술을 개발하였고, 세강은 후에 이 기술을 교육에 접목하였다. 학교가 학생들을 많이 통제하던 이 시절에 세강은 반복과 개개인 유아의 이해를 강조하였다. 그는 실제적인 장치를 개발하였는데 어린이의 감각개념과 운동기술을 돕는 것이었다. 몬테소리는 정신결함은 의학적이라기보다는 주로 교육적 문제를 야기시킨다고 생각하고, 특별한 교육방법으로 치

그림 1-5 이타드(Jean-Marc Itard)

그림 1-6 세강(Edouard Séguin)

료될 수 있으며 병원이 아니라 학교에서 훈련받아야 한다고 생각하였다. 1897년에서 1898년 사이에 대학에서 교육학 과정 청강생으로 루소, 페스탈로치, 오웬, 프뢰벨과 같은 일반 교육학 측면의 학문을 공부하면서 더욱 더 심화되었다.

몬테소리는 전국교육자 회의에서, 지체 어린이들에게 일반적인 교육방법이 아닌 그들의 속도에 맞추어 훈련을 하면 사회에서 쓸모없고 무기력한, 사회를 좀먹게 하는 범죄자로 만들기 전에 더 효과적이고 나아가 행복해질 수 있다고 주장했다. 이러한 주장을 지지하는 사람들의 지원을 받아 특수아들을 위한 분리된 교실과 의학교육적 시설을 설립할 필요가 있음을 강조하였다. 많은 사람들의 갈채와 칭찬으로 명성을 얻게 되었다. 몬테소리는 지체 어린이에 대한 특수교육방법에 대한 강의를 교사를 대상으로 하였다. 그리고 지체 어린이들과 여성의 역할에 대하여 개선되어야 한다고 생각하는 일을 위한 기금을 모으기 위해서 강연 여행을 떠나고 가는 곳마다 청중들은 우아하게 차려입고 젊고 아름다운 매력과 진지함을 가진 멋진 여성의 연설에 이끌렸다고 한다.

장애어린이들에게 적절한 교육과 시설이 필요함을 지적하고 "통합반"을 만들 것을 주장하였다. 1889년 두 여자 사범학교에서 위생학과 인류학에 대한 강의를 맡아 달라는 제의를 받아 가르쳤으며, 1900년에는 드디어 로마에 지체 어린이를 위한 교육과 관리를 위한 의사-교육연구소(cal-pedagogical institute)를 열게 되었다. 그녀가 연구해 오던 특수교육에서 고안된 학습자료를 지체어린이들에게 직접 적용해 보고 반응을 관찰하면서 수정해 나갈 수 있는 기회가 생긴 것이다. 몬테사노(Montessano) 박사와 함께 공동 지도자로서 이 학교를 운영하게 되는데, 교사교육을 실시해 나갔으며 지체 어린이를 가르치기 위한 수료증을 받았다.

특수아들을 위한 특수학교(Orthophrenic School)에서 하루 종일 지체 어린이들을 교육하고 관찰하고 연구하면서 보낸 2년 동안에, 첫 번째이자 진정한 교육학 학위라고 말할 만큼 열심히 했음을 말한다. 실험적인 일을 하면서 특수교육을 이론적으로 정리해왔던 그녀의 생각이 실제적으로 변화하게 되었다. 이타드와 세강에게서 배웠던 교구들을 더욱 세련화시키고 계획안과 교구를 제작하였다. 실험하고, 과학적으로 사용하는 그녀의 분석적인 태도로 낮에는 어린이들을 가르치고 관찰하고 밤에는 그 결과를 노트에 정리하면서 정립하였다. 세강의 책들은 번역을 하면서 직접 노트에 정리하였다. 그 결과 이 시설의 어린이들은 정상 어린이들이 기초학년에서 치르는 시험에 합격할 수 있었고, 읽고 쓰기를 할 수 있는 정도의 놀라운 결과가 나타났다. 이것은 몬테소리의 일생을 통해서 숙고하여 생각한 교육을 통한 사회적 개혁이었다.

몬테소리는 지체어린이들의 교육을 위한 국가연맹에 관여하고 몬테사노와 학교 부대표를 맡게 되었다. 학교에서는 광범위한 장애를 가진 어린이들과 일하게 되었는데, 이 경험은 몬테소리가 의사에서 교육자로 전문적인 정체성을 바꾸게 한 인생의 전환점이 되었다.

교육받은 지체어린이들이 정상어린이들이 치르는 국가시험을 통과할 수 있게 되면서 몬테소리는 어떻게 지체어린이들이 정상어린이들과 같은 학업능력을 갖게 되는지, 일반 학교의 학생들이 지능검사에서 지체어린이들의 낮은 수준만큼 머물게 된 이유가 무엇일까를 궁금해 하고 있었다.

5 일반 교육학에 대한 관심

일반 교육학을 시작

성공적인 특수교육이 이루어지고 있었으나 갑자기 몬테소리는 이 학교를 떠나게 된다. 정상 어린이들의 교육을 시작하게 되었고, 의학계와 특수학교를 떠나기로 결심했다는 이유였다. 1901년 오소프레닉 학교를 떠나면서 자신의 교육학적 정리를 위하여 철학과 인류학을 공부하였다. 1904년 대학에서 다시 교육학을 공부하고 인류학과의 교수로 1908년까지 강의하게 되었다. 몬테소리는 교사의 역할을 강조하면서 교사는 사랑과 수용으로 학생들이 배울 수 있도록 모범을 보일 것을 주장하였다. 몬테소리의 교육에 대한 일화를 보면 하루는 젊은 교사들에게 "우리 공부의 주제는 인간성이다. 우리의 목적은 교사가 되는 것이다. 교사가 되는 것은 인간으로서 어린이를 사랑하는 것이 진정으로 어떤 교사가 되게 하는가를 결정하는 문제이다. 사랑은 교육자의 사회적 임무가 보다 높은 임무수행의 의식으로 변화시키는 것이다."라고 말했다고 한다(Montessori, 1988, p.98). 몬테소리의 유아를 사랑하는 교육관이 혁신적이고 유아가 주체가 되는 교육을 실천하는 근원적 힘이 되었을 것이다.

6 어린이집(Casa dei Bambini)의 개원

정상어린이 교육

몬테소리가 일반 교육학을 연구하면서 정상어린이들의 교육에 관심을 갖기 시작하였을 즈음 로마는 산업적으로, 사회적으로 급속하게 발전하고 있었다. 어떤 건설업자가 로마의 산로렌조 지역에 투기적 열정의 결과로 파산을 맞으면서 건물공사를 마무리하지 못하고 남겨두자 무단거주자들이 살게 되었다. 산로렌조 지역의 은행

그림 1-7 어린이집(Casa dei Bambini)

출처: https://larmontessori.com/maria-montessori/

가가 이 건물을 사들여 아파트로 재건축을 하고 노동자들에게 살도록 하였다. 그런데 입주자 부모들이 일을 하러 나간 낮 시간에는 어린 아이들이 새 건물을 돌아다니면서 훼손시키며 파괴하고 다녔다. 이에 건물주는 탁아소를 설치하는 것이 비용적으로 절약이 될 것이라 생각하여, 사회적으로 유명했던 몬테소리에게 어린이들을 맡아 어린이센터를 감독해 주기를 요청했다. 몬테소리는 자신의 교육을 정상어린이에게 적용해 볼 생각을 하고 있던 차에 기회가 생겼다고 생각하고 제의를 수락하였다. 주변 환경이나 시대적 배경에서는 기대하지 못했던 정말 새롭고 놀랄만한 교육방법으로 유명해지는 몬테소리 교육이 탄생할 계기가 만들어진 것이다. 주변 사람들의 반응은 유명한 의사인 몬테소리가 특수교육계에서 하찮은 일을 맡아서 하게 된 이유를 이해하기 어려웠고, 빈민가의 어린이들을 돌보는 일은 의대교수로서는 위신이 깎이는 일을 한다고 반대하였다.

건물주가 어린이센터에 제공한 것은 장난감이나 교구도 아니고 식사를 위한 비용도 아니었다. 관리 감독자를 위한 방 하나에 50명의 2~6세까지의 사나운 어린이들이었다. 몬테소리는 열악한 환경 속에서 오소프레닉 학교에서 사용했던 교구들을 정상어린이들에게 적용하며, '어린이의 집'이라는 뜻의 'Casa dei Bambini'를 열게 되었다. 몬테소리는 1907년 1월 6일 어린이집 개원식을 하고 학부모와 관련 인사들에게 연설을 하였다.

그림 1-8 몬테소리 어린이집 우표

출처: http://www.scielo.cl/scielo.php?script=sci_arttext&pid=S0034-98872015000500014

어린이집 개원식에 온 아이들은 싫어하는데 끌려들어가는 아이, 울고 있는 아이, 자유로워 보이지 않는 복장과 외모 때문에 힘들어 보이는 아이들 투성이었다고 한다. 어린이집 초기에는 전문적으로 자격을 받은 교사도 없고, 어린이들에게 적절한 교구나 교육적인 설비 준비가 없는 환경이었지만, 몬테소리가 교구를 하나씩 만들어가고 그것을 가지고 노는 유아의 반응을 관찰하며 유아를 위한 환경을 만들어갔다. 교실 안에는 유아의 신체 크기에 맞는 책상과 의자를 만들고 유아들이 자유롭게 하고 싶어 하는 것을 할 수 있는 기회를 제공하였다. 개원 후부터 몬테소리는 음식을 만들기 위한 양식과 위생시설, 사회사업가에게 도움 요청 등으로 장난감이나 교구를 준비하였다.

점차 어린이들은 교구에 흥미를 가지기 시작하고, 성공할 때까지 교구로 활동하는 것을 고집하고, 그 과정을 몇 번씩이나 반복했다. 몬테소리는 교구 활동을 지켜보면서 용도에 맞게 교구를 변화시켜 나가기 시작했다. 점차 어린이들은 더 건강해지고 사교적으로 변화되어 갔다. 몬테소리가 어린이들에게 미소를 지으며 어린이집으로 들어오면 어린이들은 환대하는 목소리와 예의를 갖추어 인사를 하였다. 그 외의 침묵놀이나 코푸는 방법 등을 보여주었을 때 몬테소리는 어린이들을 존중해서 대해 주면 어린이들은 그 모습을 본받고 있다는 것을 알 수 있었다.

감각 교구들을 고안하고 목욕탕을 만들었으며 어린이가 옮길 수 있도록 어린이용에 맞는 크기의 탁자와 의자, 비누, 솔, 손수건을 사용할 수 있는 작은 세면대, 낮은 열린 찬장 등 어린이들을 고려한 환경으로 만들어 나갔다. 가구나 교구들은 기부금을 받거나 자신의 비용으로 만들었다. 교실에는 유명한 그림을 걸고 작은 동물이나 화분에 심은 식물 등을 준비하여 아름다우면서도 자연적인 환경을 꾸몄다. 점점 더 간단한 것에서 복잡한 것으로 활동이 준비되어 갔는데, 정원 가꾸기, 운동, 식물과 애완동물 기르기, 공동 식사준비 등은 일과의 활동에 서서히 첨가되었다. 자유롭게 활동을 선택하고 교사가 제지하지 않도록 하였으나 정숙함과 질서의 분위기를 갖게 되었다. 어린이집의 원활한 운영을 위하여 규칙을 게시하여 부모들에게 알리고 몬테소리는 어린이들로부터 배우며 항상 관찰을 통하여 어떤 교구를 좋아하는지, 어떤 특성을 가지고 있는지, 반응을 하는지에 몬테소리 교육의 배경이 되는 근거들을 찾아낼 수 있었다.

어린이들은 보상보다는 활동 그 자체를 좋아하고, 자기 스스로 수정하는 것을 좋아하며 도전이 주어지는 활동을 더 좋아한다는 것을 알게 되면서 어린이 스스로 자발적인 행동이 나타나게 되는 환경을 마련하는 교육을 하기로 결정했다. 몬테소리는 어린이들은 자신의 자연적인 발달이 지지되도록 고안된 활동이 있을 때 자신 스스로를 교육하는 힘이 있다는 것을 깨닫게 된 것이다. 이 이론을 '자동교육(auto-education)'이라고 한다.

> 그녀는 어린이들에게 밥을 먹고, 세수하고, 혼자 스스로 옷을 입는 방법을 가르치는 것이 그것을 해 주는 것보다 더 어렵다는 것을 깨달았다. "그러나 앞의 것은 교사가 할 일이고, 뒤의 것은 쉽고 하인들이 하는 낮은 수준의 일이다." 그것은 어린이들의 발달을 조성시키기보다는 방해한다.
>
> -Montessori, 1988, p.120.-

몬테소리가 산로렌조 어린이집에서 행해지는 모든 활동의 교육방법이 된 것은, 어린이를 관찰한 것을 기초로 그녀의 경험에 따라 발전하고 있었다. 처음에는 몰랐지만 어린이들이 교사가 교구를 다 사용하고 나면 모아서 교구장으로 가지고 가는 모습을 보고 정돈하는 게임을 만들었다. 교사가 실수로 바닥에 색 카드를 흘려 흐트러진 때에는 어린이들이 색깔별로 모아 상자에 담아서 교사에게 주는 것을 발견할 수 있었다. 한번은 아침에 늦게 출근하여 교사가 없는 동안 교구를 어린이들 마음대로 꺼내어 가지고 노는 모습을 보고 꾸중하고 좀도둑이라고 부르는 것을 본 몬테소리는 다르게 생각하여 유아들이 활동을 스스로 선택해서 쓸 수 있도록 허락하였다. 이제는 어린이들이 원할 때까지 같은 것을 반복하고 하고 싶은 만큼 마음대로 선택하여 계속할 수 있게 되었다. 어린이가 무엇에 흥미로워하는지 무엇을 만지지 않는지 알 수 있었으며 그에 따라 교구를 수정해나갈 수 있었다.

교구는 유아들 스스로 수정할 수 있도록 고안된 것이다. 어린이가 꼭지원기둥을 맞는 구멍에 넣을 때까지, 막대를 순서에 맞게 놓을 수 있을 때까지 스스로 수정하여 시도해 보면서 자신의 잘못된 부분을 고쳐나가는 것이다. 어린이 스스로 할 수 있도록 뒤에서 기다려주는 것이다.

몬테소리 교사의 새로운 역할에 대해서도 "내 방법에서는, 교사는 적게 가르치고 많이 관찰하는 것이다. 어린이들의 생리적 발달과 정신적 활동을 지도하는 기능이다. 이러한 이유로 나는 교사(teacher)의 이름을 지도자(directress)로 바꾸었다(Montessori, 1988, p.122)."라고 표현하는 것을 볼 수 있다.

1907년에서 1909년 동안 어린이집 두 군데에서 교육자로서 활동하고, 로마 대학 교수직을 같이 하면서 많은 일을 했다. 1908년에는 다른 도시인 밀라노에 첫 번째 어린이집을 개원하고, 1909년에는 다른 나라인 스위스에 어린이집을 개원하게 되었다.

7 교사훈련 교육과 교육 전파

세계로 펼쳐지는 몬테소리 교육

몬테소리 어린이집 교육방법의 효과가 알려지고 어린이집이 여러 군데로 확산되기 시작하면서 몬테소리의 교육방법을 참관하거나 교사교육을 해달라는 요청이 들어오기 시작하였다. 1909년 여름 교사 양성과정을 열고 몬테소리는 스페인의 바르셀로나에서 100명의 학생들에게 최초의 교사훈련 교육을 하는 것을 시작으로 전 세계에서 교사교육을 하고 수료증을 발급하며 교구를 제작하는 등 교육자로서의 바쁜 삶을 살게 되었다.

그녀의 교육내용이 첫 책으로 출판하게 되었는데, 이 책은 1912년에는 미국에서 『몬테소리 교수법(The Montessori Method)』으로 번역되어 베스트셀러가 되었으며, 20개 언어로 번역되었다.

1912년 12월 20일 몬테소리는 어머니가 돌아가시고 나자 아주 상심하여 14세가 된 아들 마리오와 함께 로마에 살게 되었다. 몬테소리 교육의 확장기가 되어 몬테소리 협회들, 교사 훈련 프로그램, 학교들이 전 세계에 퍼져나가기 시작하였다. 몬테소리는 전 세계를 다니면서 연설과 강의를 하였고 미국, 영국과 유럽으로 번성하였다. 이때부터 몬테소리는 그녀의 다른 모든 것을 포기하고 자신의 교육을 전파하는 데 전념하기로 결정하였다. 1913년 12월 3일 신시내티 호를 타고 미국 뉴욕에 내려 몬테소리는 토머스 에디슨과 미국 몬테소리 협회(American Montessori Society)를 만들고 알렉산더 그레이엄 벨이 회장을 맡게 된다. 미국으로 간 몬테소리는 뉴욕을 비롯한 여러 도시에서 당시 각계의 유명한 사람들의 초청에 따라 연설과 교육을 하였다.

그러나 제1차 세계 대전이 일어나면서 어려움을 겪게 된다. 1917년 미국에서 돌아올 때, 아들 마리오는 결혼을 하고 스페인의 바르셀로나에서 살게 된다. 아들과 며느리가 몬테소리와 함께 일을 하고 4명의 손주도 보게 된다. 훗날 이 중 제일 어린 손녀가 국제몬테소리 협회의 장을 맡으면서 일을 하게 되었다.

1929년 아들 마리오는 최초의 국제적인 몬테소리 협회인 AMI를 설립하였다. 1933년 스페인 바르셀로나에서 공식적으로 인정하는 교사 양성과정을 설립한 데 이어, 1934년에는 아일랜드 더블린에, 1935년에는 런던에, 1936년에는 옥스퍼드에 교사 양성과정을 설립하였다.

몬테소리는 그녀의 초기 교육적 접근을 영구적으로 연구하고 발전시킬 수 있는 곳을 만들고 싶어 했다. 그러나 유럽에서 파시즘 운동이 일어나면서 스페인에서는 좌절되었다. 1924년 이탈리아에서 많은 비판을 받았고 명성을 얻지 못하였는데, 무솔리니가 공식적으로 인정하면서 국가 차원에서 재정 지원을 해 주었다.

1933년 모든 몬테소리 학교가 독일에서 문을 닫게 되었고 그녀의 책은 불태워졌다. 같은 해 몬테소리가 무솔리니의 계획에 동참하지 않는다는 이유로 이탈리아의 몬테소리 학교는 강제로 문을 닫게 되었다. 스페인에서 시민전쟁의 발발로 그녀의 가족들은 1936년에 영국으로 가게 된다. 그 후 네덜란드로 망명하게 되어 그곳에서 나머지 생을 보냈다.

1939년 아들 마리오와 함께 몬테소리는 인도로 여행을 하였다. 마드라스에서 3개월간의 교사 훈련 과정을 하며 강의 여행을 하다가 7년간 인도에 머물렀다. 전쟁의 발발로 이탈리아 시민인 마리오는 억류되고 몬테소리는 집에 갇힌 생활을 하게 된다. 코다이카날(Kodaikanal)의 시골에서 여름을 보내면서 갖게 된 경험은 자연과 함께하는 모든 살아 있는 것들에 대한 연관을 짓게 되었다. 이 주제를 그녀의 남은 일생까지 발전시켰고 우주교육으로 알려지게 되었다. 6~12세까지의 교육에 대한 접근도 간디, 네루, 타고르를 만나 인도에 살게 된 이후에 생기게 된다. 그녀의 70세 생일에 인도 정부는 아들 마리오를 풀어줘야 한다는 청을 올리고, 이것이 받아들여지면서 이후 수천 명의 인도 교사들을 교육하였다.

1946년에 몬테소리 가족은 전쟁 시에 몬테소리를 도와줬던 피어슨(Ada Pierson)의 도움으로 네덜란드로 돌아왔다. 영국, 인도, 콜롬비아, 스리랑카, 인도, 파리 등 여러 나라에서 강연을 하고 파리 소르본 대학에서 십자명예훈장을 받는 등 계속되는 행사에 참석을 하였다.

1947년 76세 되던 해 몬테소리는 UNESCO에서 주최하는 '교육과 평화'라는 주제로 발표를 하였다. 그녀는 노벨평화상 세 후보 중 첫 번째로 지명되었지만 자신보다 나은 사람에게 양보하겠다고 했다. 1950년 노르웨이의 오슬로를 방문한 몬테소리는 UNESCO로부터 초청을 받아 '교육과 세계의 평화'라는 제목으로 강연하였다. 암스테르담 대학에서 명예박사학위도 받았다. 1951년 런던에서 열린 제9회 국제몬테소리협회에 참석한 것이 몬테소리의 공적인 마지막 행사였다.

1952년 네덜란드의 피어슨 저택에서 그녀의 일을 맡아하는 아들이 보는 가운데 몬테소리는 생을 마감하였다. 평생 어린이를 사랑하여 어린이들을 위한 교육에 생을 바친 몬테소리는 세계평화를 바라며 네덜란드에서 잠들었다.

마리아 몬테소리 묘비명에 새겨진 말~

"세계와 인간 속에서 평화를 창조하기 위한 모든 어린이들이 나와 일치할 수 있도록 나는 사랑하는 어린이들을 위해서 영원히 기도한다."

그림 1-9 몬테소리 묘지

출처: http://himetop.wikidot.com/maria-montessori-s-tomb

〈표 1-1〉 몬테소리의 생애 및 업적

연도	생애 및 업적
1870년	이탈리아 안코나 키아라발레 출생
1875년	로마로 이사
1886년	로마 공업기술학교 입학
1890년	로마 대학교 자연과학분야 입학
1896년	최초의 여성 의사, 베를린 여성총회
1897년	로마 대학교 정신병원 근무, 공부
1898년	지적 장애어린이 교육 관심, 연구
1901년	오소프레닉 학교 교장
1907년	산로렌조 어린이집 개원
1909년	최초의 교사 훈련 과정 개최 몬테소리 교육법 책 출판
1912년	미국 카네기홀 강연
1917년	암스테르담의 교육협회에서 강의
1933년	바르셀로나에서 국제몬테소리 교사 훈련 과정 개최
1939년	인도 교사 훈련 과정 개최
1946년	런던에서 두 번째 국제몬테소리 교사 훈련 과정 개최
1947년	런던에 몬테소리센터 설립
1948년	『어린이의 발견』 출판
1949년	『흡수 정신』 출판 노벨평화상 후보로 선정
1952년	네덜란드에서 사망

생각해 보기

1. 몬테소리의 일생에서 가장 본받고 싶은 점은 무엇이라고 생각하는가? 자신의 일생에서 몬테소리처럼 열정적으로 이루고 싶은 것은 무엇인지 생각해 보자!

2. 학교 교육이 한 개인에게 주는 의미가 무엇이라고 생각하는가? 몬테소리가 어린이집에서 실시한 교육이 어린이에게 준 것이 무엇이라고 생각하는가?

MONTESSORI EARLY CHILDHOOD EDUCATION

CHAPTER 2

몬테소리의 어린이집에 적용한 방법

1. 어린이집의 개원
2. 어린이집에서 적용한 방법

"그들은 모두가 두껍고, 무거운 파란색 능직 무명 옷을 입고 있었다. 그들은 딱딱한 도구에 방해를 받아 놀란 모습이었고, 팔이나 다리를 자유롭게 움직일 수가 없었다. 자기들의 사는 지역을 제외하고는 어떤 사람도 본 적이 없었다. 어린이들을 함께 움직이게 하기 위해 서로 손을 잡게 했다. 처음에 내키지 않아 하던 어린이가 끌려들어갔고 그래서 그 나머지의 전체 줄도 끌려들어갔다. 그 어린이들 모두는 비참하게 울고 있었다. 사회활동을 하는 여성들은 동정심이 솟아나서 몇 달 후에는 그 아이들이 나아질 것을 바랐다."

—Maria Montessori, 1975, p.112—

몬테소리가 어린이집을 개원하던 날 어린이들이 들어오는 모습을 회상하면서 한 말이다. 이 가난한 동네에서 시작된 어린이집에서 첫날에 이런 모습을 한 어린이들과 앞으로 어떤 교육이 펼쳐질지는 몬테소리 자신도 예측할 수 없었던 것 같다. 어린이집 개원을 하면서 몬테소리가 어떻게 시작했는지, 어떤 교육방법들을 적용했는지 알아보자.

1 어린이집의 개원

"아이들은 다르다."라는 것이 몬테소리가 어린이집에서 경험한 중요한 메시지이다. 그리고 무엇보다 어린이를 위한 어린이의 입장에서 원하는 교육을 실시한 사람이 몬테소리였다.

몬테소리는 '어린이의 집'이라는 뜻의 'Casa dei Bambini'를 열게 되었다. 그녀는 1907년 1월 6일 어린이집 개원식을 하면서 학부모와 관련 인사들에게 어린이집의 필요성과 개선할 점, 부모의 준비에 대한 연설을 하였다. 어린이집 초기에는 준비된 교사도 없고 적절한 교구나 교육설비 준비가 없는 열악한 환경이었지만 교구를 하나씩 적용하고 유아의 반응을 관찰하고 유아를 위한 환경을 만들어갔다. 교실에는 유아의 신체 크기에 맞는 책상과 의자를 만들고 유아 혼자서 원하는 것

그림 2-1 어린이집(Casa dei Bambini)

출처: http://himetop.wikidot.com/maria-montessori-s-memorial-tablet

을 할 수 있는 크기의 구조로 변경하여 기회를 제공하였다. 유아들이 다양한 활동을 할 수 있도록 하고 여러 가지 교구들을 환경으로 준비하였지만 유아들이 흥미를 느끼지 못하여 만지지 않는 교구는 과감히 없애 버렸다.

몬테소리는 어린이들은 자기 자신의 자연적인 발달이 지지되도록 고안된 활동이 있을 때 어린이 자신 스스로를 교육하는 힘이 있다는 것을 깨닫게 되었다. 이후에 이것을 '자동 교육(auto-education)'이라고 불렀다. 1914년에 그녀의 교육법에서 "나는 교육방법을 발명하지 않았다. 단순히 어린 유아들에게 살기 위한 기회를 제공했을 뿐이다."라고 하였다.

몬테소리는 교육에서 무엇보다 중요한 부모의 역할을 알았고 그 부모들이 처한 생활의 개선이 필요함을 느꼈다. 문맹일 뿐만 아니라 가난한 가정환경을 배경으로 제대로 자녀를 양육하는 방법을 모르던 가족들을 위하여 어린이집에 보내면서 지켜야 할 규칙을 정하고 부모가 해야 할 일을 가르치는 등 지금 시대의 유아교육에서도 무엇보다 중요하고 필요하지만 실천하기에는 어려움이 많은 일을 해냈던 것을 알 수 있다.

1900년대 초에 만들어진 어린이집의 배경을 생각해 보면 선구적으로 부모 교육이 이루어지고 부모와 기관이 서로 상호작용하며 교류하는 교육이 이루어진 모습을 보여준다. 이런 부분은 현재 어린이집이나 유치원 운영에서도 잘 이루어져야 할 부분이다.

그림 2-2 학부모 교류

몬테소리는 교사가 어린이들로부터 배운다고 했는데 어린이집 교육이 진행되면서 학부모들은 오히려 자신의 자녀로부터 집안 환경을 깨끗하게 해야 되는 이유와 방법을 배우게 되는 일들이 일어났다. 그리고 교사도 공동주택에 있는 어린이의 가족들과 함께 거주하므로 언제나 모성애를 지녀야 하며 교양 있고 교육받은 사람으로서 그 지역 거주자들에게 본보기가 될 것을 강조했다. 어머니들은 자녀들을 소유할 값어치만큼 그들 자신의 행위와 덕성을 지녀야 한다고 생각했다. 어린이집은 공동소유로서 부모들이 지불하는 집세의 일부로 유지되며, 하루 중 어느 시간에라도 가서 그곳의 생활을 지켜보고, 느껴보고, 개입할 수 있다고 했다.

몬테소리 어린이집의 규칙을 보면 다음의 내용과 같다.

'어린이집'의 규칙

제1조 로마의 주택개량협회는 이 문서에 의하여 공동주택 내에 제○○호 '어린이집'을 설립하여 그곳의 거주자 가옥에 속하는 모든 취학 전 어린이를 수용할 수 있다.

제2조 '어린이집'의 주요 목적은 일터에 나가야만 하는 부모의 어린이들에게 무료로, 부모들이 줄 수 없는 개인적인 보호를 제공하는 곳이다.

제3조 '어린이집'에서의 관심은 어린이들의 교육, 건강 등 신체적 · 도덕적 발달에 있다. 이러한 일은 어린이의 연령에 적합한 방식으로 행해진다.

제4조 '어린이집'과 교사, 의사, 보육사는 연관을 갖고 있다.

제5조 '어린이집'의 프로그램 및 시간은 교사에 의해 정해진다.
제6조 3~7세의 공동주택 내의 모든 어린이들은 '어린이집'에 입학할 수 있다.
제7조 부모들은 무료로 '어린이집'의 편익을 이용할 수 있다. 그러나 다음과 같은 의무를 이행해야만 한다.
a) '어린이집'에 자녀를 보낼 때는 정해진 시간에 몸과 옷을 청결히 하고, 알맞은 앞치마를 준비해서 보낼 것
b) 교사와 '어린이집'의 모든 관계자들에게 최대한의 존경과 경의를 표하고 자녀의 교육에 있어서 교사와 협조할 것. 적어도 1주일에 한 번 어머니들은 교사와 상담하여 자녀의 가정생활에 관한 정보를 주고, 교사에게 도움 받을 수 있는 충고를 받을 것
제8조 다음 사항에 해당되는 경우는 '어린이집'에서 제적한다.
a) 몸을 씻지 않았거나 더러운 옷을 입고 온 어린이
b) 교정할 수 없다고 판단되는 어린이
c) '어린이집'의 관계자들을 존경하지 않거나 나쁜 행위로 기관의 교육 사업을 파괴하는 어린이

2 어린이집에서 적용한 방법

어린이집에서 몬테소리가 적용한 방법들을 교사 지침서로 집필하고 초기에 세계 여러 나라의 언어로 번역되어 발간된 책이 『몬테소리 교육법(The Montessori Method)』이다. 그녀가 직접 쓴 내용으로 어린이집을 개원하면서부터 어린이들을 관찰하면서 적용한 하나하나의 방법에 대한 생각과 자세한 설명으로 왜 이런 방법을 사용하는지 그 결과가 어떻게 나타났는지를 잘 나타낸 책이다. 방법들의 소개는 몬테소리의 저서 『몬테소리 교육법』에 있는 내용을 중심으로 정리한 것이다.

1) 인류학적 고려

어린이들의 신체를 측정하였는데 선키, 앉은키, 몸무게를 1개월 단위로 재고 표에 기록하였다. 머리둘레, 가슴둘레, 머리 지수, 몸무게 지수, 키 지수 등을 측정하고 기록하여 의사에게 알려주어 의사는 증세를 파악한다. 부모에게 그 결과를 알

려주고 의논하게 된다. 개의 병리학적 증세, 생일 등을 적은 기록표를 만들었다. 어린이들은 자신의 생일을 알며 자기 자신을 관찰하는 습관을 형성하게 된다.

2) 어린이에게 맞는 환경

어린이들의 신체적인 성장에 따라 체계적 관찰을 하고 어린이들이 자기 표명을 하는 자유에 근거해서 관찰한다. 어린이에 맞게 만들어진 환경은 교실의 책상, 벤치, 고정된 의자 등을 없애 버리고 제작해서 마련한 책상은 넓고 가벼워서 4세 된 두 명의 어린이가 쉽게 옮길 수 있도록 했다. 한 명의 어린이가 작업할 수 있는 작은 책상도 있으며, 작은 의자들도 나무로 고안하여 만들고 작은 세면대를 낮게 설치하여 3세 정도의 어린이도 사용할 수 있게 하였다. 작은 선반에는 비누통, 손톱 솔, 수건 등을 올려놓도록 하였다. 작은 찬장에도 각자 비누, 손톱 솔, 칫솔, 등을 보관할 수 있도록 하였다. 낮은 교구장을 비치하여 어린이들이 직접 관리할 수 있도록 하였다. 교구장의 상단에는 화분, 어항 혹은 어린이들이 자유롭게 가지고 놀 수 있는 여러 가지 장난감을 놓아두었다. 칠판 위에는 그림을 걸어두고, 분필을 담아두는 작은 상자를 마련하고 분필지우개는 천으로 사용하였다.

그림 2-3 옷 정리하는 유아

3) 자유(freedom)

몬테소리는 유아에게 적절한 환경을 준비하고 그 환경에서 유아가 충분히 자유롭게 반응할 수 있는 자유를 주어야 한다고 말한다. 유아가 각 개인의 속도에 맞추어서 자유롭게 반응하고 관찰할 수 있는 자유가 있을 때 유아의 성장 발달은 이루어진다고 한다.

어른이 유아에게 적합한 교구와 환경을 준비했다고 해서 어떤 특정한 교구를 작업하도록 강요해서는 안 된다. 유아가 자신이 작업을 하지 않고 다른 유아들이 작업하는 모습을 쳐다보는 것도 자유로운 선택이다. 교사가 정한 계획순서에 따라 강요하는 것이 아닌, 유아 자신 스스로 하고 싶은 마음이 생겨 교구를 선택하고 작업하는 자유로운 선택이 중요하다.

그림 2-4 자신이 원하는 것을 할 수 있는 자유

자기 자신을 지배하고 조절하는 사람을 연습된 자라 부르며, 생명의 규칙을 따르는 곳에서 자기 자신을 자유로이 할 수 있는 자이다. 연습은 활동적이어야 하며 어린이들은 움직임 자체가 생명인 것과 같다.

이러한 결과를 성공으로 이끄는 비결은 교사의 존재를 유아들이 많이 인식하지 않도록 하면서 지도하는 것이다. 유아가 성장을 추구하는 인격을 지니고 있으며 창조력을 가지고 자신의 일을 선택하고 내적 욕구에 따른다는 것을 알아야 한다.

몬테소리는 교사에게 "관찰하면서 기다려라."라고 하면서 개입하지 않고 기다리는 것이 교육자의 모토라고 하였다. "우리는 유아를 대할 때 정중하고 공손하여 우리 자신이 대해지기 바라는 대로 아동을 대한다."고 말할 수 있다(Montessori, 1995, 핸드북 p.98). 그러나 성인들이 얼마나 유아를 존중하기 어려운지를 우리는 생활 속에서 알지 못하는 경우가 많다. 몬테소리가 말한 것처럼 상황을 돌아보면 성인이 생각하는 것과 실천하는 행동은 다르다는 것을 알 수 있다. "우리가 우리 자신에게 바라는 것-일할 때 방해받지 않는 것, 노력이 방해받지 않는 것, 도움이 필요할 때 좋은 친구를 가질 수 있고 그들이 우리와 함께 즐기는 것을 보는 것, 그들과 서로 동등한 입장에 있는 것, 그들을 신뢰하고 믿을 수 있는 것 등이 우리가 행복한 교우관계를 위해 필요로 하는 것이다. …… 그러나 대체로 우리는 유아들을 존중하지 않는다. 우리는 그들의 특별한 요구를 무시한 채 그들이 우리를 따를 것을 요구한다. …… 친절을 베푼다는 것은 보호해 주는 것만을 의미하지 않는다."(Montessori, 1995, 핸드북 p.98). 그러나 교사는 학생들의 활동을 억압하는 일이나 획일적인 방법으로 행동하는 것에 너무 익숙해져 있다고 지적한다.

몬테소리가 언급하는 자유의 원천은 어린이들의 활동에 있다(『마리아 몬테소리의 자유 개념과 자유 작업의 원리』, p.98). 유아가 하나의 교구 작업을 원하는 만큼 반복할 수 있는 자유가 있다. 반복 작업에 걸리는 시간 또한 자유롭다. 오랜 시간에 걸쳐 하나의 교구를 여러 번 반복하여 작업하는 것도 유아의 자유이다. 교실은 자유롭고, 움직일 수 있는 자유가 있다. 원하는 작업을 하기 위해 몸을 이동하고, 바닥에 앉아서 하든지 책상에서 하든지 그것은 유아의 자유이다.

어린이들의 자유에 대한 관점은 4가지로 구분한다(『마리아 몬테소리의 자유 개념과 자유 작업의 원리』, p.41, 몬테소리 교육학에서 재인용).

첫째, 자유를 생물학적인 관점으로 이해한다.

어린이들은 생물학적으로 자유로워지기를 바라고 그 욕구는 내면에서 발생한다. 이런 욕구를 허락할 때 현재의 환경, 발달을 저해하는 장애물, 부적절한 대인관계에서 해방된다. 생물학적 측면에서 육체적이고 정신적인 발달이 자유로워질 때 어린이들은 내적 규칙에 따라서 발달하려는 욕구가 증가되어 스스로 자유로워진다.

둘째, 자유를 사회학적인 관점으로 이해한다.

어린이들이 자기 의지대로 행동할 수 있도록 결정할 수 있는 능력을 발전시켜 주는 것, 사회적인 규범과의 관계에서 자유 의지적으로 복종하려는 자세이다. 자유는 모든 다른 요소와 행동을 상호 연결시키는 연결고리 역할을 한다. 어린이들은 인간으로서 처음으로 사회적 연결관계를 자유를 통해서 경험하게 된다.

셋째, 자유 개념을 교육학적 관점으로 이해한다.

자유는 활동이라고 확신한다면, 어린이들의 활동을 교육적으로 이끌어 내야 한다. 어린이들이 자유로워지기 위해서 무엇과 어떤 것과 관계를 가져야 하는 문제이다. 어린이들의 자발적인 내적 활동을 발현해 나아가는 과정에서 문제가 환경에 대한 문제라면, 이러한 것들을 교육적인 측면에서 교수재료와 교수방법이 원하는 조건을 교육적으로 해결하여야 한다.

넷째, 자유의 개념을 도덕적 개념으로 이해한다.

어린이들에게 자유를 허락한다면 경험되는 자유로움으로 인해서 자유롭게 도덕적 행동을 내면화하여야 한다. 어린이들의 자유선택을 허락한다는 것은 선택에 대한 완전한 책임감과 질서에 대한 의식을 부여하는 것이다. 작업에 대한 집중화 현상 과정에서 자기 활동을 독립적으로 극복한다는 것은 도덕적 자유에 영향력을 미치는 것이다. 자유의 개념은 어린이들이 작업의 주체자가 되면서 자기완성의 주역이 되는 것이다. 사람들과의 관계에서 존중과 권리를 인정하고 겸손을 학습하는 것이다.

그림 2-5 교실 분위기 조성

자유선택은 어린이가 하고자 하는 일, 작업을 할 수 있는 자유로운 결정으로 근본적인 교육 개념이다. 자유선택의 원리를 다음과 같이 설명할 수 있다(『어린이 발견』, p.144).

첫째, 자유선택은 어린이들의 활동을 독립적이고 자발적으로 인도한다.

둘째, 자유선택을 통해서 어린이들은 자신감과 집중력을 강화시킨다.

자유선택이 이루어지면 반복적 활동과 집중력은 내적 발달과 밀접한 관계를 가지고 모방 행동을 통해서 집중할 수 있다.

셋째, 자유선택은 어린이들의 활동을 강화시킨다.

관심을 집중시키는 것은 자기 활동이 자유로울 때만 가능하다.

넷째, 자유선택을 위해서 모든 사물과 교구는 어린이들이 자유롭게 활동할 수 있는 위치에 놓아두어야 한다.

다섯째, 자유선택을 위해서 어린이들의 특성을 자유롭게 발달시킨다.

자기의 몸과 정신을 발달시키는 데 무엇이 필요한가를 인식하는 어린이들만이 자기 특성을 발달시킬 수 있다. 이러한 자유 의지에 의해서 개인의 인격을 형성해 나간다.

여섯째, 교사는 어린이들의 자유선택을 위해서 간접적으로 준비해 주고, 독립적이고 자율적으로 작업할 수 있도록 환경을 준비해 주어야 한다. 교사는 작업할 수 있는 분위기 조성, 안정된 분위기, 조용한 분위기를 만들어 주어야 한다.

일곱째, 자유선택은 교구의 질서감과 공간 배치와 관계된다.

교구를 사용할 수 있는 가능성이 있을 때 자유선택이 훨씬 수월해진다. 질서감 있게 정리된 환경과 자유롭게 작업할 수 있는 넓은 공간이 있으면 선택하여 교구와 함께 작업을 진행한다.

여덟째, 어린이들은 자유선택을 통해서 공동체 속에서 즐거움, 자신감, 안전감, 소속감을 느끼면서 잘못 작업한 실수를 허용하고, 오류를 수정할 수 있는 자유선택의 기회를 제공하는 것이 바로 몬테소리 교육방법이다.

어린이들은 자유로워지기를 통해서 하나의 독립적인 인격체로 성장하며 반복활동을 통해서 완성된다. 자동교육으로 이끌어지며 습관을 들인 활동을 통해서 독립적이고 자율적인 존재로 성장한다.

그림 2-6 공동체 속에서의 자유

4) 규율, 훈육

몬테소리 교육에서 볼 수 있는 놀라운 결과 중 하나는 유아들이 자율적으로 교실의 질서와 활동을 선택 집중하여 지켜지는 규율적인 측면이다. 교사에 의해 강요된 규율이 아니라 유아에 의해 스스로 지켜지는 것이다. 몬테소리가 어린이의 규율이 유지되는 모습을 설명한 것을 어린이집(Casa dei Bambini)에서의 일화를 읽어 보면 이해가 쉬울 것이다.

> 어린이집에는 3~7세까지 40명의 어린이들이 있고, 각각 자신의 작업에 집중하고 있다. 어떤 유아는 감각활동 중의 한 가지를 하고, 어떤 유아는 수활동을 하고 있다. 한 유아는 글자를 가지고 활동하며, 어떤 유아는 그림을 그리고, 어떤 유아는 작은 나무틀에 천 조각을 풀고 닫는 활동을 한다. 또 다른 유아는 먼지를 털고 있다. 몇몇 유아들은 책상에 앉아 있거나 마룻바닥에 앉아 있다. 그곳은 아이들이 발끝으로 걸어가는 움직이는 소리나 가볍게 움직이는 물체의 소리만이 들린다. 가끔씩 "선생님!", "선생님!", "내가 한 것을 좀 보세요!"와 같은 작은 부분의 억제하면서도 기쁨에 찬 소리가 있다. 그러나 전반적으로는 규칙을 지키면서 손으로 작업하는 데 빠져 있다. 교사는 조용히 움직이면서 자신을 부르는 유아에게 다가간다. 교사는 유아들의 활동을 관찰하면서 도움을 필요로 하는 유아에게는 보이고, 도움이 필요하지 않는 유아에게는 보이지 않는 존재가 되는 것이다. 어떤 때는 몇 시간째 아무런 말을 하지 않을 때도 있다. 유아들은 어린이집을 방문한 사람들에게서 '작은 인간'으로 불리고, 어떤

사람들은 '신중한 심판관'으로 제안하기도 하였다.

—Montessori, 1964.—

이처럼 몬테소리는 규율은 명령이나 잔소리로 획득되는 것이 아니라, 첫 번째 시작은 작업을 통해서 얼굴 표정, 강렬한 주의력, 동일한 활동에 대한 인내심을 보이면서 나타난다고 한다. 규율은 근육이 움직여지는 협응된 동작을 하나씩 가르치면서 정숙이 만들어지게 되는데, 다양한 단계로 정리하는 것을 가르치는 것이다. 규율은 어린이가 의자에서 일어나고 앉는 것, 걷는 것, 발끝으로 걷기, 상체의 균형을 유지하면서 바닥에 그려진 선을 따라 걷기와 관련된 활동을 연습하면서 길러진다. 점차 절제되고 규율을 지키는 외적 행동으로부터 내적 발달을 자극하게 되고, 또한 외적 행동은 내적 발달의 표시로서 정신적인 발달로 나타난다. 몬테소리는 신체활동이 일반적인 건강을 강화시키고 신체 성장을 촉진하는 것과 똑같이 여러 가지 방법에 의해서 합리적으로 이끌어진 이러한 훈련은, 정신 지적인 형성을 돕는다고 생각한다. 유아에게서 보이는 조용한 복종은 실제적인 자기 훈육과 다르다. 성인에게 복종하는 것을 가르쳐야 하지만 복종을 위한 억제력이 길러졌을 때 가능한 것이다. 이름이 불리기를 기다리거나 교실에서 다른 사람에게 방해가 되지 않게 조용히 걸어 다니는 것과 같은 일상의 소소한 활동들을 통해서 조심스럽고 정숙하게 움직이는 행동을 하면서 자신을 억제하는 자기 통제력이 길러진다. 복종도 유아 스스로 하고 싶은 의지로부터 나와야 하는데, 이것은 교사의 말이나 명령에 따르고 싶어 하는 유아의 순종을 의미한다. 교사가 하라고 명령한 것에 기뻐하며 순순히 따르는 유아의 모습을 떠올려보면 될 것이다. 이것이 유아가 스스로 하는 훈육 또는 규율의 모습이라고 할 수 있다.

전통적인 교사들은 불필요한 말과 자기들의 권위로 어린이들을 억압했다. 교사는 관심을 끄는 말들을 늘어놓으면서 오히려 아이들에게 혼동을 주는 부분을 지적한다. 교사는 어린이를 발달하도록 자유롭게 방관하면서 삶에 자극을 주는 것이 교육자의 첫 번째 의무라 한다. 때문에 교사의 탁월한 임무가 필요하지만 중요한 또 다른 임무는 교사의 개입에 있어 적절한 시기와 한계를 제한하는 것이다.

교사는 자신을 어린이들과 접촉시킴으로써 어린이들을 파악하고, 마술 지팡이와 같은 삶을 살도록 어린이들을 이끌려고 할 때에 어린이들이 교사의 마음에 감동이 될 것이고, 교사가 전달하고자 하는 마음을 인지할 때에 어린이들은 교사의 말을 들으려고 귀를 기울이며 자기만족을 할 것이다(『어린이의 발견』, p.164).

많은 어린이들이 모여 있을 때에도 교사가 자연스러운 규율을 만들어내는 방법으로는 점잖고 낮은 목소리로 어린이들에게 "일어서서 약 1분 동안 발끝으로 걸어라. 그런 다음 조용히 너희들 자리로 가서 앉아라."라고 새로운 지시를 하면, 그들은 모두 하나가 된 것처럼 일어나서, 침묵을 지키면서 정확하게 자기 자리로 간다. 교사는 자신의 침착한 목소리로 어린이 모두에게 의사를 전달했고, 어린이들은 교사의 이러한 의사를 수용할 자세가 되어 있다. 어린이들의 자세는 이때에 자신의 내적인 기쁨으로 자신이 길을 찾는 데 열심인 탐험가처럼 주의 깊으면서도 자신에게 순종적인 것이었다(『어린이의 발견』, p.165).

몬테소리는 어린이들은 내면적으로 충실한 어린이들로 지도하고 교육하여 순종하게 만들기보다는, 오히려 외적인 어떠한 체벌을 가함으로써 다른 어린이들보다 우월한 어린이로 성장시키려고 노력한 성인들을 지적했다. 그 이유는 이러한 성인들이 어린이들에 대해서 많은 지식을 가지고 접하지 않았기 때문이다. 성인이 권위주의 교육을 하고 어린이들을 편하게 다루려는 수단을 포기한다면 어린이들은 보다 자연스러운 모습을 어른들에게 나타낼 것이다. 어린이들은 연약하고 부드러운데 어린이가 가지고 있는 지식을 사랑하도록 노력하지 않는 한 성인들은 많은 장애요인을 극복하지 못하게 되는 것이다.

5) 어린이집의 일과

하루 일과는 일과 시간의 길이, 실제 생활에 관한 활동과 학습의 배분 등 두 가지를 고려하여 구성하였다. 노동자 가정의 자녀들이기 때문에 종일제 수업을 하였으며 겨울에는 아침 9시부터 저녁 5시까지, 여름에는 아침 8시부터 저녁 6시까지 운영하였다. 낮잠 시간을 배정하는 것이 필요하였는데 낮잠 시설이 안 되어 있는 어린이집의 경우에는 각자의 아파트로 보내 낮잠을 자고 오게 했다. 점심도 영양에 중요한 요소이며, 어린이를 하루 종일 학교에 붙잡아 두는 생각을 하지 말고 주의를 불러일으키는 것이 중요하다고 한다.

계획된 일과의 변동에도 불구하고 변함없이 실행하였던 것들은 청결, 정돈, 평정, 이야기 나누기이다. 아침에 어린이가 도착하는 대로 청결 상태를 검사한다. 양손, 손톱, 목, 귀, 얼굴, 치아 등을 검사하고 머리 상태, 단추, 신발 등도 살피면서 어린이가 자기 자신을 관찰하는 데 익숙해지도록 하였다. 목욕도 돌아가면서 시켰는데, 자신의 몸 부분들도 살피게 하고, 손 닦는 법, 입을 헹구는 방법, 도구의 사용 등을 알게 하였다. 좀 더 큰 아이들은 어린 아이들을 돕게 하여 어린 아이들이 자신을 돌보는 법을 빨리 배우도록 하였다.

앞치마를 입도록 하여 교실을 둘러보고 제자리에 물건을 정돈하고 청소하는 시간을 가진다. 먼지걸레, 먼지털이, 작은 빗자루 등을 어떻게 사용하는지 어린이들에게 보여준다.

그 다음에는 바른 자세를 갖는 것에 대해 설명하고 자기 자리에 앉아 두 발을 모아 앉은 후 책상 위에 손을 얹게 하여 마음의 평정과 평형을 가르친다. 조용하고 조심스럽게 움직이는 방법, 단아하게 움직이기, 걷기, 서로 인사 나누기, 물건을 조심스럽게 옮기기, 정중하게 물건을 주고받기 등을 배우는 연습을 한다. 이렇게 시작하여 차츰 자동 교수로 진행한다. 어린이들은 교사의 도움 없이 스스로 무질서한 행동을 교정해 나가는 것이다.

교사는 어린이에게 어제 무엇을 했는지 물어보면서 이야기 나누기로 시작한다. 계단에 흙을 묻히지 않고 올라갔는지, 지나가는 친구들에게 정중하게 이야기를 했는지, 어머니를 도왔는지, 어린이집에서 배운 것을 가족들에게 보여 주었는지, 그리고 길거리에서 놀았는지 등을 물어본다. 월요일에는 주말에 지낸 이야기, 음식을 먹은 것 등이나 공적인 사건들, 생일 파티, 세례식 등 다양한 주제로 이야기를 나눈다. 이야기 나누기 시간은 언어 발달을 도울 뿐만 아니라 언어 표출이나 교육적 가치를 지닌다. 즐거운 대화를 가져오는 주제를 선택할 수 있기 때문이다. 이런 대화 시간을 가진 후 교구 활동, 간단한 체조, 점심, 자유 놀이, 게임 지도, 손작업, 집단 체조와 노래 등 여러 가지 다른 활동들로 넘어간다.

식사를 위한 준비도 영양을 고려하여 어린이에게 적합한 다양한 식단을 준비하였다. 음식에 사용할 수 있는 채소들은 조그마한 정원에 키워 신선한 야채들을 뽑아다가 요리를 하고, 가능한 과일 나무도 키우고, 동물들도 사육하여 신선한 달걀과 우유를 얻고자 하였다. 조금 큰 어린이들에게는 손을 깨끗이 씻은 후에 염소젖을 짜게 했다. 식탁을 준비하고 식탁보를 까는 것을 안내하고 배우게 하였다. 자신과 주변 환경이 깨끗한 상태에서 음식을 먹도록 하고 식탁 도구를 사용하는 법을 가르쳤다(『몬테소리 교육법』, 1909).

그림 2-7 식사 준비

6) 독립(independence)

몬테소리 교육의 중요한 특징 중 하나는 어린이들의 독립이다.

> "아이들이 퇴보하는 성향을 가질 때를 제외하고는, 아이들의 본성은 직접적으로 기능적 독립을 추구하게 된다. 아이들의 발달은 보다 많은 독립을 향한 의욕으로 나타난다."
>
> -『흡수하는 정신』, p.85.-

교사의 임무는 유아가 스스로 해야만 하는 행동을 할 수 있도록 도와주는 것이다. 아이들은 내적 지시에 귀를 기울여 자신에게 필요한 유익한 행동을 하기 위해 독립성을 이용한다. 예를 들어, 밥을 먹을 때도 유아의 입에 숟가락으로 먹여 주는 것을 필요로 하는 것이 아니라 숟가락 사용법을 알려주어 유아가 스스로 먹을 수 있도록 돕는 것이다. 유아가 무엇인가를 혼자 해내는 것에는 오랜 시간이 걸리고 성인의 인내심이 요구되지만 이것이 교육자가 해야 할 일이다. 그리고 이것이 유아가 독립적이고 자유로운 사람이 될 수 있도록 도와주는 것이다.

어떤 교육적인 활동도 그것이 유아에게 효과적이기 위해서라면 독립적이 되도록 도와주어야 한다. 그들이 성인의 불필요한 도움 없이 혼자서 걷고, 달리고, 계단을 오르내리고, 떨어진 물체를 집어 올리고, 스스로 옷을 입고 벗고, 목욕하고, 또렷하게 말하고, 자신의 요구를 분명하게 표현하는 것을 배우도록 도와주어야만 한다. 우리는 유아가 개개인의 목적과 욕구의 만족을 성취 가능하도록 그러한 도움을 제공해야만 한다. 이러한 모든 것은 독립을 위한 교육의 한 부분이다.

몬테소리 교실에서는 유아에게 적합한 다양한 난이도의 교구 활동을 준비하고 유아 스스로 선택하여 활동한다. 물을 쏟은 유아가 스스로 걸레가 있는 곳으로 가서 자신이 정리하는 모습을 볼 수 있다. 유아가 도와달라고 하지 않는 이상 교사가 나서서 도와주거나 먼저 해 주지 않는다. "제가 스스로 할 수 있도록 해 주세요!"라는 유아가 보내는 메시지를 기억한다.

그림 2-8 수건을 스스로 빨고 있는 유아

독립적인 유아는 학습하는 데 있어 자신감을 갖고 자율적이다. 독립적인 유아는 성인과 사회적인 상호관계를 갖지만 혼자서 작업하는 것을 즐기고 찾아서 한다.

7) 운동(movement)과 작업(work)

몬테소리는 일상생활에서 일어나는 운동은 어린이의 삶에서 아주 중요한 것으로 꼭 실시할 것을 주장했다. 어린이들의 일상은 무질서해 보이는 움직임으로 나타나는데, 아무것이나 만지고 가만히 있지 않는 것 등이다. 그러나 이러한 움직임은 유용하고 동작들을 조정할 운동을 하는 과정이다. 그 운동, 동작을 그만두게 제지할 것이 아니라 동작에 '질서'를 세워주어 유아들이 만들고자 하는 어떤 행위들을 스스로의 힘으로 만들어 낼 수 있도록 도와주어야 한다고 몬테소리는 생각했다. 이것이 신체 교육의 목적이라고 하면서 동작들은 하나의 분명한 목표를 행하게 된다고 본다.

몬테소리가 말하는 신체 교육이란 다음과 같은 것들이다.

- 일상생활에서의 기본적 동작들(걷기, 일어서기, 앉기, 사물 다루기)
- 자기의 신변 일 하기
- 집안일 돌보기
- 정원 가꾸기
- 수공
- 체육운동
- 율동

그림 2-9 옷 스스로 벗고 걸기

일상에서의 운동은 자신의 신변 관리하기 같은 것으로 이것을 위해서 필요한 첫 번째 단계는 옷을 입고 벗는 동작이다. 단추, 고리, 끈 등으로 옷 열고 닫기를 하는 손동작을 하나하나 끊어서 분명하고 상세하게 보여주면서 천천히 조심스럽게 손동작을 한다. 유아 간에 서로의 동작을 보고 배우기도 하고 인내심을 가지고 자발적으로 동작을 수행해 나간다.

자신이 스스로 옷을 입고 벗기를 할 수 있는 성취감으로 즐거워하며 작업하게 된다. 빨래하기, 청소하기, 설거지하기 등의 가사 활동을 준비하고 세수하기, 구두 닦

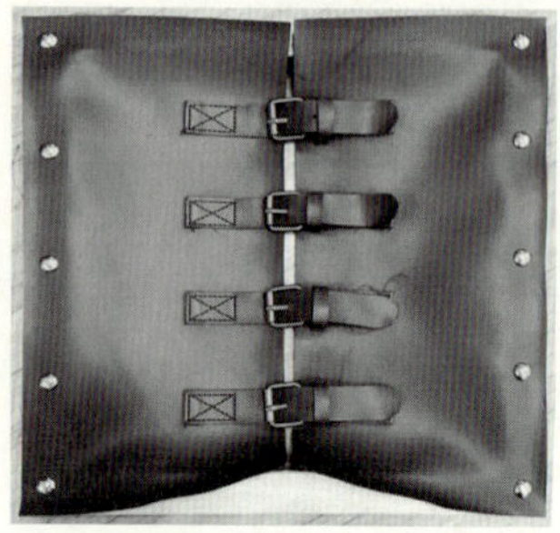

그림 2-10 옷틀 교구

기, 카펫 손질하기 등 유아 서로에게서 배우고 몰입해서 작업에 임하게 된다. 정원 가꾸기나 수공도 유아들이 즐겁게 하는 활동으로 식물이나 동물을 보호하고 관리하는 일을 즐긴다. 찰흙을 이용하며 타일, 항아리, 벽돌 등을 만들고 완성하여 나간다.

체조는 '선 따라 걷기'라는 것으로 선을 바닥에 그려 놓고 그 선 위를 한 발씩 앞으로 내디디면서 걷는 법을 배운다. 균형을 잡기 위해서 조심스럽게 발놀림을 하면서 선 위에서 떨어지지 않기 위해 노력하면서 걷는다. 이때 음악을 들려줄 수 있는데, 매우 쉬운 행진곡을 사용한다.

이와 같은 방식으로 몸의 균형 잡는 법을 배웠을 때 어린이들은 놀라울 정도로 완벽하게 걸을 수 있게 되며, 안정적이고 균형적인 걸음자세뿐만 아니라 걸을 때 몸을 매우 우아하게 가눌 수 있게 된다(Montessori, 1914). 점차 다양한 방식으로 어렵게 만들 수 있는데, 피아노곡에 맞추어 율동적인 걸음걸이를 하거나 노래를 부르면서 걷거나, 악기를 연주하면서 걷고 또는 교구나 사물을 들고 걸을 수 있다. 어린이가 정확하게 걸을 때에 가장 어려운 것을 초월하는 것을 배우는데, 발과 발의 균형을 정확하게 유지하는 것이다. 이런 연습은 몸의 균형만을 유지하는 것이 아니라 똑바른 자세에서 발을 정확하게 지시하기 위한 어린이에게 많은 주의를 요구하는 것이다.

일상의 운동으로는 열쇠를 올바르게 잡으면서 자물통에 끼워 넣는 일, 닫고 여는 문에 열쇠를 열고 닫는 일을 반복한다. 책을 정확하게 펴고 조용조용 넘기는 연습, 의자에 앉고 서는 연습, 조용히 물건을 옮기는 연습, 장애물을 피해서 정확하게 걷는 연습 등을 한다. 매번 어린이집에서 반복되는 이와 같은 연습은 사람과

그림 2-11 선 따라 걷기

그림 2-12 물건 들고 선 따라 걷기 사진

의 관계에서도 일어난다. 다른 사람이 떨어뜨린 물건을 치우고 모으는 일, 다른 사람 앞을 가로질러 가는 것을 피하는 일, 마구 떠들면서 거리를 가는 것을 피하는 일 등이다. 물건을 잡고 옮기는 하나하나의 동작은 걷는 것, 잡는 것, 손의 움직임, 발의 조절 등으로 근육이 연속적으로 움직이는 운동인 것이다. 어린이가 자기 자신이 원하는 것을 할 수 있도록 조절하여 움직이는 것은 신체의 움직임뿐만 아니라 자신의 의지를 조절하고 자신을 신뢰하는 운동의 주인이 되는 것이다. 이런 운동을 하는 동안 어린이들은 흥미로워하고 몰입하게 된다.

우리는 가정에서나 어린이집에서 어린 아이가 블록을 손에 들고 옮기는 과정을 볼 수 있다. 정확하지도 않고 힘이 부족해서 비틀거리면서 힘들어도 조심스럽게 떨어뜨리지 않고 옮기는 것을 종종 본다. 그리고 계속해서 남은 블록을 바구니에 옮기려는 의지로 포기하지 않고 끝까지 어렵게 옮기는 과정을 보는 것은 신기한 운동이고 놀라운 일이라고 몬테소리는 말한다.

8) 감각 교육과 침묵

감각 교육은 몬테소리 교육의 특징으로 가장 잘 알려진 부분이기도 하고 다른 교육과는 차별되는 특징이라 할 수 있다. 감각 교육은 지능 발달의 모든 근거를 풍요롭게 한다. 인간은 감각 지각을 통해 세상을 내면으로 받아들인다. 인간의 사고라는 것은 감각을 통한 행동으로 바깥 현실 세계를 내면으로 받아들이고, 받아들인 사고는 감각 기관들을 조정하여 목적하고 원하는 것을 다시 받아들이게 한다.

이러한 과정은 감각적 접촉을 통한 사고로서의 지능으로 정신적인 유산을 확산

그림 2-13 **감각 교구 분홍탑**

하고 향상시킨다. 이러한 감각의 정확한 변별 없이는 추상적인 지능에 대한 정확성이나 원칙이 결여되어 있을 것이다. 결국 사고의 발달은 신체의 움직임과 감각 수단을 통해서 확실해지는 것이다. 어린이의 뇌를 풍부하게 하는 것은 교사가 할 수 있는 것이 아니라 어린이 자신의 감각을 통해서 직접적으로 이루어지는 것이다.

그래서 몬테소리는 감각 교구를 정확하고도 어린이의 흥미를 자극하기에 충분하게 제공하는데, 색이나 형태, 소리와 같은 속성들이 분리되어 어린이가 정확하게 인식할 수 있도록 고안했다. 이에 반해 일상적인 환경은 다양하므로 어린이를 혼란스럽게 만들 수 있다.

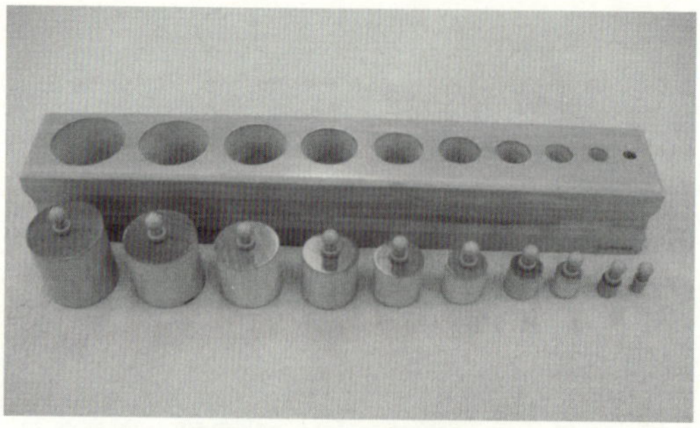

그림 2-14 **꼭지원기둥 감각 교구**

몬테소리 감각 교구는 어린이들의 흥미를 끌기에 충분한 요소를 가지고 있다. 예를 들어, 2세 반~3세 정도의 어린이들에게 관심을 끌 만한 것은 꼭지원기둥이다. 교구에 흥미를 가지고 몰입한 유아에게 교사의 개입은 거의 언제나 불필요한 것이 되어 버린다. 유아들은 '혼자서' 하고 싶어 한다. 어린이는 오히려 교사로부터 불필요한 도움을 받게 될까봐 두려워한다. 자신이 원하는 만큼 충분히 반복하는 것을 통해서 성공적으로 경험하고 싶어 하는데, 3세~3세 반까지의 어린 유아들은 흥미를 잃지 않고 집중하여 '40'번까지 이 연습을 되풀이하였다. 유아는 자신이 이미 알고 있는 목표지점에 도달하고자 하는 욕구를 가지고 스스로 자기를 교정할 수 있다. 실수한 것을 알게 해 주고 바로잡는 법을 가르쳐주는 것은 교사가 아니라 바로 유아 자신이 가진 지능의 복잡한 작용인 것이다. 바로 이 점에서 자동 교육(auto education)의 과정이 시작된다.

꼭지원기둥을 작업하면서 틀에 집어넣는 방법이나 연습방법이 목적이 되는 것이 아니라 내적인 것이 목적이다. 유아 스스로 관찰하는 법을 훈련해야 한다든지, 사물을 비교하고, 판단하고, 추리하고, 결정하도록 해야 된다든지 하는 것 등이 그 목적이 될 수 있다. 분홍탑, 갈색 계단도 마찬가지이다. 함부로 난폭하게 교구를 다룰 때가 아니면 유아의 관찰력으로 자기 실수를 스스로 교정하게 되고 혼자서 연습한다. 교구들 간의 차이를 감각으로 분별하고 실수를 바로잡는 것도 감각, 눈의 변별을 통해서이기 때문에 유아가 스스로 하는 것이다.

어린이들의 감각 변별은 점차 다양한 사물로 감각적 흥미를 가지고 확장하게 된다. 손님이 입고 온 천의 느낌처럼 주변 생활에서 감각을 느껴보게 된다. 점차 더 복잡한 무게 감각, 압력 감각, 색 변별, 기하도형을 구별하게 된다. 형태를 인식하는 눈을 훈련하고 모양 형태를 손끝 촉감으로 느껴보는 것은 중요하다. 도형의 틀을 만져보는 것은 완성된 형태를 그릴 수 있는 손의 기능을 준비하는 것이다. 만지고, 느끼고, 완성된 윤곽을 따라가는 방법을 아는 작은 손은 글씨를 쓰는 것을 아직 모르고서도 글씨를 쓰는 것에 준비된 것이다. 어린이집에서 모양을 식별한 후 어린이가 집에 가서는 샌드위치를 보고 '세모'라고 말하고, 비스킷을 보고 '동그라미'라고 말하는 자녀를 본 노동자 아버지는 "내가 만일 이런 식으로 교육을 받았다면, 오늘날 이렇게 평범한 노동자는 아닐 텐데"라는 말을 했다고 한다. 그 아버지는 후에 기하 형태들을 그려 넣은 괘도를 손수 만들어 교사에게 선물했다고 한다.

몬테소리 교실에서는 특별히 어린이들의 행동에 특징이 되어 나타나는 것이 있다. 이것은 교실의 정숙을 만들어내고 전체적인 조화로움을 보여줄 수 있는 중요한 기본 태도로 성공적인 교실 운영의 열쇠가 되는 것이라 할 수 있다.

> "특별한 소리에 관하여 어린이의 관심을 북돋아 주기 위한 중요한 연습이 있는데, 다른 교육 시도들과는 대조적으로 소리를 내는 데 있는 것이 아니라 주변으로부터 나올 수 있는 소리를 가능한 한 제거하는 것이다. '정숙훈련'은 아주 광범위하게 나의 교육 방법이 아직 알려지지 않은 학교에까지 적용되었다. 어린이들은 '움직이지 않는 것'을 배우며, 어떤 이유에서든 움직이려는 충동을 억제하는 것을 배운다. 참된 '부동자세'를 이끌어 내기 위해서 자신의 움직임을 '자제'할 수 있도록 가르치는 것이 필요하다. 그때 교사는 "조용이 앉아 있어요."라고 말하는 것이 아니라, 자기 스스로가 아주 조용히 앉는 시범을 보여준다. 즉, 발도 몸도 팔도 머리도 움직이지 않고 그대로 있는다. 호흡 역시 소리를 내지 않는 방법으로 행한다."
>
> —Montessori, 1914, p.86—

> "침묵은 자신의 운동 조절을 연습하는 방법으로 중요한 방법이라고 하는데, 서투르게 혼자서 가만히 앉아 있거나 입을 꼭 다물고 있는 것만을 의미하는 것이 아니라 어떠한 조그만 소리도 내지 않고, 또는 어떠한 소리도 말하지 않으면서 차츰차츰 완전한 단계로 되어가는 것이다."
>
> —『아이의 발견』, Montessori, p.135—

어린 유아들이 행동이 조절되고 교사의 강요된 규율이 아닌데도 어떻게 저절로 규칙이 지켜지는 것인지 궁금해 하는 사람들의 답이라고도 할 수 있다. 때로는 너무 억제된 조용하게 시키는 교육이 아닌가 하고 생각하는 이들이 참관을 하러 오거나 몬테소리 교육을 제대로 배우지 않고 보는 사람들에게 의구심을 갖도록 하는 면이기도 하다. 우리는 흔히 부모가 자녀를 교육시킬 때 스스로 모범을 보이라고 한다. 그리고 타인에게 존중받는 사람들의 태도를 보면 조용하게 예의 바르게 우아한 동작을 보여주는 것을 볼 수 있다. 마치 이와 같은 방법이라고 연상하면 이해가 쉬울 것이다.

이 방법에 성공할 수 있는 조건은 편안한 자세, 즉 평형 자세를 찾는 것이다. 바닥이나 의자에 앉을 때도 편안하게 할 수 있어야 한다. 정숙이 이루어지면 주변의 들리지 않던 소리가 들리고 소음의 시계와 정신을 억압하던 소란스러운 시계가 멀어지는 것을 느끼게 되어 자유로워진다. 정숙 훈련은 전체 유아들의 이름을 호명하는 것으로 끝이 나는데, 교사나 한 유아가 교실 뒤나 옆방에 가서 움직이지 않고 있는 유아들을 차례로 호명한다. 부르는 소리는 목소리를 낸다기보다 속삭임에 가깝다. 아이들은 주의를 하고 일어서서 소리가 나는 쪽으로 찾아간다. 이때 움직임은 민첩하고 주의 깊으며, '소리를 내지 않으려고' 매우 조심스럽다.

아이들이 '정숙'에 익숙해지면 그들의 청력은 소리를 지각할 수 있도록 세련되어진다. 정숙의 기쁨을 알고, 섬세한 소리의 세계를 발견한 사람의 귀에 너무 큰 소리는 점점 더 불쾌한 것이 된다. 그들은 가볍게 걷고, 가구에 부딪치지 않으려고 조심하고, 소리를 내지 않고 의자를 옮겨서 조심스레 탁자에 놓는다. 정숙 수업의 결과는 운반하고 움직이는 태도가 세련되어지는 데에서 찾아볼 수 있다(Montessori, 1914, p.89).

아름다움 자체를 위한 가르침이 아니고 부동 상태와 침묵에서 정신을 통한 즐거움에서 느끼는 가르침이다. 이 연습은 사회성을 결정적으로 계발한다. 공동 목표를 달성하려는 집단의 협력을 볼 수 있다. 아이들은 점점 더 '억제력'을 보여준다. 서로 방해하지 않고 분위기를 깨지 않으려고 조심스럽게 움직이는 것이다.

이 침묵, 부동자세는 어색하기도 하고 어린이들에게는 어울리지 않는 행동같이 보이고, 그래서 억지스러워 보이기도 하지만 감각을 훈련하고 동작을 조절하면서 세련되게 하고 자신의 의지와 함께 주변 사람들을 위하고 사물을 소중히 다루고 움직이는 행동은 몬테소리 교실의 공동체적이고 평화스러운 분위기를 만드는 방법이라 할 수 있다.

9) 교육에 있어서의 자연–농사짓기, 동식물의 사육과 재배

몬테소리의 책 『어린이의 발견(The Discovery of the Child)』에서 말하기를 어린이집에서 정원의 설계는 어린이집과 같은 수만큼 설계되고 있다고 한다. 가끔 몬테소리 교육이 교구에 제한되고 교구가 강조되고 있다고 생각하는 면이 있는데, 자연에 대한 경험과 실제적인 보호, 관리가 어린이들에게 얼마나 중요한 것인지를 몬테소리는 잘 설명하고 있다.

어린이는 자연 속에서 살아가고 자연의 일부이다. 어린이의 삶에 자연의 삶을 필요로 하는 것이다. 이것은 자연을 인식하는 데만 의미를 두어서는 안 된다. 뿐만 아니라 사회의 공동생활로부터 창조된 인위적인 생활 속에서 고립되어 있는 어린이를 가능한 한 자기 자신을 자유롭게 생활하도록 해방시킨다는 것이다. 이러한 몬테소리의 주장은 현대의 도시화된 생활 속에 사는 어린이에게도 필요한 것으로, 시대가 다르지만 지금이나 몬테소리가 어린이 교육을 한 시대나 여전히 자연과 함께하는 시간의 부족을 나타내고 있다는 점은 어린이를 교육하는 사람으로서 염두에 두어야 할 점이다.

또한, 몬테소리는 어린이의 정신위생 교육 측면에서도 자연의 신선한 공기를 마시고 일광욕을 하고 물에서 자유롭게 놀 수 있는 장소와 기회를 제공하라고 한다. 어린 아이와 산책하는 부모는 어린이를 안고 산책할 것이 아니라 어린이와 같이 걸으면서 어린이가 하는 것처럼 똑같이 꽃을 만지고 쓰다듬고, 흐르는 시냇물을 느끼고, 곤충들을 보는 것이 중요하다고 한다. 어린이가 이런 광활한 풍경을 보는 것이 대자연에 감탄하고 신비를 느낄 수 있는 시간이며, 자연에 대한 아름다움을 느낄 수 있는 기회이다. 유아교육은 어린이가 자연을 통해서 자기들의 사랑 자체를 최대한으로 발전시킬 수 있고, 자연이 가진 정확한 감각적 특성에 따라서 어린이의 관심을 더욱 더 확실하게 확대할 수 있을 것이다.

그림 2-15 자연 재배

몬테소리는 인간의 생명체에 대하여 가장 조심스럽게 보호할 수 있는 방법은 어린이의 정신에 생명력 있는 본능을 우선적으로 만족시켜 주는 것이라 한다. 어린이가 동물이나 식물을 보호하는 봉사적인 행동으로 대하게 한다. 어린이가 닭 모이를 주고 닭이 쪼아 먹는 모습을 보고, 알을 품고 있는 비둘기에게 물을 주는 것들은 어린이가 즐겨 하는 일이다. 새가 새 둥지를 처마 밑에 만들고 지푸라기나 실오라기로 집을 만드는 것을 볼 수 있다. 곤충들이 변화되어 가는 과정이나 자식에 대한 보호 본능은 어린이가 관찰해야 하는 대상이다.

그림 2-16 동물 키우기

로마의 어린이집에서도 모든 창가 베란다에 여러 가지 꽃을 심었고, 어린이들은 물을 주는 것을 잊어버리지 않았다고 한다. 정원에도 씨앗을 심어 싹트기를 기다리는 것은 지루한 일이지만 아이들은 많은 일을 하기를 원했고 자연 속에서 가꾸는 모든 것들이 자기들과 직접 관계되기를 원했다. 꽃을 사랑하고, 바라보고, 묵상하고, 만족감을 느꼈다. 잘 정리된 밭에 파종하는 것과 파종 후에 수확하는 일을 좋아했다. 포도와 밀을 수확한 경험도 밀을 베어서 예쁜 색상의 리본으로 한 다발 한 다발 묶어서 모으는 일을 하였다. 돌보고, 깨끗이 씻고, 아름다운 바구니에 담은 과일을 모아서 여러 가지 축제에 사용하기도 한다. 밤을 줍는 일도, 씨앗을 뿌리는 일도, 즐거움이 가득한 눈으로 정리하였다고 한다.

몬테소리는 자연의 숭고함이 어린이들에게 커다란 관심을 일깨워 주고, 개인적으로 자기 일을 할 수 있도록 용기를 준다고 한다. 어린이가 전원생활을 음미할 수 있도록 했고, 이를 통하여 꽃에 대한 상징적인 의미와 자연에 대한 철학을 배우게 된다. 밭고랑의 잡초를 뽑아내고, 시든 잎을 따주고, 가지들을 잘라내는 일은 사명감으로 이어지며 자기 의지와 노력으로 모든 장애물을 제거하려고 한다. 이런 자연과 함께 어린이의 아름답고 고유한 인격도 꽃피울 수 있다.

10) 손작업

그림 2-17 어린이 손

몬테소리는 인간의 손에 대한 기능이 인간의 지능에 얼마나 중요한가를 잘 설명한다. 『어린이의 비밀(The secret of childhood)』이란 책에서 걷기와 말하기를 배우는 운동신경 기능은 어린이의 장래를 읽을 수 있는 것처럼 중요한 것이라고 한다. 동물과 달리 인간이 가지고 있는 지능과 가장 밀접하게 연관된 신체 움직임은, 말할 때 사용하는 혀의 움직임과 일할 때 쓰는 손의 움직임 두 가지이다. 인간은 옛날부터 도구를 만들기 위해 손을 사용하였고 돌에 새겨 인간의 과거를 기록하여 남겼다. 이것은 동물과 달리 인간만이 사용하는 특수한 능력이다. 인간의 손은 이동의 수단이라기보다 지능을 연마하는 도구이다.

인간의 손은 아주 정교하고 복잡해서 정신 자체를 표현하는 것으로 손의 사용으로 인하여 환경을 소유하게 한다. 어린 아이가 의도적으로 손을 움직여 세계를 알아보려고 하는 노력이 손을 움직이는 것으로 나타나므로 몬테소리는 아이들이 충분히 손으로 만질 수 있도록 해 주어야 한다고 강조한다. 우리의 일상을 보면 아이들에게 만지지 말라고 하거나 가만히 있으라고 하는 경우가 많다. 이렇게 동작을 제어하기보다는 움직임을 통해서, 또 손을 통해서 정신이 발달하기 때문에 어린이들에게 활동하고 싶은 동기를 제공해 주고 일할 수 있는 물건이 필요하다. 그러나 가정에 있는 물건들은 주로 어른들의 것이고 어른들이 사용하기 위한 것이다.

몬테소리는 어린이가 움직이는 것이 무심코 하는 것이 아니라 자아의 지시에 따라 어린이가 조작된 동작에 필요한 협응 체제를 구축하기 위한 것이라 한다. 그래서 자신의 행동을 결정하고 실행할 수 있도록 움직임이 자유스러워야 한다. 어린이가 주변 어른들의 행동을 보고 모방하는 행동으로 그릇 씻기, 빨래하기 등을 예로 드는데, 몬테소리는 이것은 모방이 아니라고 한다. 원숭이처럼 단순한 흉내내기가 아니라 어린이들은 지적인 본능으로 동작에 선행해서 그 행동을 하기 전에 그것이 무엇인지 알고 있다. 습득한 것을 기억해서 저장해 두었던 지식을 사용하는 것이다. 나중에 일상에서 같은 상황을 보게 되면 다시 떠올려 그 행동을 반복하여 다시 사용할 수 있는 것이다.

어린이들이 냅킨을 옮겨서 식탁에 갖다 놓는 것, 병뚜껑을 열었다 닫았다 하는 것, 물통을 들고 옮기는 것 등은 힘들게 직접 옮기고 돌리고 옮겨 놓는 것과 같은 움직임을 스스로 하고 싶은 것이다. 어른처럼 한꺼번에 여러 개의 냅킨을 갖다 놓지 않고 어린이는 한 번에 하나씩 반복해서 왔다 갔다 하는 것이나, 병뚜껑을 열었다 닫았다 같은 행동을 반복하는 것은 어린이에게 매우 매력적인 물건이고 동작이기 때문이다. 2년 6개월 된 아이가 힘들게 무거운 물통을 옮기는 것을 보고 도와준 엄마에게 몬테소리는 아이에게 무거운 물통 대신 가벼운 찻잔에 물을 담아 옮기게 하고 아이가 어떻게 하는지 보라고 했다. 아이는 조심스럽게 한 발자국마다 멈추곤 하면서 천천히 결국은 자기가 원하는 곳에 안전하게 가져다 놓더라는 것이다. 이와 같은 '행동의 완성'이 아이의 정신 발달에는 매우 중요한 것이다.

어린이 자신이 일하고 싶어 하는 본능이 얼마나 중요하다는 것을 알지 못하는 어른들은 이런 현상을 처음 볼 때 놀라지만 하고 싶은 것을 못하게 하는 것은 어린이의 성장을 제지하는 것이다. 해결책은 어린이가 자신의 성향을 나타낼 수 있도록 활동할 수 있는 물건을 제공함으로써 적절한 환경을 마련해 주는 것이다. 적절한 환경이 주어지면 매우 어린 아이들도 일에서 정확성을 보여주고 기술을 습득하여서 우리를 놀라게 한다.

어린이는 손을 사용하고 싶어 하는 욕구가 있고, 이 욕구는 일에 대한 본능을 처음으로 표현하는 것임을 이해하지 못하면 어른은 어린이의 발달에 장애가 될 수 있다(『어린이의 비밀』, p.88). 그리고 어른은 어린이의 행동이 가지고 있는 외적인 목표를 자신의 기준에 맞추어서 판단한다. 그래서 어른이 보기에는 쓸모없는 일을 어린이가 해내려고 아주 애쓰는 것을 보면 도와주려고 시도한다. 뭔가를 하는 데 시간이 오래 걸리고 더딘 어린이의 행동을 보면 어른들은 참지 못하고 도와준다는 명목하에 자기가 해버린다. 이러한 성인의 행동은 어린이가 성장하고 싶은 노력을 속박하는 것이고, 이러한 성인에 대한 투쟁의 표현으로 나타나는 것이 '변덕스런' 아이가 지독하게 우는 것이다. 이때 진정 필요한 것은 어린이에게 혼자 할 수 있도록 기다려주는 것이고, 도와주는 것은 오히려 '억압'이고 '방해'가 된다는 것을 기억해야 한다.

11) 읽기, 쓰기 교수방법

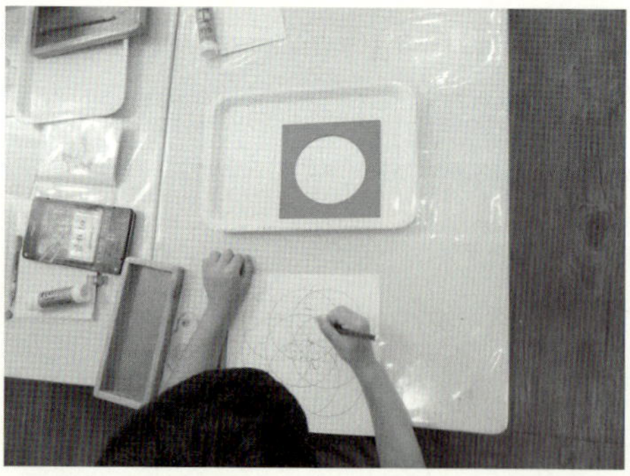

그림 2-18 **철판 도형**

일상생활 연습과 감각 훈련에서 이미 충분히 손의 연습이 되어 유아들은 매혹적이고 종합적 동작인 쓰기를 하게 된다. 필기구 사용을 위한 연습과 알파벳 자모 쓰기를 위한 연습이 쓰기를 위한 동작들이다.

필기구 사용을 위한 교구는 '철판 도형'으로, 기하 모양의 틀에 다양한 도형을 끼워 맞추기를 하는 것이다. 감각 교구에서 손으로 접촉을 통하여 모양을 만지는 동작을 이미 행하였기 때문에, 이제는 연필을 사용하여 모양의 틀을 그린다. 그려

그림 2-19 모래 글자 사진

그림 2-20 움직이는 자모음 카드

진 도형 안을 연필로 선을 긋는 동작을 하게 되며 연필이라는 매개물을 통해 윤곽을 따라간다는 점이 새롭다. 다양한 색연필을 사용하여 여러 가지 색으로 그려진 색의 윤곽선은 어린이들에게 흥미로운 작업이 된다.

이 철판 도형 그리기는 유아가 도형 모양의 테두리 안을 연필로 선을 그어 채우면서 획의 길이를 스스로 제한할 수 있게 된다. 자신의 손의 움직임을 조절하여 한정지어 긋는 데 점차 익숙하게 된다. 이것은 유아의 글씨 모양을 준비하게 되며 칠판이나 넓은 선 사이에도 쓰게 될 뿐 아니라 연습장의 좁고 빽빽하게 그어진 선 사이에도 쓰게 된다. 우리가 어렸을 때 글씨를 처음 쓰기 시작할 때 국어 공책에 그어진 네모 칸 안에 글자를 넣는 것이 얼마나 어려웠나를 생각해 보면 몬테소리가 준비한 어린이의 쓰기 작업이 얼마나 편안하게 차츰 난이도를 준비하는 연습이었는지 이해하기가 쉬울 것이다.

알파벳(한글 철자) 자모 쓰기를 위한 '모래글자' 연습은 사포를 잘라 만든 자모음 문자가 붙어 있는 부드러운 종이로 덮인 카드들을 사용한다. 글씨를 쓰는 것처럼 자모음 부호의 위를 만지는데, 모래글자 위 표면들을 기하도형을 만질 때처럼 같은 방식으로 검지와 중지 끝으로 만진다. 유아가 문자를 만지는 동안에 교사는 문자를 통상 3회 정도 발음한다. 'ㄱ, ㄱ, ㄱ', 그리고 3단계 교수법을 실시하여 글자의 모양과 소리를 알 수 있게 한다. 이렇게 문자를 만지는 것은 자모음 부호를 쓰는 데 필요한 동작을 확립하게 되고, 동시에 문자의 '시각적' 상을 기억하여 쓰기

뿐 아니라 읽기를 위한 첫 번째 준비 과정이 된다.

움직이는 글자는 '단어 만들기'로 사용된다. 움직이는 글자의 연습이 끝난 유아는 대개 쓰는 현상을 보인다. 첫 단어를 쓰기 시작한 아이는 첫 단어를 발음한 후에 말을 하고 첫발을 내딛은 후에 걷는 것과 같은 방식으로 계속해서 쓰기를 할 것이다.

생각해 보기

1. 몬테소리의 어린이집에 나타난 교육의 결과는 무엇이라고 생각하는가?

2. 몬테소리 어린이집에 적용한 방법의 특징은 무엇이라고 생각하는가?

그림 2-21 『몬테소리 교육법』 표지

CHAPTER 3

몬테소리가 어린이집에서 발견한 것들

1. 어린이에게서 발견한 정신적 특성
2. 어린이에게서 발견한 교육적 특성

"'어린이집'은 두 가지의 중요한 의의를 가지고 있다. 즉, 주택 내에 학교가 있다는 특수성으로 인한 사회적 중요성과 내가 지금 시도하고 있는 것과 같은 매우 어린 아이들의 교육방법을 통해 얻게 되는 순수한 교육학적인 중요성이다."

−『몬테소리 교육법』, p.44.−

로마에서 사회적으로 버림받고 굶주린 문맹자들이 사는 지역인 산로렌조에 만들어진 어린이집은 몬테소리에게 새로운 곳으로 빛낼 영감을 받아 시작된다. 그러나 교사나 어린이, 부모, 심지어 교육환경조차도 제대로 준비되어 있지 않았다. 이러한 노동자 주민들을 위하여 지어진 서민 주거지에 살고 있는 50여 명의 어린이들이 모여서 만들어진 어린이집 개원식 날 모인 어린이들의 모습을 묘사한 다음의 글을 보면 상황이 어떠했는지 짐작할 수 있다.

"어린이들은 슬퍼 보였고, 다루기에 매우 어려울 뿐만 아니라 무책임하고 바보스럽기까지 하였다. 정해진 한 선을 따라서 똑바로 걷는 능력도 없으므로 교사는 자기가 선을 손수 만들어서 선을 따라서 걷는 연습을 시켜야만 했다. 어린이들은 자주 울었고, 그들은 나무에 달린 열매를 보는 것처럼 남자 선생님을 보면서 모든 것을 무섭게 생각하는 듯하였다. 선물도 받으려 하지 않고, 맛있는 과자도 먹으려 하지 않는 것은 물론, 자신에게 말을 하여도 대답을 하지 않았다. 그들은 마치 원시 집단에 있는 어린이들과도 같았다. 숲속에서 동물들과 살아온 아비뇽의 야생녀처럼 눈에 정확한 초점도 없을 뿐만 아니라 문명사회의 한계를 벗어난 사람과 같았다."

−『어린이의 발견』, p.53−

개원식에서 몬테소리는 일반 사람들이 교육하기에 불가능하다고 생각하는 문맹자의 자녀들인 이 어린이들에 대한 교육을 인내심을 가지고 장기적인 기간을 응시해 볼 것을 간청하였다고 한다.

몬테소리의 교육방법과 이론은 '과학적 교육학'의 방법으로 관찰과 측정, 기록 등으로 연구하고 이타드와 세강의 교육을 적용하여 개발되었다. 차츰 몬테소리가 어린이집에서 직접 어린이들을 관찰하고 보살피면서 하나씩 발견한 것들이 교육이론으로 성장 발달하면서 정리된 것이다. 처음에는 육체적인 성숙에 대한 관찰과 함께 머리둘레, 크기, 머리의 직경, 가슴둘레, 뇌 크기의 비율, 몸무게, 키 등등 매

그림 3-1 어린이집

출처: http://himetop.wikidot.com/casa-dei-bambini

년, 매월 의학적으로 신체 측정을 하고 목욕을 하고 발달을 측정하였다. 부모와 정보를 교류하면서 그들의 교육 수준, 주거 상황, 사회적 지위, 경제적인 능력 등을 알아보아 가족 사항 현황표를 작성하였다.

어린이집의 환경은 자유로운 구조와 분위기에서 유아들이 자연스럽게 활동할 수 있는 환경을 만들어나갔다. 어린이에게 맞는 가구를 제작하여 유아용 의자를 만들어 유아들이 옮길 수 있도록 가볍고, 예쁘고, 나무로 된 것과 짚으로 짠 생리적으로 고려한 것이었다. 작은 책상을 만들고 예쁜 꽃으로 장식하여 손수건과 수건 등을 놓을 수 있도록 하였다. 비누곽이나 닦을 수 있는 모든 것을 올려놓을 수 있도록 제작하고, 2~4세 유아들이 마음대로 사용할 수 있도록 만들어 놓았다. 교실은 장식장, 수족관, 액자나 게시판, 시인들의 사진, 그림 등으로 장식되었다.

몬테소리는 유아들에게 새로운 교수자료를 소개하고 그에 따라 나타나는 유아의 반응을 관찰하였다. 그리고 그 결과에 맞추어서 수정하여 조심스럽게 다시 적용 관찰하였다. 유아들이 반복하지 않고 즉각적인 관심을 보이지 않는 교구는 없애 버리고 다시는 제공하지 않았다. 몬테소리 교육방법은 어린이가 보여준 결과에 의해서 만들어진 것으로, 이론에 근거한 방법이 아니라 유아로부터의 관찰을 통해 정리되고 수정되고 개발된 교육방법이다.

어린이집에서 유아들의 성장 발달과정에서 나타나는 독특한 현상을 발견하였는데, 질서, 반복, 민감기, 흡수 정신, 정상화로 나타나는 교육이론을 이루는 유아들이 보여주는 일반적 특성은 다음과 같다.

그림 3-2 몬테소리 교실 구성

1 어린이에게서 발견한 정신적 특성

1) 흡수 정신(absorbent mind)

몬테소리는 어린 유아의 학습 가능성은 어른과는 다르다는 것을 발견하였다. 이 현상은 우리가 새로운 언어 배우기를 시도해 보면 알 수 있는데, 성인에게는 새로운 언어를 배우는 것이 매우 복잡하고, 집중을 요하며, 기억하고, 문법을 잘 알아야 하는 어려움이 있다. 그런데 유아는 간단하고 쉽게, 그러나 완전하게 모국어를 배울 뿐만 아니라 정확하고 표준적인 억양을 구사하고 지방어나 속어까지도 학습하는 것을 볼 수 있다. 이런 능력은 성인과는 차이가 있음을 보여준다.

몬테소리는 이러한 특별한 유아의 능력을 '흡수 정신(absorbent mind)'으로 규정하였다. '흡수 정신'이란 유아가 주위로부터 모든 것을 받아들일 때 마치 스펀지가 물을 빨아들이듯이 완전히 흡수한다는 의미이다. 그러나 유아가 주위의 모든 인상과 사물을 있는 그대로 흡수하지만 이전에 흡수한 것에 새로운 행동, 사고, 조화가 이루어져 유아의 성장과 수정이 이루어진다. 이것들은 흥미로움과 반복을 통하여 유아의 정신적 성숙을 이루어간다.

그림 3-3 스펀지 흡수

흡수 정신은 무조건적으로 흡수하는 것처럼 수동적인 것만이 아니라 유아가 능동적으로 이루어간다. 흡수 정신은 유아가 적극적으로 환경 속에 있는 인상을 흡수하여 유아 자신을 성장시키는 창조력을 가진 무의식적인 정신 형태이다. 이런 힘과 과정을 통하여 유아는 세상을 배워 나간다.

유아의 흡수 정신은 태어날 때부터 시작되고 3세까지 활발하며 6세까지 계속된다. 흡수 정신의 발달은 무의식적 단계와 의식적 단계로 구분된다.

〈흡수 정신의 발단 단계〉

① 유아 전기(0~3세): 무의식적 흡수 단계

0~3세에서는 환경의 여러 가지 인상을 적극적이고 능동적이며 무의식적으로 흡수한다. 특히 이 단계에서는 모국어 습득이 중요하다.

② 유아 후기(3~6세): 의식적 흡수 단계

이 시기는 유아 전기에서 무의식적으로 흡수했던 환경들을 점차 의식적으로 이해해 간다. 이때는 손을 움직여 환경을 탐색하고 체험하여 그것을 수용하고 구성해 나간다. 유아의 흡수 정신으로 자신이 노력한다는 의식 없이 환경에서 모든 것을 흡수하게 된다. 즉, 유아는 흡수 정신을 통해 언어, 문화, 타인과의 상호작용 방법 등을 받아들이는 것이다.

또한, 영유아기에 흡수된 것은 내면세계에 각인되어 무의식적인 기억으로 저장되었다가 3세 이후 이것을 체계화하게 된다. 그러므로 특히 3세 이전의 유아가 흡수하는 데 적절한 환경과 자극을 제공받아야 하는 것은 매우 중요하다. 유아가 흡수한 것은 무엇이든지 유아의 인격과 개성을 형성하게 한다. 그렇기 때문에 유아에게는 출생 후부터 좋은 환경이 필요하다. 유아는 사랑으로 양육되고 적절한 관심과 감각 자극을 제공받아야 한다. 이러한 환경과 돌봄은 유아의 장래를 결정하는 데 매우 중요한 요인이 된다.

생각해 보기

유아의 흡수 정신은 어떤 것인가? 흡수 정신의 단계는 어떻게 구분되는가? 흡수 정신을 도와주는 교육적 환경은 어떠해야 하는가? 교사의 역할은 무엇인가?

2) 민감기(sensitive period)

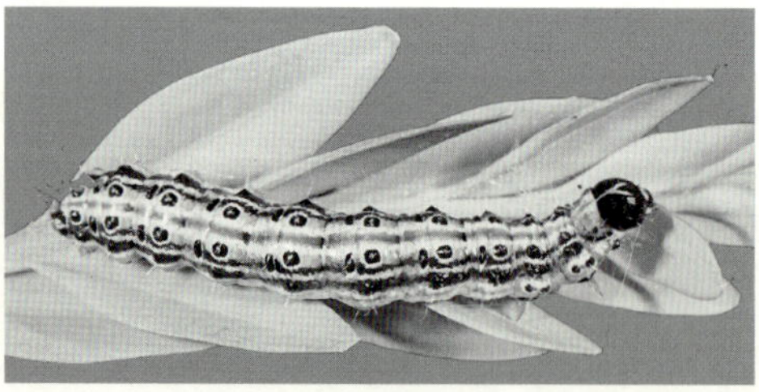

그림 3-4 **애벌레 민감기**

몬테소리가 유아들에게서 발견한 특징 중 하나는, 유아가 성장하기 위해 필요한 어떤 특정한 것에 특히 민감한 시기가 나타난다는 것이다. 이러한 특정한 것에 대한 민감성은 그 특성이 획득되고 하면 소멸되는 것을 발견하였다. 몬테소리는 드브리스의 용어를 유아의 발달과정에 적용하였는데, 생물학자 드브리스가 사용한 민감기(sensitive period)라는 용어를 가져온 것이다. 곤충의 성장을 관찰해 보면 어린 시기에 발달단계를 거치는 동안 특정 자극에 민감한 행동을 보이는 시기가 있는 것을 발견하였다. 예를 들어, 나비의 민감기는 애벌레가 성장할 때 아주 부드러운 잎을 먹기 위하여 나뭇가지의 끝에 힘들게 기어간다. 이 시기에는 빛에 민감해지면서 빛을 따라서 가지의 끝에 갈 수 있는 것이다. 그러나 거친 잎을 먹을 수 있는 시기가 되면 빛에 대한 민감성은 사라진다.

특히 유아기에 어떤 특정한 것에 대한 민감기를 가지며, 이 민감기 동안에는 이와 관련된 과제를 아주 열정적으로 받아들이고 쉽게 배우는 특성을 가진다. 그러나 이러한 민감기는 시간이 지나면 소멸되어 다시 나타나지 않는 중요성이 있다. '민감기'는 주로 0~6세 사이에 나타나며, 특정한 한 요소에 집중적으로 나타나고, 어느 일정한 기간에 나타났다가 어느 시기가 지나면 사라져 버린다. 그리고 다시 새로운 것에 민감하게 되는 다른 민감기가 생겨난다.

몬테소리는 하나의 민감기를 정확한 연령이나 시기에 국한하지는 않았지만 어린이의 발달상 대략적인 연령을 짐작할 수 있다. 보다 중요한 것은 교사가 각 유아의 개별적인 관찰을 통하여 각자에게 나타나는 민감성을 발견하고 민감성을 고려한 환경을 마련해 주어 발달이 잘 이루어지도록 적절한 환경의 준비를 하는 것이다.

어린이에게서 나타나는 민감기의 종류를 살펴보면 다음과 같다.

- 감각: 출생에서 4세까지에 해당한다. 촉각, 미각, 후각, 시각, 청각을 통한 다섯 가지 감각을 사용하여 유아 주위의 모든 사물을 경험하고 학습한다.
- 질서: 출생에서 3세까지에 해당한다. 유아가 세상을 배워나가는 과정에서 질서 있는 정신적인 구조를 형성해 나간다. 질서를 가지고 세상을 이해하고 지속적으로 세상을 알아나가는 데 질서가 요구된다.
- 작은 사물: 2세경~6세 사이에 나타난다. 아주 작고 섬세한 물건에 관심을 가지고 흥미로워 한다. 성인들은 놓쳐 버리는 작은 사물이나 그림도 유아는 쉽게 발견한다.
- 움직임: 2세 반, 3~6세 사이가 해당된다. 걷기와 손을 사용하며 사물을 만지고 움직이는 활동을 많이 한다.
- 손: 손을 움직여 무엇인가를 만지고 조작하려는 것에 민감하다. 손은 뇌와 밀접하게 연관되고 손을 통하여 물건을 조작하는 것을 배울 수 있다.
- 걷기: 걷는 것에 민감하고 걷기를 좋아한다. 성인은 목적을 두고 걷지만 어린 유아는 걷는 동작 그 자체에 흥미를 느끼고 스스로 걸으려고 노력한다. 유아

에게 걷기는 제2의 탄생이라고 할 수 있을 정도로 세상을 탐색하게 하는 중요한 도구가 된다.

- 예의: 출생~6세 사이에 해당한다. 유아는 모방을 좋아하고 어른이 하는 행동을 보고 따라한다. 이 시기에 예의 바른 말이나 행동을 보고 따라하므로 성인의 모델링이 중요하다.
- 언어: 언어에 대한 민감기는 태어나서 유아가 자연스럽게 습득하는 언어의 능력을 보면 쉽게 알 수 있다. 언어에 대한 민감기가 지나버리면 언어의 습득은 불가능해진다. 유아는 언어 민감기에 발음에 민감하여 주변에서 들려오는 언어를 배우고 폭발적으로 단어를 습득하게 된다. 단어의 습득뿐만 아니라 문법에 대한 판단력도 생긴다. 쓰기에 대한 민감기는 3세 반~4세경에 나타나고, 읽기에 대한 민감기는 4세 반~5세 사이에 발달한다.

생각해 보기

유아의 민감기 특성과 종류에는 어떤 것들이 있는가? 민감기 특성이 나타날 때 교사는 어떻게 해 주어야 할까?

2 어린이에게서 발견한 교육적 특성

1) 반복(repetition)

어느 날 몬테소리가 늘 하듯이 어린이집에서 유아들의 교구에 대한 반응을 관찰하고 있었는데, 3세가량 된 여자 아이가 '꼭지원기둥'을 가지고 한 자리에 앉아서 같은 교구를 계속해서 반복하는 모습을 보게 되었다. 너무나 깊게 집중한 이 어린이가 교구를 만지고 있는 장면을 본 몬테소리는 신기하여서 어린이의 주변에 다른 어린이들을 시켜 노래를 부르고 다니게도 하고 어린이가 앉아 있는 의자를 옮겨보기도 했으나 변함없이 자신이 하던 작업을 계속했다. 결국은 42번이나 한 뒤에 유아는 아주 만족스러운 표정을 하며 교구를 제자리에 갖다 놓았다. 이러한 반복 현상은 다른 어린이들에게도 계속 일어나는 특성이 되었다.

그림 3-5 꼭지원기둥 감각 교구

> "이와 비슷한 사건이 계속 일어났으며 그때마다 그런 체험을 하고 난 어린이는 휴식을 취하고 난 사람 같아 보였다. 어린이들은 생명력으로 가득 차 있었고 대단히 기쁨을 맛본 어린이들 같아 보였다. 어린이가 외부 세계를 의식하지 못할 만큼 집중하는 시간이 자주 있지는 않았지만 모든 어린이들에게 공통되고 그들의 모든 행동에서 거의 변함없이 나타난 이상한 행동을 보았다. 이것을 나는 후에 '교구의 반복'이라고 불렀다."
>
> –『어린이의 비밀』, p.120–

어린이들이 일하고 있을 때 더러운 손을 보고 손 씻기를 가르친 후에, 그들은 손이 깨끗한데도 계속해서 손 씻기를 하는 것을 보았다. 다른 활동들에서도 같은 행동을 반복하는 것을 보았는데, 교구를 조심스럽게 자세하게 가르쳐줄수록 더 끝없이 반복하였다고 한다.

어른은 같은 행동을 반복하는 것을 지루해 하지만, 어린이는 똑같은 행위를 되풀이하는 것을 좋아하며 지루해 하지 않는다. 반복에 의해 어린이는 자신이 경험한 것을 지식으로 구조화한다. 그러나 성인도 운동을 배울 때 보면 잘할 때까지 반복하여 연습하는 것을 볼 수 있다. 어린이도 처음에는 잘하지 못하던 수행능력이나 조작기술 같은 것을 여러 번 반복함으로써 실수를 줄이고 점점 더 성공적으로 기술을 완성해 가는 것을 볼 수 있다. 반복은 어린이의 경험을 지식의 구조로 만들어 준다. 마찬가지로 어린이들은 자신이 잘할 때까지 반복하려는 경향이 있다. 반복은 처음에는 감정적인 성공감을 주지만 결국 나중에는 신체적인 성공감을 주게 된다. 신체적인 반복은 완성하려는 만족감을 반복하게 한다. 몬테소리가 어린이집에서 관찰을 통하여 어린이가 같은 것을 반복하는 모습을 보게 되었고, 이것은 교육원리로 적용되어 유아에게 반복학습과 스스로의 정정을 통해 완성의 기회를 주게 되었다.

읽기와 쓰기를 할 때도 눈과 손의 움직임, 협응, 소리와 어법의 신체적인 조화가 이루어져야 성공할 수 있다. 반복은 신체적이고 정서적인 준비를 잘 하게 하고 미래의 지적인 성취를 위한 것이다. 모든 몬테소리 교육은 어린이의 지적인 것에 기초하여 시작한 것이 아니라 감각을 통한 교육이었다는 것이 독특하다.

2) 집중(concentration)

어린이에 대해서 성인들이 흔히 생각하는 것은, 어떤 것을 하든지 오랫동안 하지 못하고 흥미로운 주의를 끌지 않으면 오랫동안 그 일에 집중할 수 없다고 하는 생각이다. 그래서 자극적인 것을 준비해 주어서 지속적인 변화를 주어야만 하고 어린이의 관심을 끄는 무엇이 필요하다고 생각하기 쉽다.

그러나 몬테소리가 발견한 것은 어린이들에게서 나타난 자연스러운 집중력이었다. 집중은 어떤 일을 해낼 때 정확하고 효과적으로 성공할 수 있게 도와준다. 어린이의 일상생활에서도 단추 하나를 열고 닫아 자신의 옷을 입는 일이며, 숟가락으로 밥을 떠먹는 작은 일부터 과학자가 실험을 하는 종류의 큰일까지도 성공적으로 무엇인가를 해내기 위해서는 집중 없이는 기대하기가 어렵다. 몬테소리는 집중이 어린이의 발달에서 중요하고 능동적으로 일어남을 설명한다.

> "어린이의 발달에 있어 기초적인 것이 집중이다. 어린이의 개성이나 사회적 행동의 기본을 이루고 있다. 어린이는 집중해야 하는 것을 위해서 어떻게 집중할 수 있는지 알아야 한다. 이것은 주변 환경의 중요성을 나타내는데, 어린이를 외부로부터 집중하게 할 수는 없다. 그것은 오직 그의 정신적 삶에서 조직할 수 있기 때문이다."
>
> —『흡수하는 정신』, p.202—

그림 3-6 집중

그림 3-7 선 따라 걷기에 집중한 모습

몬테소리는 처음에는 유아기 발달의 자연적인 특성으로 집중을 기대하지 않았다. 그 당시의 심리학적인 이론에서는 어린 아이가 집중할 수 있다는 것은 생각할 수 없었다. 그러나 어린이집에서 한 어린이가 꼭지원기둥을 집중해서 작업하는 것을 관찰한 일을 계기로, "이 일 이후에 어린이들이 작업에 집중하는 것을 볼 때마다 방해하지 않고 물러났다"(Montessori, 1989. p.14). 이 집중력은 '교구의 반복'이나 '자유로운 선택'이라는 어린이 내부 깊숙이에서 나오는 다음 단계의 행동유형을 가져오게 한다. 침묵놀이와 같은 활동을 할 때에도 열성적으로 참여하고, 자신의 정신을 발달할 수 있게 해 주는 방법을 열심히 받아들이는 집중은 지적 능력에 의해 움직이는 손동작이 있어야 한다. 이런 과정에 아이들이 집중하는 것이 천부적인 재능을 정상적으로 표현하도록 해 주는 방법이다. 어린이의 집중하는 모습은 어느 원에서나 볼 수 있는 몬테소리 어린이들을 특징이라 할 수 있다.

이 관찰을 시작으로 어린이의 집중이 어린이의 자연적인 발달에 열쇠가 되는 것을 알게 하였다. 집중은 어린이가 자신에게 숨겨진 보물을 여는 열쇠이다. 무질서나 방해가 되는 것으로부터 자신을 구성하는 일이 되도록 한데 모아서 자연이 의도했던 것처럼 자신의 성품을 만든다(Standing, 1998). 교사는 어린이가 집중하는 순간을 방해해서는 안 된다. 관찰을 통해서 어린이의 집중이 일어나는 그 순간을 알아내어야 한다. 숟가락으로 물체를 옮기는 어린이의 집중하는 모습을 떠올려 보면, 몸과 마음을 하나로 숟가락에 얼마나 집중하여 조심스럽게 옮기려고 하는지 어린이의 눈과 손을 볼 수 있다. 짧은 시간의 집중력은 점차 긴 시간이 요구되는 활동을 통해서 집중을 길게 할 수 있는 능력으로 발달된다. 집중은 마음, 정신, 신체가 통합되는 순간이며, 자신의 정신 능력을 가지고 자기 자신을 이끄는 순간이다. 그러므로 교사는 어린이에게 집중이 일어날 수 있도록 흥미롭고 발달에 맞는 교구 활동을 준비해야 한다.

3) 상과 벌(reward and punishment)

> "어느 날 내가 교실에 들어가니까 어떤 아이가 방 가운데 있는 흔들의자에 혼자 앉아 아무것도 하지 않고 있었다. 그 아이는 착한 행동을 한 아이에게 주는 목걸이를 하고 있었다. 그런데 선생님은 나에게 그 아이는 벌을 받고 있다고 말했다. 그때 다른 아이가 상으로 목걸이를 받았는데, 그 애는 그것을 가슴에 걸어보더니 마치 쓸모도 없고 일에만 방해만 된다는 듯이 의자에 앉아 벌 받고 있는 아이에게 주었다. 의자에 앉아 있던 아이는 목걸이를 잠시 보더니 다시 교실 주위를 바라보았는데 전혀 부끄럽게 느끼지 않는다는 것이 확실하게 보였다. 이 사건으로 말미암아 우리는 계속해서 상과 벌을 주는 것은 쓸데없는 일이라는 것을 깨달았다"
>
> –『어린이의 비밀』, p.122.–

이 일을 계기로 어린이집에서는 이후부터 상과 벌을 교실에서 사용하지 않기로 하였다. 상과 벌 대신에 규율을 어긴 유아에게 작업하는 모습을 관찰하도록 하자, 규율을 어긴 아이들도 작업하기를 원하기 시작했고, 작업을 하면서 규율을 어기는 행동들이 사라짐을 보게 되었다. 더욱 더 놀라운 것은 상을 거절하는 일이 자주 있다는 것이다. 이는 전에는 없었던 자존감의 의식이 살아난 것이었다. 유아들에게 상은 이미 작업을 통하여 자신 스스로에 대한 성취감을 느낄 때 만족하면서 보상이 된 것을 의미했다.

몬테소리가 자유와 훈육에 대한 교육적인 원칙을 실제에 적용시키는 것을 배우지 못한 때에 이러한 유아들의 행동을 관찰하면서 새로운 의미를 알게 되었으며, 그 이후로는 상과 벌을 사용하지 않게 되었다.

4) 존엄성

"어느 날 나는 코 푸는 법을 가르쳐 주기로 했다. 손수건 사용하는 법을 여러 가지로 보여주고 될 수 있는 대로 보기 싫지 않게 코를 푸는 법을 가르쳐주고는 끝냈다. 나는 손수건을 아이들이 거의 볼 수 없을 만큼 가만히 꺼내서 최대한 조용히 코를 풀었다. 아이들은 몹시 열중해서 나를 보았는데 웃지는 않았다. 나는 왜 그럴까 하고 생각했는데 내가 시범을 끝내자마자 아이들은 마치 극장에서 오래 참았던 박수갈채를 보내듯이 큰 박수를 치기 시작했다"

–『어린이의 비밀』, p.126.–

그림 3-8 코풀기 교구

어른들은 코를 흘리는 어린이에게 야단을 치거나 모욕적인 말을 한 적은 많지만, 자상하게 코를 푸는 방법을 가르쳐준 적은 없었던 것이다. 어린이들은 지금까지 당했던 모욕감에 보상을 받는 것 같았고 자신들을 올바르게 대해 주었고 자기들이 사회 속에서 새로운 위치에 설 수 있게 해 주었다는 것을 나타내고 있었다. 그날 몬테소리가 교실을 떠날 때 어린이들은, "고맙습니다. 가르쳐 주셔서 고맙습니다!" 하고 소리치기 시작하였고 건물에서 나올 때도 따라와서 조심해서 들어가라고 얘기를 해야만 했다고 한다. 어린이들은 자신을 존중해 주는 데 감동을 받은 것이다.

방문객이 학교를 와도 어린이들은 자신을 존중하는 태도로 근엄하게 행동했다. 따뜻하게 맞이하고 자기가 어떻게 작업하는지를 보여주어야 한다는 것을 알았다. 손님에게 의자를 갖다 주거나 공손히 인사를 하고, 손님이 떠날 때는 "와주셔서 감사합니다, 또 오십시오."라는 말을 했다. 몬테소리가 왜 그런 식으로 가르쳤냐고, 평소에 하던 대로 어린이들이 하고 싶은 대로 그냥 두라고 하지 않았냐고 하였다. 교사는 그 어린이들에게 아무 말도 안했다며 오히려 평소보다 더 열심히 작업했다는 설명에 놀라고 감화하였다.

점차 어린이들은 민첩하고 적극적이었으나 행동은 항상 부드러웠고 어른들을 즐겁게 해 줄 수 있는 정신적인 온화함을 보였다. 많은 사람들이 이런 경험을 해 보기 위해서 학교를 방문하였고 그들은 모두 따뜻하게 영접을 받았다. 이런 대접을 받는 어른들의 모습도 재미있었다고 한다.

어느 날 아르헨티나 대사와 함께 수상의 딸이 어린이집을 방문했는데, 일관된 모습을 보고 싶어서 사전에 알리지 않고 왔다. 그런데 휴일이어서 학교가 쉬고 뜰에서 놀고 있던 아이들이 다가오더니 "오늘은 휴일이지만 상관없습니다. 우리가 모두 학교 안에 있고 수위 아저씨가 열쇠를 가지고 있어요."라며 주변 아이들을 불러서 교실 문이 열리자 모두 작업을 시작하였다고 한다.

생각해 보기

유아에게도 존엄성이 있다고 생각하는가? 일상의 생활에서 유아의 존엄성이 표현되는 경우를 생각해 보고 성인이 도와주어야 할 점은 무엇인가 생각해 보자!

5) 훈육(discipline)

몬테소리 교실에서 참관하는 사람들이 느끼는 것은 아이들의 태도가 아주 자연스럽게 보이면서도 대체로 아주 잘 훈육이 되었다는 인상이다. 아이들은 조용하게 일을 했고 자기 일에 열중해 있었다. 아이들은 작업할 교구들을 가져오고 돌려놓기 위해 조용히 여기저기로 걸어 다녔다. 아이들은 교실 밖으로 나가 뜰을 한 번씩 살펴보더니 다시 돌아왔다. 아이들은 선생님이 하는 것을 놀랄 만큼 빨리 해냈다. 아이들은 교사가 말한 대로 아주 정확하게 해냈다. 침묵놀이를 하자고 하면 끝내라고 하기 전까지는 움직이지 않았다. 자기가 하려고 한 교구는 스스로 가져가고 깨끗이 하였다. 이러한 훈련된 모습은 방문객들을 매혹시켰다.

무질서하고 그릇된 행동만을 계속하여 비정상이라고 취급되었던 한 어린이가 어느 날 진지한 표정으로 탁자를 옮기기 시작하였다. 탁자가 시끄러운 소리를 내었기 때문에 교사들은 그를 가만히 서 있게 하였다. 그러나 탁자를 옮기기 시작한 것은 이 어린이가 유용한 일을 하기 위한 협동적이고 올바른 행동의 최초 표현 중의 하나였다. 그 후 그 어린이는 스스로 움직일 수 있고 책상 위에 작은 물체를 정돈할 때마다 다른 어린이들처럼 조용하고 즐거워하기 시작했다(『몬테소리 교육법』, p.91).

어느 날 어린이들이 물 위에 떠 있는 장난감을 보려고 웃고 떠들면서 대야 주위에 원을 만들며 모여들었다. 그 학급에는 2세 반의 남아가 있었다. 그 아이는 원 밖에 혼자 서 있었는데 강렬한 호기심으로 가득 차 있었다. 나는 흥미 있게 그를 멀리서 지켜보았다. 그는 처음에는 다른 어린이들 가까이로 다가갔고 그들 사이에 끼어들려고 시도했으나 그렇게 하기에는 그의 힘이 너무 약했다. 그는 잠시 생각에 잠기며 주위를 둘러보았다. 그의 작은 얼굴에 생각의 빛이 나타나는 것을 보는 것이 매우 흥미 있었다. 그런 그의 모습을 사진기로 찍어두고 싶을 정도였다. 그 어린이는 작은 의자에 시선을 멈추었다. 그 의자를 모여 있는 어린이들 뒤에 놓고 그 위에 올라가기로 마음먹은 듯했다. 그는 희망에 찬 얼굴로 의자 쪽으로 움직이기 시작했다. 그런데 그 순간 교사가 그를 거칠게 잡아 안으면서 "이리 와, 가여운 아이야, 너도 볼 수 있을 거야!" 하면서 들어 올려 대야 속의 장난감을 보여주었다. 말할 필요도 없이 물 위에 떠 있는 장난감을 쳐다보고 있는 그 어린이는 자신의 힘으로 장애물을 극복함으로써 느낄 수 있는 기쁨을 경험하지 못했다. 이런 경우, 교사는 어떤 보상적인 이익도 주지 않은 채, 자신을 스스로 교육하려고 한 어린이를 방해했을 뿐이다. 그리고 해서는 안 될 일을 하고 있는 어린이들에게 관찰이 지쳐 있을 때 교사들은 아랑곳하지 않고 아무런 개입도 하지 않는다. 그 결과 어린이들은 선과 악을 명확하게 구별하기가 어렵다. 모든 어린이가 무례하거나 거친 행동을 하지 않고 자발적이고 지적이고 유용하게 움직이고 있는 교실은 나에게 사실상 매우 잘 훈육되어진 교실처럼 보인다(『몬테소리 교육법』, p.91~92).

몬테소리 교실에서의 훈육은 자기 스스로 조절하는 '자기규제' 또는 '자기조절'의 의미에 더욱 가깝다. 타인에 의한 훈육이라기보다 유아 자신에 의한 스스로의 의지에 의한 규제라 할 수 있다.

생각해 보기

훈육이란 무엇이라고 생각하는가? 몬테소리가 말하는 '자기 규율', '자기 규제'란 의미의 훈육과 일반적인 의미의 훈육의 차이점은 무엇이라고 생각하는가?

6) 쓰기와 읽기

"어느 날 두세 명의 어머니들이 내게 와서 아이들에게 읽기와 쓰기를 가르쳐 달라고 요청하였다. 그 어머니들은 글을 몰랐으며 자신의 이름을 써 달라고도 하였다. 쓰기와 읽기를 가르치는 것은 내가 고려하고 있지 않은 것이라면서 거절하였으나 그들은 간절하게 부탁을 계속하였다 이것이 또 수많은 놀라움의 시작되었다. 4~5세 어린이들에게 내가 가르친 것은 두꺼운 종이를 잘라서 만든 알파벳 글자 몇 개뿐이었다. 또, 일부는 모래종이를 만들어서 아이들이 글자 모양을 손가락으로 써보고 모양을 느낄 수 있게 하는 것이었다. 나는 이 글씨들을 판 위에 놓았는데 비슷한 모양의 글자들끼리 같이 놓아서 어린이들이 손으로 만져볼 때 같은 동작에 따라 느낄 수 있도록 하였다. 선생님은 이 준비를 만족스러워 했으며 어린이들에게 더 이상의 도움을 주지 않았다."

–『어린이의 비밀』, p.130.–

놀랍게도 이 활동을 한 후에 어린이들은 알파벳 글자를 국기처럼 손에 들고 다니고 행진하면서 즐거워서 소리쳤다. 자신의 이름에 있는 자음, 모음을 알아내고 각 소리를 되풀이해서 발음하며 소리와 글자를 분석해서 일치하는 것을 알아내었다. "내가 썼어요, 내가 썼어요!"라고 흥분해서 달려오는 어린이들이 마룻바닥에 분필로 쓴 낱말들을 보라고 소리치는 어린이는 큰 사건이었다. 어린이들은 모두 쓰기를 시작했다. 문, 벽, 집에서는 빵 위에도 글씨를 썼다. 예상치 못했던 놀라운 일이었다. 예전에는 그림책을 선물로 받고 읽어 주었지만 큰 관심을 갖지 않았었

그림 3-9 모래글자 알파벳

다. 구석에 처박힌 책을 뒤로 하고 아이들은 6개월 뒤에는 읽기라는 것이 무엇인지 이해했으며 읽기와 쓰기를 함께하면서 이해하였다. 종이 위 글자의 윤곽이 생각을 전달한다는 것을 알자 어린이들은 종이를 들고 가서 읽으려고 애썼다. 생각을 글로 써서 다른 사람들에게 전달하였다. 방문객에게는 칠판 있는 곳으로 가서 "앉으십시오.", "와주셔서 감사합니다."라고 썼다. 시실리에 있었던 큰 재난에 대하여 이야기할 때는 5세 어린이가 칠판으로 가서는 "유감입니다."라고 썼다. "내가 작은 것이 유감입니다." "내가 좀 더 컸더라면 가서 도울 수 있었을 것이다." 이 어린이는 길에서 약초를 팔아서 생계를 이어가는 여인의 아들이었다.

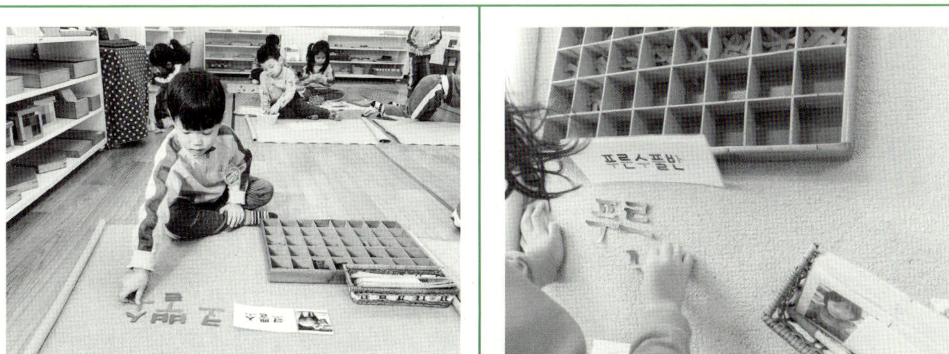

그림 3-10 이동글자

로마 알파벳을 가르치려고 교구를 준비하고 있을 때 어린이들은 이미 학교에서 눈에 보이는 모든 인쇄물을 읽기 시작하고 어려운 글자도 있었다. 부모들이 말하기를 아이들이 가게의 간판을 읽고 길을 가다가도 자주 멈춰 서서 산책을 같이 나갈 수가 없다고 하였다. 이제야 아이들은 책에 글자가 있다는 것을 발견하고는 흥분해서 종이를 감추고 와서는 여기에 뭐가 있는지 알아 맞혀보라며 책읽기를 시작하게 되었다.

그 당시에는 어린 아이들에게 글자를 쓰고 읽는 것과 책읽기를 시킨다는 이유 때문에 반대 의견이 있기도 하였지만, 유아들이 스스로 흥미를 가지고 시작한 쓰기와 읽기는 몬테소리 학교가 확산되게 한 원인이 되기도 하였고 그녀 자신에게조차 놀라운 발견이었다. 음성학적 방법으로 철자와 소리를 연결하여 쉽게 읽고 쓸 줄 알게 되는 이 방법은, 미국에서는 킬 패트릭이 이탈리아어에는 적합할지 몰라도 영어에는 부적합하다고 비판하였지만 영어나 한국어에도 적용하는 데 별 어려움 없이 사용되고 있다.

생각해 보기

몬테소리가 교육을 하던 당시 유아의 읽기와 쓰기 활동이 성공적으로 흥미를 가지게 되었던 이유는 무엇일까?

7) 침묵

어느 날 몬테소리는 뜰에서 4개월 된 아이를 안고 있던 어머니에게서 아이를 달라고 해서 안고 교실에 들어갔다. 어린 아이는 단단히 붕대로 감싸 있고 얼굴은 통통하고 장밋빛 같았다. 너무 조용히 있는 것이 인상적이어서 아이들과 그 느낌을 같이 나누고 싶었다고 한다. “아이가 아무 소리도 내지 않는다.”라고 어린이들에게 말하며 농담으로 “너희는 아무도 그렇게 조용히 할 수 없을 것이다.”라고 하였다. 놀랍게도 아이들은 몬테소리를 열심히 바라보더니 움직이지도 않은 채 숨을 죽이기 시작하였다. 그 순간 아주 인상적으로 침묵이 흘렀다. 평소에는 들을 수 없었던 시계소리가 들리기 시작하였다. 갓난아기로 말미암아 평소에는 볼 수 없었던 침묵의 분위가 생겨난 것이다.

이 순간 어린이들에게는 마음속 깊은 욕망으로부터 올라오고 있는 뭔가가 있었는데, 마치 명상을 하는 사람과도 같이 평화롭게 집중하고 있었다. 이것이 "침묵놀이"의 시작이었다. 몬테소리는 이 "침묵놀이"를 청력의 민감성을 검사하는 데 사용하기로 하고, 약간 멀리 떨어져서 어린이의 이름을 속삭이는 소리로 불렀다. 누구든지 자기 이름을 들은 사람은 몬테소리에게로 오게 했는데, 어린이들은 소리 나지 않게 걸어야 했다. 사탕과 초콜릿을 보상으로 준비하고 있었지만 그것도 받지 않았다고 한다. 마치 어린이들의 아름다운 체험을 망치지 말하고 하듯이 말이다.

그림 3-11 **침묵놀이**

이를 계기로 어린이들이 침묵과 거의 들리지 않게 부르는 작은 목소리에 대해서 민감하다는 것을 이해하게 되었다. 어린이들이 물건에 부딪치지 않고 조심스럽게 걷고 소리 내지 않고 조용히 달려오는 것을 배움으로써 민첩하고 빈틈없는 사람이 되었다. 그리고 성취감에 기뻐했다.

침묵놀이에 사탕을 거절한 이후로 몬테소리는 실험을 더 해 보기로 한다. 아이들이 사탕을 좋아한다는 것을 알기에 어린이집에서 사탕을 주니까 호주머니에 넣는 것을 보았다. 집에 가져가리라 생각했는데, 어느 날 아이가 아파서 선생님이 그 애의 집에 갔을 때 아이는 사탕선물을 감사하게 여기고 있다는 것을 알게 되었다. 뿐만 아니라 어린 소년은 선생님이 집에 오신 것을 몹시 고맙게 생각해서 작은 상자를 열어 자신이 학교에서 받았던 큰 사탕을 선생님께 드렸다. 이 일화를 읽은 사람들은 어린이집을 방문하여 확인해 보려고 하였는데, 사탕을 먹고 싶은 유혹을 참고 손대지 않은 이야기는 계속되었으며 자연스러운 발달로 보게 되었다.

다른 일화는 어떤 사람이 아이에게 기하도형 모양의 쿠키를 주었을 때, 먹지 않고 "동그라미다!, 네모다!"라고 말했다. 가난한 어떤 아이가 집 부엌에서 어머니와 함께 있을 때 버터덩어리를 집어 들더니 "네모다!"라고 외치고 한 쪽 모서리를 잘라내자, "이제 그것은 세모다"라고 하면서 어머니가 예상한 "버터 바른 빵 좀 주세요"라는 말은 하지 않았다고 한다. 몬테소리는 어린이들이 차원 높은 정신생활에 이르게 됨에 따라 스스로 쓸모없고 외적인 기쁨을 거절한 것으로 보았다.

생각해 보기

몬테소리가 어린이집에서 발견한 유아들의 '침묵'은 어떤 것인가? 침묵이 유아들에게 필요하다고 생각하는가? 현대 사회의 유아들에게 침묵 활동이 가지는 의의는 무엇이라고 생각하는가?

8) 자유로운 선택

몬테소리 어린이집에도 다른 학교들과 마찬가지로 처음에는 교사가 어린이들에게 교구를 나누어주고, 사용하고 나면 교사가 그것을 제자리에 돌려놓았다. 그런데 선생님이 교구들을 정리할 때 어린이들이 일어서서 자신의 옆으로 온다고 말했다. 아무리 자기 자리로 돌려보내도 아이들은 항상 다시 선생님 곁으로 오곤 한다는 것이다. 선생님은 어린이들이 말을 잘 안 듣는다고 생각했다. 그러나 몬테소리는 어린이들을 보면서 자기들이 사용한 물건을 제자리에 가져다 놓고 싶어 한다는 것을 깨달았다. 그래서 어린이들에게 물건을 제자리에 가져다 놓게 하였는데, 이것을 시작으로 어린이들이 정리하고 자신의 교구를 선택하는 것이 시작되었다.

어린이들은 물건들을 순서대로 놓고 가지런히 해놓는 것에 매혹되었다. 한 어린이가 물 컵을 떨어뜨리면 다른 어린이가 달려와서 깨진 조각들을 주워 모으고 바닥을 닦곤 하였다. 어느 날 선생님이 약 80여 개의 색판이 든 상자를 떨어뜨렸다. 색깔의 농도가 달라서 교사는 당황해 하고 있는데, 어린이들이 와서는 놀랍게도 색판들을 순서대로 빨리 정리했으며 선생님보다 민첩함을 보여주었다. 어느 날 교사가 물건이 든 진열장을 잠그는 것을 잊고 퇴근한 후 다음날 지각을 했다. 와서 보니 어린이들이 진열장 문을 열고 물건을 꺼내어서 가져가고 있었다. 선생님은 이것을 일종의 도둑질로 생각하고 엄격하게 다루어 훈계를 해야 한다고 생각하였다. 반면 몬테소리는 이제는 어린이들이 교구를 잘 알기 때문에 스스로 선택할 수 있는 것으로 해석하였다.

그림 3-12 **낮은 교구장**

이런 계기로 어린이집에는 유아들의 자유로운 선택이 생겨났다. 낮은 진열장으로 바꾸고 자신이 원하는 것을 선택하여 가져가서 작업할 수 있게 되었다. 이를 그러다가 아이들이 원하지 않는 교구가 있다는 것을 알게 되고 교사가 보여주고 설명해 주려고 하였으나 스스로 선택하지는 않았다. 어린이가 사용할 수 있는 크기로 만들어져야 하고 혼란되고 추상적인 요소를 제거해 버려야만 흥미나 집중력이 생긴다는 것을 깨달았다.

생각해 보기

유아들이 교구를 정리하고 자신이 작업하던 교구를 제자리에 정리하는 것이 가능하다고 생각하는가? 같은 연령의 만 3세 유아라도 몬테소리 교육을 하는 유치원의 유아들과 몬테소리 교육을 실시하지 않는 유치원 유아들의 차이점이 있다고 생각하는가?

9) 장난감들

첫 번째 어린이집에서 멋진 장난감을 가지고 놀 수 있게 하였는데 아무도 장난감을 가지고 놀지 않았다. 장난감 접시들이나 주방에 불 켜는 법을 가르쳐 주거나 관심을 갖도록 소개하고, 가까이에 놓아주어도 순간적인 관심을 보이기는 하지만 선택하는 일이 없었다. 아이들에게 놀이는 별로 중요하지 않고 더 좋은 것이 없었기에 가지고 논다는 것을 깨달았다. 이제 시시한 놀잇감보다는 더 중요한 것이 있다고 느꼈다. 교구장에서 장난감을 치워 버리게 되었다.

몬테소리 교실 교구장에는 교구 이외에 일반 장난감 종류는 준비하지 않는다.

10) 신체적인 효과

> "이 기간 동안 우리는 어린이의 건강을 개선하기 위해서는 아무것도 하지 않았다. 지금은 불그스레하고 활기찬 모습 속에서 영양결핍증이나 음식, 영양제, 의학적 치료 등을 필요로 할 만큼 빈혈이 있는 어린이를 찾아보기 힘들다. 아이들은 마치 신체적으로 신선한 공기와 태양빛의 치료를 받아 나은 것처럼 보인다."
>
> –『어린이의 비밀』, p.134.–

어린이집 아이들의 자극적인 정신적 체험이 신진대사율을 증가시켜서 개인의 신체적 건강에도 이바지할 수 있었다. 어린이들의 변화를 기적이라고 부르며 언론, 책, 소설로 알려지고 영국, 미국에서 소문을 확인하러 왔다.

생각해 보기

1. 교실에서 유아들이 갖는 진정한 자유란 어떤 의미일까? 자유가 존중되고 유지되기 위해서는 어떤 것들이 우선적으로 필요한지 생각해 보자!

2. 몬테소리가 어린이집에서 고안한 교육방법은 어떻게 만들어졌나? 일반 교육학자들과 다른 점은 어떤 점인가?

3. 몬테소리가 말한 유아의 특성을 이해할 필요가 무엇인지 생각해 보자! 이러한 특성들을 교실에서 어떻게 적용할 것인지 생각해 보자!

MONTESSORI
EARLY
CHILDHOOD
EDUCATION

CHAPTER 4

몬테소리의 새로운 교사

1. 몬테소리 새로운 교사의 특성
2. 몬테소리 교사의 자질
3. 몬테소리 유아교사의 역할

"교사에게 길러주어야 하는 것은 과학자의 기계적인 기술보다 정신이라는 것이 나의 신념이다. 즉, 교사 교육의 방향은 기법보다는 정신이어야 한다.
It is my belief that the thing which we should cultivate in our teachers is more the spirit than the mechanical skill of scientist: that is, the direction of the preparation should be toward the spirit rather than toward the mechanism."

–『The Montessori Method』, 1912. p.9–

그림 4-1 **몬테소리 교사**

몬테소리는 자신의 교육이 흐트러지지 않고 그대로 전수되는 것을 위해 다른 사람들에 의해서 강의가 전달되는 것을 막고 자신이 직접 강의를 하고 시범을 보여주어 그녀의 교육이 온전히 전달되도록 노력했다. 몬테소리 교육에 대한 의심이나 반대 의견을 가지고 그녀의 강연을 들으러 갔던 사람들도 그녀의 강의나 교육을 받고 나면 몬테소리에게 반해서 추종자나 지지자가 되어 돌아가곤 했다. 그러나 몬테소리 교육에서 무엇보다 중요한 것은 그녀가 강조했던 교구가 아니라 유아들을 자유롭게 하는 교사의 역할의 중요함이었다. 교사 교육은 자연을 사랑하는 과학자의 정신으로 유아에 대한 흥미를 갖는 과학자의 정신을 갖는 것이며, 유아 자신에게서 교사는 교육자로서의 자신을 완성하는 방법을 배우게 된다고 하였다. 유아들의 자유롭고 자연스러운 표현을 허용하는 것이 교육의 근본적인 개혁이라고 한다.

그러나 몬테소리가 교육을 하던 시대에는 교사 중심의 강요된 수업이 이루어지고, 유아들은 책상과 의자에 앉아서 부자연스럽게 움직이지 못하고 일방적인 수업을 따라야 하는 환경이었다. 몬테소리의 교사관은 교사가 뒷전이고 유아가 주가 되어 학습을 하는 방법으로, 당시의 교사가 무엇인가를 해야 한다고 생각하던 사람들에게는 아주 불편한 것이었다. 몬테소리는 교사의 역할을 일컫는 이름을 '가르치는 사람(teacher)'에서 유아를 안내한다는 의미로 '안내자(director)'라는 용어로 바꾸어 사용하였다. 유아의 발달에 적합한 것이 무엇인지를 파악하고 유아가 스스로의 발달을 돕도록 교사는 뒤에서 도와주고 준비하는 사람이라는 의미는 생소한 것이었다. 교사관은 가치, 태도, 방법에 영향을 미치는 중요한 요소로, 어떤 교사관을 가지고 있느냐에 따라 어떤 교육방법과 프로그램이 이루어지고 학습의 과정과 결과는 완전히 달라질 수 있다. 몬테소리 교사의 특성, 자질, 역할을 살펴보면 다음과 같다.

1 몬테소리 새로운 교사의 특성

'새로운 교사'라는 단어를 강조하였는데, 몬테소리는 기존의 교사 중심적이었던 교육방법과 대립되는, 유아들에 대한 직접적인 관찰과 연구결과인 '과학적 교육학'에 근거한 '새로운 교사'의 필요성을 인식하였다(조성자, 1998). 인류애의 회복을 위해서도 그녀가 주장하던 교육개혁을 위해서도 중심적인 역할은 교사에 의해서만이 가능하다고 하면서 교사를 새롭게 해야 한다는 것이다.

몬테소리는 자신의 교육을 제대로 전수하기 위해 '몬테소리' 교육방법에 의해서, 몬테소리 교구와 몬테소리 교사만으로 수업을 진행하였다. 몬테소리 교육방법인 자유 작업의 원리에 의해서 이루어진다. 교사 양성과정을 거친 교사가 종사하며 철저한 교사교육이 성공적인 보급의 이유였다. 교육기관에는 몬테소리의 이름을 붙이도록 하였다. 유아 자신에게서 교사는 교육자로서 자신을 완성하는 방법을 배우게 될 것이라고 하였다.

1) 유아들과 함께하는 교사

그림 4-2 유아와 함께 하는 교사

> "우리는 아이와 어른을 단지 한 개인의 삶과 연속적인 측면으로 단순하게 생각해서는 안 된다. 아이와 어른은 피차에 상호 영향을 주며, 동시에 발전해 가는 전혀 다른 두 가지 인생으로 바라보아야 할 것이다."
>
> -『Montessori, The child in the church』, p.7, lillard, p.29. 재인용.-

유아만 교사에게서 배우는 것이 아니라 교사도 유아에게서 배우고 발전해 나가는, 함께 발전하는 존재이다. 흔히 몬테소리 교실에 들어가서 담임교사를 찾아보려 하면 다른 일반 교실에서와는 달리 잘 안 보여서 찾는 데 시간이 걸릴 수 있다. 그 이유는 교사가 교실의 중심에서 대그룹의 유아들을 지도하기보다는 소그룹 유아들이나 개별 유아와 함께 앉아서 지도하는 경우가 많기 때문이다. 또 교실의 잘 보이지 않는 장소에서 유아를 조용히 관찰하는 시간이 많다. 이런 교사의 특징적 모습 때문에 금방 찾아보기가 어렵다. 몬테소리는 교사는 본능적으로 유아가 교사를 인도한다고 한다.

2) 하인과 같은 수동적인 교사

그림 4-3 하인과 같이 수동적인 교사

몬테소리가 말한 수동적 혹은 소극적인 교사라는 말은 생소하면서도 애매한 것으로 받아들이는 데 오해를 불러일으킬 수도 있다. 유아가 스스로 자신의 발달에 필요한 것을 선택하도록 자유를 주고 교사는 이때 물러나 있어야 한다. 그러나 교사가 아무것도 하지 않으면서 유아 스스로 할 때까지 기다리라는 것은 아니다. 또한, 교사 자신의 계획에 맞춰 유아의 발달을 이끌어나가서도 안 된다. 그러기 위해서는 유아에게 충분한 자유를 주면서 유아 하나하나를 관찰해야 한다. 말은 적게 하면서 많이 보고 듣고 간섭이나 재촉을 삼가고 조심성을 갖고 뒤로 물러나 기다린다. 유아가 작업을 하지 않을 때 교사는 환경을 준비하여야 하고 걱정하여야 한다. 교사의 개입은 유아를 가르치기 위해 개입하는 것이 아니라 유아의 문제를 해결해 주기 위해서 개입하는 것이다.

몬테소리는 이러한 교사의 역할을 비유하여 설명하면서 주인을 존중하면서 필요한 것을 모두 준비해 놓고 시중을 들기 위해 기다리고 있는 하인을 예로 들었다. 충직한 하인은 주인이 필요한 것들을 모두 준비해 놓고 불편함이 없도록 하며, 주인이 원하는 것이 있으면 알려주고 자신의 도움이 필요 없을 때는 조용히 뒤로 물러나 있는 모습을 보인다. 그리고 평소에는 주인이 필요한 환경을 미리 준비하고 정리해 놓는다. 이러한 역할은 교사가 준비된 환경을 마련하고 유아가 적극적으로 활동에 반응할 때를 기다리며, 평소에는 유아를 지켜보고 관찰하고 필요한 때를 기다리는 자세를 말한다. 특히, 유아가 스스로 교구 작업을 하는 동안에는, 그리고 필요로 하지 않을 때는 방해하지 않고 관찰하여 기다려주는 교사가 되도록 하였다. 이런 기다림과 함께 하인이 주인에게 보이는 것처럼 친절한 태도와 존중을 교사가 유아에게 보이는 것이다. 교실의 조용하고 평화로운 분위기는 이러한 배려에서 나타날 수 있다.

한편, 몬테소리 교사는 전문적인 지식에 적극적으로 배우려는 자세가 필요하다. '안내자'라고 하여 소극적이거나 방관적인 태도로 일관하는 것이 아니라 뒤로 물러나 관찰과 필요한 때를 알되 유아가 도움이 필요하거나 지도를 할 때에는 적극적으로 임해야 한다. 소극적이면서도 적극적인 태도를 일컫는다. 유아가 스스로 하는 작업을 방해하지 않으면서 도움을 기다리는 신호를 놓치지 않아야 한다. 지도를 할 때에도 권위적이지 않고 존중과 사랑을 보여주며 편안한 관계를 유지하는 것이 필요하다.

3) 교구를 준비하는 교사

몬테소리 교사는 기본적으로 교사 위주의, 어른 중심의 수업환경이 아니라 유아가 주도하는 학습을 강조하고 있다. 이런 교사의 태도에는 교사의 겸손과 인내심이 필요하며, 유아의 요구에 즉각 반응하고, 유아의 행동과 내면을 관찰하는 과학자의 자세가 필요하다. 몬테소리 자신도 과학자였고, 유아의 행동을 관찰을 통한 결과의 반복적인 수집을 통해 방법과 원리를 파악하였다. 몬테소리 교사는 유아를 늘 관찰하여 개별 유아의 요구와 흥미를 파악하고, 이에 맞는 교구를 제공하며 발달의 과정을 기록하는 정확한 눈과 노력이 필요하다. 교구는 유아가 주도할 수 있는 계기를 만들어 준다.

그림 4-4 교구의 준비

4) 안내자(director)

몬테소리 교사는 유아를 강요하거나 교사의 생각을 전달하는 것이 아닌, 유아가 배우고 싶은 것과 배우고 싶을 때를 안내하고 촉진하는 사람이다. 그래서 '교사'라는 단어보다 '인도자' 또는 '안내자'라는 말을 사용하였다. 이 말의 구체적인 뜻을 해석하자면 일반 교육 상황에서 사용하는 유아를 가르치는 교사이기보다는 '안내자'처럼 교사의 언어, 태도, 몸가짐이나 행동이 유아가 원하는 방향으로 개인에 맞게 안내하자는 의미이다. 이러한 교사의 역할이 몬테소리의 교육원리를 반영하는 것이다. "나 스스로 할 수 있도록 해 주세요!"라는 유아의 외침을 생각할 필요가 있다.

그림 4-5 안내자

5) 행동하는 것을 보여주는 교사

몬테소리 교사의 행동은 유아가 모방함에 있어 불필요함이 없도록 예의 바르고 우아한 자태를 갖추도록 하는 것이 좋다. 그리고 불필요한 행동을 자제하도록 한다. 아름다우면서도 우아한 동작을 보여주는 교사, 엄격하면서도 인자한 모습을 보여주는 교사의 태도는 유아들이 존중하고 순종하며 따르는 교사의 모습이다. 교사를 사랑하는 유아들은 교사를 따라다니며 함께하고 도와주고 싶어 했다.

그림 4-6 행동하는 것을 보여주는 교사

생각해 보기

몬테소리가 말하는 '새로운 교사'는 어떤 점에서 새로운가? 자신이 생각하는 다르게 새로워져야 할 점이 있다면 어떤 것인가?

2 몬테소리 교사의 자질

몬테소리 교사가 되기 위하여 갖추어야 할 자질은 다양한 면에서 생각해 볼 수 있다. 몬테소리는 교사가 몬테소리 교육의 성공을 좌우한다고 하였다.

몬테소리 교사는 새로운 지식과 정보에 익숙하여야 한다. 유아의 이해와 응용 능력을 소유한 교사여야 한다. 이를 실천하기 위하여 몬테소리 방법에 대한 정확한 이해를 가지고 있어야 한다. 그리고 새로운 교사는 '침묵 수업'을 이끌어갈 수 있는 능력이 있어야 한다. 유아들은 침묵과 동시에 독립적으로 작업을 수행할 수 있는 능력을 획득한다. 언어로서 침묵을 지키도록 권유하는 것이 아니라 교사 자신의 침묵을 통해서 유아 혼자서 침묵을 지킬 수 있도록 지도하는 것이다. 침묵 교육은 몬테소리 수업 방법의 가장 상징적인 의미를 지니고 있다. 교사는 단지 말과 명령에 교사의 힘과 권위가 있다고 생각하지 않는다. 자연스럽게 유아의 활동을 안내하고, 유아들이 알아채지 못하도록 모든 것을 조용히 탐색한다.

새로운 교사는 환경 자체가 유아들의 수업 역할을 할 수 있도록 환경에 대한 개념을 정확하게 이해하여야 한다. 유아의 정신 발달과정에서 모든 것이 질서에 의해서 발달할 때 환경을 스스로 지배하면서 환경과 상호작용하면서 작업을 완성할 수 있다고 말한다.

새로운 교사는 유아에게 나타나는 관심의 집중화 현상에 대하여 정확한 이해를 필요로 한다. 유아들이 관심의 집중화 현상이 자주 일어나도록 교실을 운영할 수 있는 교사가 성공적인 교사이다. 그리고 교사는 유아의 활동성에 대한 배려를 해야 한다. 유아가 자율적으로 작업에 몰두할 수 있는 교육활동을 준비한다. 유아가 일상생활에서 스스로 움직여서 혼자서 할 수 있는 방법을 소개하고, 이런 일상 영역의 활동은 모든 교육적인 행동의 근본이 된다. 유아들은 활동을 통해서 자기 마음을 개방하는 방법을 터득한다. 유아가 사용하고 적응하기에 편리하도록 환경을 준비하는 것은 유아들을 위한 보호인 동시에 기초 생활교육이다.

유아의 인지발달도 스스로 발달하는 자발성을 갖는다. 교사와 유아는 동등한 수평적인 관계에서 학습이 이루어져야 한다. 몬테소리 교육학 관점에서 자발성은 자유와 상호관계가 성립될 때만이 가치를 부여한다고 말한다(조성자, 1998). 교실 안에서 이루어지는 활동의 의미는 유아들 자신이 스스로 선택할 수 있는 방법을 배워야만 하는 것이다. 자발성의 방법은 규칙을 지켜야 하는 것이지만 과잉된 외부의 압박과 폭력을 적극적으로 배제하는 것이다. 유아에게서 자연스럽게 표출되는 행동을 통해서 긍정적인 행동과 부정적인 행동을 변별하여 자율적으로 수정해 나아가는 방법을 탐색하여야 할 것이다. 유아들이 모든 것을 혼자서 자발적으로 행하는 것을 의미하는데, 교육자의 개입이 없더라도 유아들은 자기가 작업할 수 있는 준비가 되어 있어야 한다.

몬테소리는 관심이란 인간이 살아가는 데 행복을 지향할 수 있는 에너지인 동시에 삶의 발전을 자극하는 요소를 내포하고 있으므로 자신들의 도덕적인 본능에 일치한다고 말한다. 어린이집에서 유아들이 최고의 행복감을 주고 자발적인 교육을 위해서 그들의 관심이 하나의 교육방법으로 적용되어야 한다고 말한다. 유아들의 공동협력은 인간 본성으로서 사회적인 태아기의 현상으로 사교적인 태도와 사회성에 일치한다. 유아들의 사회화 과정을 중요시하는 이유 중 하나는 유아기의 집단과 공동체 생활을 통해서 상호 보완적인 인간애의 틀을 마련하는 초석이 되기 때문이다(조성자, 1998). 이 공동협력은 교사와 학생들이 동등한 측면에서 학습원리를 이끌어가면서 교사의 수직적인 권위를 약화시킬 때 비로소 이루어진다. 유아들이 좀 더 개방된 장소에서 생활하도록 허락하는 방법 자체가 자기에 대한 책임감과 창조적인 정신을 자극한다고 말한다.

몬테소리는 교사가 교수활동을 위한 역할만이 아니라 인간적인 면에서도 좋은 교사가 되기 위하여 갖추어야 할 자질을 강조한다. 전반적인 교사의 자질 부분을 개인적인 측면과 전문적인 측면으로 나누어 정리해 보면 다음과 같다.

1) 개인적 자질

몬테소리는 교사가 지녀야 할 덕목으로 겸손을 강조했다. 교사의 내적인 아름다움뿐만 아니라 외적인 아름다움도 지녀야 함을 지적했다. 유아가 스스로 할 수 있다는 가능성을 확신하고 유아를 기다려주는 인내심이 필요하다. 무엇보다 자기 자신에 대한 성찰과 사랑이 필요함을 말한다.

① 몬테소리 교사는 유아를 존중하는 사고를 가지고 있어야 한다.
② 몬테소리 교사는 유아를 사랑하는 마음을 가지고 있어야 한다.
③ 몬테소리 교사는 겸손한 태도와 원만한 대인관계를 가질 수 있어야 한다.
④ 몬테소리 교사는 자신에 대한 긍정적인 개념을 가지고 있어야 한다.
⑤ 몬테소리 교사는 자유과 독립, 평화에 대한 의식을 가지고 있어야 한다.
⑥ 몬테소리 교사는 자기 발전을 위해 노력하는 자세를 가지고 있어야 한다.
⑦ 몬테소리 교사는 유아에게서 배우려는 자세를 가지고 있어야 한다.
⑧ 몬테소리 교사는 육체적·정신적 건강을 통한 아름다움을 지니고 있어야 한다.
⑨ 몬테소리 교사는 책임감과 인내심을 가지고 있어야 한다.
⑩ 몬테소리 교사는 미적 감각을 가지고 있어야 한다.
⑪ 몬테소리 교사는 유아와 같은 자세와 눈높이를 가지고 있어야 한다.
⑫ 몬테소리 교사는 자연스러운 얼굴 표정, 행동과 동작, 운동 동작을 지니고 있어야 한다.

그림 4-7 교사의 개인적 자질

2) 전문적 자질

몬테소리 교육에는 교육환경과 교구 외에 갖추어야 할 성공적인 조건으로 교사가 있다. 교사는 몬테소리 교육에 대한 전문적인 지식을 갖추어야 하며 그것을 적절하게 적용하는 능력이 필요하다. 무엇보다 유아에 대한 이해를 기본적으로 갖추어야 한다.

① 몬테소리 유아교육 철학과 교육방법에 관한 이해
② 준비된 환경의 이해와 구성능력
③ 몬테소리 교육과정의 통합 적용 지식 및 기술
④ 몬테소리 교구의 시범과 창의적 활용능력
⑤ 유아 발달과 심리에 관한 지식과 적용기술
⑥ 부모 교육에 관한 이해와 활용기술
⑦ 유아지도와 관찰기술
⑧ 계속적인 교육에 대한 열정과 참여의식
⑨ 교사직에 대한 만족
⑩ 정직하고 정의로운 마음
⑪ 모든 유아와 환경을 수용할 수 있는 자세

그림 4-8 교사의 전문적 자질

몬테소리 유아교사가 지녀야 할 자질은 타고난 성향도 있고 피나는 노력으로 갖추어야 할 것도 있다. 교사 자신의 개인적 인격이나 삶에 대한 사랑과 노력이 우선적으로 필요하다. 자기 자신을 사랑하고 만족하지 않는 교사가 유아를 위하고 교육을 위하는 일을 해내기는 어렵다. 완벽하게 준비된 교사는 없고 단지 노력하는 교사가 필요하다. 이와 함께 기본적으로 중요한 자질은 사랑으로 유아를 대하는 태도와 유아의 성장 발달을 도우려고 노력하는 자세라고 할 수 있겠다.

3 몬테소리 유아교사의 역할

몬테소리는 교육의 성공이 교사의 역할 수행능력과 자질에 의해서 결정된다고 했다. 유아의 성장 발달에 도움을 줄 수 있는 전문직 교사로서 환경과 관찰, 분위기를 만드는 교수방법 외에도, 인적 환경으로서 교사가 준비해야 하는 유아가 본받을 수 있는 교사의 역할이 참으로 중요하다. 교사의 사랑과 인내심이 필요하면서 겸손한 인격까지 갖추어야 한다는 점은 실천하기 어려운 부분이지만 자신이 교사로서 준비할 뿐만 아니라 살아가는 한 인간으로서도 필요한 부분이라 할 수 있다.

몬테소리 유아교육에 대한 전문인으로서 갖추어야 할 교사의 역할을 몇 가지로 구분해 보면 다음과 같다.

1) 보호자

유아의 생명력을 통해 자기를 창조하면서 성장하는 주체적인 삶을 살아가는 존재로서 유아 스스로가 발달할 수 있도록 도와주는 것이다. 유아의 정신을 방해하지 않아야 한다.

유아는 이미 스스로 발달할 수 있는 정신 구조를 가지고 태어났기 때문에 교사는 발달하는 생명체가 필요로 하는 것만을 도와주어야 한다. 필요한 환경을 마련해 주고 방해하는 요인들을 파악하여 제거한다. 교사가 준비하는 환경은 유아의 모든 활동을 보호할 수 있어야 한다. 유아가 활동을 통해서 새로운 것을 창조하고 재창조하는 주체자로서의 힘을 이어갈 수 있도록 유아의 생명을 보호해야 한다.

교사는 유아들의 창조적인 생활방식을 따라야 하는데, 유아는 적합한 환경에서 자신의 내적 에너지, 생활 패턴에 따라 발달한다. 유아가 자신의 삶의 주체자로 활동에 임하고, 참여할 수 있도록 보호하는 것이 교사의 역할이다. 교구와 유아와 환경이 상호 관계에 질서를 유지할 수 있도록 보호해야 한다. 유아가 교구를 사용하는 데 안정감을 갖고 편리하도록 배려해야 한다. 교구는 제자리에 있고 항상 빠진 것이 없이 완전하게 처음과 같이 준비되어 있고 다른 유아로부터 방해받지 않고 작업할 수 있도록 보호해야 한다.

2) 관찰자(observer)

> 유아가 스스로 발달하는 장면을 참을성 있게 기다리고 관찰하는 목격자의 역할을 해야 한다. 그리고 자연현상을 관찰하는 욕망과 과학적인 호기심을 가지고, 수동적인 태도가 필요하며, 유아를 절대적으로 존중하면서 성실하게 관찰해 나가야 한다.
>
> —Montessori, 1964, p.87.—

몬테소리는 교사는 과학자의 정신으로 유아들을 섬세하게 관찰하는 역할을 잘할 수 있어야 한다고 했다. 심리학적·교육학적·인간학적·정신위생학적 측면에서 유아를 자유롭게 관찰할 수 있어야 한다. 교사는 단지 유아에게 설명하고 교구 사용법을 가르치는 것이 아니라 관찰을 통해 유아가 무엇을 하고 있는지, 무엇을 알아내려 하는지, 무엇에 관심이 있는지, 무엇을 필요로 하는 것을 발견하여 유아의 정신의 발달을 이끄는 사람이다. 관찰을 할 때에는 과학적이고 합리적 기준을 가지고 기록하고 적용해야 하지만 기능적인 면만이 아니라 정신적인 면도 준비가 되어야 한다. 교사는 인간성에 대한 의미를 알고 유아와의 긴밀한 관계를 유지할 수 있어야 한다.

유아들의 작업시간이 주 관찰시간인데 사전에 관찰에 필요한 준비를 하여 늘 관찰할 자세가 준비되어 있어야 한다. 지속적인 관찰이 요구되고 자연스러운 상태에서 관찰을 한다. 유아를 관찰할 때는 유아의 교구 작업을 관찰한다. 유아가 어떤 활동을 흥미롭게 작업하는지, 언제 작업하는지, 얼마 동안 작업을 지속하는지, 어떤 종류의 교구 활동을 선택하는지 관찰해야 한다. 유아의 행동을 관찰하는 데 유아의 행동이 변화되는 것을 관찰하고, 작업에 집중한 뒤 만족하며 기뻐하는 모습이 나타나는지, 교사와 유아의 관계가 존중되고 서로 신뢰하는지 등에 대한 관찰이 필요하다. 교사는 관찰 결과를 운영과 학습지도에 반영한다.

✿ 유아 관찰 기록지 ✿ 17-03

하늘타리반 유아명 :

영역 날짜	일상 영역	감각 영역	수 영역	언어 영역	문화 · 과학	비 고
3/2						
3/3						
3/6						
3/7						
3/8						
3/9						
3/10						
3/13						
3/14						
3/15						
3/16						
3/17						
3/20						
3/21						
3/22						
3/23						
3/24						
3/27						
3/28						
3/29						
3/30						
3/31						
평 가						

그림 4-9 **관찰기록지**

3) 환경준비자(provider)

유아의 자연스러운 성장 발달을 돕기 위해서 교사는 유아에게 최적의 환경을 마련해 줄 필요가 있다. 유아는 환경을 흡수하는 민감기를 가지며 유아 주변의 모든 환경 그 자체를 흡수하여 세상을 알아나간다는 것이 중요하다. 교사는 유아를 위한 준비된 환경을 실내·외에 모두 구성해야 한다. 유아의 민감기적 특성을 지지하는 적절한 교구를 제공하고 질서 있는 교실의 구조를 만들어 유아의 질서를 형성하고 만족하도록 한다. 자연적이면서 매력적이고 아름다운 환경을 구성한다. 명화나 유아들의 작품을 전시하고 흥미로운 교구를 교구장에 정리한다. 항상 깨끗하고 정리정돈이 되도록 하며, 교구의 빠진 부분이 없는지 확인하여 준비해 놓는다. 유아의 크기에 적합한 가구와 유아가 옮기기에 적당한 크기의 교구를 준비한

그림 4-10 교실 환경

다. 영역별 교구와 난이도에 따른 교구를 교구장에 배치한다. 교사도 중요한 환경의 일부분이므로 아름답고 단정한 몸가짐과 안정된 마음과 자세를 갖추어야 한다. 교사가 교구를 완벽하게 준비하고 연습을 통하여 시범을 완벽하게 제시하는 것도 교사의 준비된 환경이다.

4) 촉진자(facilitator)

교사가 시범을 보이는 순간부터 촉진자의 역할은 시작된다. 교사의 시범을 통해서 유아는 교구를 작업하고 싶은 내적 욕구를 느낄 수 있어야 한다.

유아의 활동이 발달단계에 맞게 준비되어야 자신의 힘으로 작업을 하고 욕구를 충족시킬 수 있다. 이때 교사는 유아와 교구의 상호작용이 시작할 때는 적극적으로 참여하여 촉진하고, 진행이 되면 소극적인 참여를 한다. 교사는 유아가 필요로 할 때 곁에 있다는 안정감을 주어 스스로 작업을 촉진할 수 있도록 한다. 지나치게 유아에게 관심을 집중하지 않으며, 유아가 능동적으로 작업에 참여하도록 이끌어 주는 촉진자이어야 한다. 몬테소리 유아교사는 유아 발달의 개인차를 인정하고 충분히 기다려 주어야 한다.

몬테소리 유아교사는 유아가 교구 활동에 참여하지 않을 때 강제적이거나 참여를 강요하지 않는다. 유아가 원할 때까지 관찰을 통하여 기다리거나 유아가 흥미를 끌 수 있는 방법을 찾아서 권유한다. 직접 교구 활동을 원하지 않는 유아는 다른 유아들의 작업하는 모습을 구경할 자유가 있다.

몬테소리 유아교사는 영역별로 순차적이며 연계성 있는 교육계획을 세우지만 계획된 순서와 시간에 고정하지 않고 유아 개인차에 맞게 적용하는 융통성을 발휘해야 한다.

5) 교수자

> "몬테소리 교구들은 유아의 자발적인 지식의 획득에 맞게 조정된 교구로서, 유아에게 열성과 즐거움을 불러내게 하는 발견이라고 설명했다. 샌프란시스코로 오기 위해 떠났던 대부분의 사람들이 교실에서 분명하게 결여되었던 것과 그들이 그날 아침에 그 교실에서 본 것 중에 아주 눈에 띄었던 것은 바로 열성과 즐거움의 특성 때문이었다."라고 했다.
>
> -『마리아 몬테소리』, p.222-223.-

교수자로서 몬테소리 교사는 신중하고 섬세하면서도 몬테소리 교육내용과 교구 사용에 대한 다양한 지식을 가져야 한다. 교구의 목적에 대해 알고 정확한 시범을 통한 교수를 한다. 유아가 교구 사용을 정확하게 하지 않더라도 교사는 교구의 사용법과 설명, 교구에 대한 관심과 흥미를 유발할 수 있도록 배려해야 한다. 교사, 유아, 교구와 상호작용이 이루어질 수 있도록 학급 구성을 배려해야 한다.

권위를 가지지 않으면서 상황에 따라 침묵 속에서 유아와 상호작용할 수 있어야 한다. 교구의 시범을 한 뒤에는 유아가 스스로 잘못을 알고 바로잡을 수 있을 때까지 기다리는 인내심을 가지고 있어야 한다. 교구와 유아가 연결할 수 있는 적절한 순간과 유아의 흥미를 알아내어 적당한 교수를 할 시점을 찾아서 시범할 수 있어야 한다.

교사는 시범을 할 때나 관찰을 할 때 유아의 작업을 방해하지 않도록 한다. 교사는 질서에 대한 지식을 필요로 하는데, 유아의 무질서를 허락하지 않고 무절제한 행동을 통제하고 억제하여야 한다.

몬테소리가 『어린이의 발견』에서 제시한 교사의 수업을 제시하는 방법에 있어서 교사의 태도와 제시 방법, 유아에 대한 잘못의 정정을 하지 않는 점 등의 설명을 보면 다음과 같다.

수업의 단계를 이해하고 유아의 수준에 맞는 교구를 시범해야 한다. 수업의 기본적인 형태인 학습 준비도를 자세하게 파악하고, 유아가 흥미를 가질 수 있는 교구를 제시하고, 교구 시범을 정확하게 제시하여야 한다. 3단계 교수법을 적당한 때에 실시할 수 있어야 한다.

수업은 주의를 요구한다. 교구가 만약 유아의 내적 욕구를 필요로 한다면 무엇인가가 유아를 만족시키게 될 것이고 유아로 하여금 자기 활동을 연장하게 할 것이다. 교사의 말은 간단해야 한다. 교구가 어떻게 사용되는가를 유아에게 설명하기 위해서 말이 필요한 것이지 언제나 말이 필요한 것은 아니다. 최상의 교육은 과제를 위해서 최소한의 말을 충분히 사용하는 것이다. 말이 적을수록 완전한 수업이 될 것이다.

교사는 자신 자신의 단순성이 필요하다. 쓸데없는 말을 하지 말아야 하고 만족스럽게 말을 표현하려면 정확하고 진실되게 표현하여야 함은 물론이고 단순한 단계에 머물러 있어야 한다. 그리고 말은 필요한 것만 해야 하는 것을 이해해야 한다.

교사 자신의 객관성이다. 이것은 교사가 자신을 잊고 전적으로 교구에 관심을 기울이는 유아에게 초점을 맞추는 것이다. 대부분 짧고 간단한 수업은 유아가 만들 수 있는 교구와 사용법을 탐색하는 데서 이루어진다. 유아가 교구에 흥미가 있는가 없는가, 또는 유아가 흥미를 어떻게 표출하는가, 유아가 얼마 동안 교사와 함께 즐기는가 등을 주목할 것이며, 유아의 흥미에 초점을 맞추지 않고 유아가 원하는 것을 다루게 될 것이다. 만약에 수업이 필연적이고 간결하고 단순하고, 그리고 진실되게 준비되지 않았다면 교구의 탐구자인 유아에게는 여러 부분에서 이해되지 않았기 때문에 교사는 다음의 두 가지 사항에 대해서 주의를 기울여야 할 것이다.

첫째, 교사는 수업을 반복해서는 안 된다.

둘째, 교사는 유아에게 행한 잘못이나 이해하지 못한 것을 알면서 반복시키는데, 그로 인해 행동하는 것을 저지할 수 없으므로, 그러한 행동을 금지해야만 한다. 예를 들어, 교사가 유아에게 빨간색과 파란색의 차이점을 이해시키기를 원한다. 교구에 유아들이 집중한 다음 교사는 말을 한다. "여러분, 주의해서 여기를 보세요!" 만약에 교사가 유아에게 빨간색을 가르치기를 원한다면, 유아에게 빨간색을 제시해야만 한다. 즉, "이것은 빨간색이다!"라고 교사는 큰 목소리로 외치면서,

"빨갛다"라는 단어를 반복해야 한다. 그런 다음 교사는 유아에게 다른 색상을 제시해야만 한다. 즉, "이것은 파랗다!"라고 말한다. 이때 유아가 이해했는지 아닌지를 알기 위해서 교사는 유아에게 "나에게 빨간색을 주세요!, 나에게 파란색을 주세요!"라고 제시한다. 이때에 유아가 실수를 했다고 가정해 보자. 교사는 수업을 반복하지 않고, 또한 어떤 다른 것을 제시하지도 않는다. 교사는 슬며시 미소를 띠면서 색교구를 치운다(『어린이의 발견』, 1995, p.157~159).

교사라는 직업이 전문직으로서 학위를 받는다고 해서 좋은 교사 또는 훌륭한 교사가 되는 것은 아니라는 것을 우리는 알고 있다. 몬테소리는 교사가 공부를 통해서 자신의 사명을 완수한다고 생각하는 것을 잘못된 것이라고 한다. 교사가 해야 할 첫 번째 것은 자신의 과업을 올바르게 해낼 마음이 있어야 한다는 것으로 교사의 마음가짐의 중요함을 말한다.

> "우리는 교사가 먼저 자기 자신을 체계적으로 연구함으로써 유아와의 관계를 방해할 수 있는 자신의 내부 가장 깊숙이 자리 잡은 결점을 찾아내는 정신적인 준비를 해야 한다고 주장하고 있다. 이 무의식 속의 결점을 발견하기 위해서는 특별한 교육을 받을 필요가 있다. 우리는 다른 사람이 우리를 보는 것처럼 우리 자신을 보아야 한다."
>
> –『어린이의 비밀』, p.149.–

몬테소리가 주장했던 새로운 교사를 정리하면서 전통적 교사와 몬테소리 교사의 차이점을 구분하여 보면 다음과 같다(조성자, 2006).

전통적 교사	몬테소리 교사
지식 전달	생명을 돕는 교육
교사의 능동성	유아들의 능동성
교사의 능동적 자세	지도자, 안내자의 역할
수업을 중요시하는 교사	관찰을 우선하는 교사
언어 방법을 사용함	침묵과 묵상 방법 사용
교사의 권위가 수직적 관계임	교사의 겸손하고 애정적 태도, 수직과 수평적 태도
교사 중심이기 때문에 유아들이 의존적 태도를 보임, 자율성 · 독립심이 부족함	아동 중심 교육이기 때문에 유아들은 자율적이고 독립적인 태도를 보임
교사는 실수를 인정하지 않고 자신감을 내세우고 권위적임	실수를 겸손하게 수용하고 수정하려고 함

전통적 교사	몬테소리 교사
유아들에게 권태로움과 피곤함을 줌	유아에게 생명력을 주고, 활동적으로 인도함
모든 관심이 교사에게 집중됨	경험한 현상에 집중하도록 함
교사 자신이 시끄러움	침묵을 지키는 교사
거만한 자세	다정하고 품위 있는 자세
유아를 종종 방해함	집중하는 유아를 방해하지 않고, 지도자 · 안내자 · 협력자 · 관찰자의 관계임

생각해 보기

1. 자신은 교사로서의 자질로 무엇을 갖추고 있는지, 앞으로 더욱 갖추어야 할 부분은 무엇인지 생각해 보자!

2. 몬테소리는 새로운 교사가 필요함을 강조했다. 현대 사회에서 새로운 교사라 함은 어떤 면을 새롭게 하는 것이 필요하다고 생각하는가?

CHAPTER 5

몬테소리 교육내용

1. 몬테소리 교육목적
2. 몬테소리 교육내용

1 몬테소리 교육목적

그림 5-1 『흡수하는 정신』

몬테소리 교육의 목적은 정상화된 유아이다. 이 용어는 몬테소리가 1949년에 자신이 집필한 『흡수하는 정신』이란 책에서 정의내린 것으로 "정상화는 우리 작업들에서 가장 중요한 결과이다."라고 표현하였다(『The Absorbent Mind』, 1964. p.204). 사회적인 배경이 다른 유아들이라도 어린이들에게서 반복적으로 나타나는 현상을 '정상화(normalization)'라고 하였다. 어린이가 직접 실제적인 것들을 손으로 작업하여 일어나는 것이고 이것은 정신적인 집중과 함께 이루어지는 것이다.

정상화란 유아가 신체적·정신적으로 상호작용하여 내면적인 안정을 이루고 조화로운 상태가 되는 것이다. 또한, 유아 자신의 내면적 욕구에 따라 목적 지향적인 작업을 선택하고 집중하여 만족하는 상태이다. 이 정상화는 교구 활동의 집중을 통해 질서를 내면화하는 과정에서 이루어지며, 자유가 있는 준비된 환경에서 촉진될 수 있다. 또한, 정상화는 일회성이 아니고 선택, 작업, 집중, 반복, 만족 등 일련의 과정이 여러 차례 다양한 방법으로 반복되면서 더욱 더 완성된 모습으로 나아가게 된다.

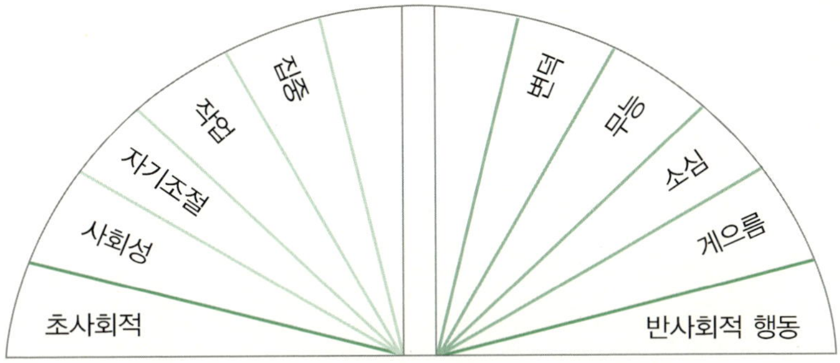

그림 5-2 **몬테소리 정상의 선(the line of normality)**

어린이는 작업의 집중화를 통하여 일탈행동이 사라지고 정상화된 어린이로 탄생한다. 정상화란 자신의 타고난 본능과 자신의 주변 상황에서 자기의 발달 가능성을 최대한으로 발달을 이끌어가는 과정이라 할 수 있다. 정상화된 어린이들은 자신이 원하는 작업을 선택할 줄 알고, 작업을 반복적으로 흥미를 가지고 하며, 강렬한 집중을 보이고, 자기 자신을 조절하는 내적 절제력이 있으며, 평화로운 모습을 보인다. 독립적이며 침묵을 사랑하고 다른 사람을 배려할 줄 아는 인격적으로 조화롭게 발달한 어린이이다. 정상화된 유아는 자기주도적 학습능력이 있고, 정신적 조작이 가능하며 정서적으로 안정되어 있고 순화되어 있다. 그리고 호기심이 많으며 창의력이 있고 타인과 협조하고 공감하는 사회적 조망 수용 능력을 지녔으며 친사회적이다.

정상화된 유아는 자신의 내적 성장법칙에 따라 자연스럽고도 안정을 이루는 발달을 한다. 정상화는 유아에 대한 사랑과 존중, 그리고 발달에 적합한 과제가 주어지고 유아의 민감기가 충족되었을 때 이루어질 수 있다. 유아가 원하는 것을 선택할 줄 알고 집중하여 작업을 하는 과정에서 즐거움과 성취감을 느낄 때, 이것이야말로 온몸과 정신, 영혼이 진정으로 조화로운 상태로 몬테소리 유아교육이 지향하는 목적인 것이다.

교사가 제공하는 풍부하고 적절한 교구 활동들이 준비된 환경에서 어린이의 정상화된 모습을 볼 수 있다. 어린이는 타고나게 환경을 사랑하는 지성을 가지고 있어서 사랑하는 사람이 사랑의 눈으로 상대방을 자세히 알고 싶어 하듯 어린이는 환경을 자세하고 정교하게 살피고, 알고 싶어 한다고 하였다. 정상화는 더욱 정상화된 행동으로 선을 넘어가는 과정이라고 하였다.

> "민감기 동안에 어린이가 자기 주위와 통합을 이룰 수 있게 해 주는 이 저항할 수 없는 충동은 사실은 자기 환경에 대한 사랑이다. 이는 단순한 감정적 반응이 아니라 실제적으로 어린이가 보고 듣고 그래서 발달하게 해 주는 지적인 욕구이며, 사랑이다."
>
> -『어린이의 비밀』, p.103-

몬테소리의 정상화된 유아의 특성을 정리하여 보면 다음과 같다(Standing, 1984).

① 모든 환경을 사랑하는 마음을 가지며 유아는 이러한 마음을 통해 환경의 질서를 유지한다.

② 작업을 사랑하는 특성이 있으며 작업을 수행했을 때 기쁨을 느낀다.

③ 유아는 외부세계와의 접촉을 통해 자발적으로 집중함으로써 인지능력을 구성해 나간다.

④ 정상화된 유아는 현실에 애착을 갖는다. 이때의 현실은 가상세계가 구체화된 것이 아니라 현실세계와의 접촉을 통해 구성된다.

⑤ 작업에 집중함으로써 스스로 작업에 열중하며 침묵을 사랑한다.

⑥ 유아는 소유 본능을 승화하는 특성을 가진다. 정상화된 유아는 흥미 있는 교구에 집중하지만 작업한 후에는 그 교구를 소유하려 하지 않는다.

⑦ 정상화된 유아의 활동은 호기심에 의해서가 아니라 진정한 선택으로 이루어진다.

⑧ 정상화된 유아는 순종을 하는데 순종의 정도가 단순한 순종에서 의지를 담은 순종, 즉 자기표현을 하는 순종으로 진보하게 된다.

⑨ 정상화된 유아는 독립성과 주도성을 갖는다.

⑩ 유아는 자발적인 훈육을 이룬다.

⑪ 정상화된 유아는 만족감과 기쁨을 갖게 된다.

2 몬테소리 교육내용

몬테소리 유아교육은 어린이집에서 몬테소리가 유아를 관찰하고 이를 바탕으로 교육 실천한 내용을 유아의 발달 특성에 맞게 과학적이며 교육적으로 체계화한 것이다. 교육 프로그램은 크게 5개 영역이 있고, 각 영역마다 교구가 제공된다. 이 장에서는 구체적인 몬테소리 유아교육내용을 살펴보고자 한다.

우선 몬테소리 유아교육의 내용을 살펴보면 일상생활 영역, 감각 교육 영역, 언어교육 영역, 수학교육 영역, 문화교육(지리, 역사, 동·식물학) 영역 등으로 구성할 수 있다. 미술·음악·종교 교육의 내용을 추가하여 분류하기도 하지만 여기에서는 다음의 다섯 가지 영역으로 구분한다.

1) 일상생활 영역 내용

그림 5-3 일상생활 영역 교구장 1

유아가 습득해야 하는 지식과 기술들 중에서 대부분은 매일 자신의 생활에서 일어나는 것들이다. 이렇게 배우고 필요한 것과 기술들 중에서도 자조능력과 관련된 것들이 많다. 일상생활 영역은 유아가 일상생활에 필요한 기술을 습득할 수 있는 다양한 경험의 기회를 제공하는 것이다. 유아가 컵에 물을 부어 마실 수 있고 자신의 옷을 입을 수 있는 실제적으로 경험하게 되는 일상의 활동을 스스로 할 수 있게 도와주는 영역이다.

그림 5-4 일상생활 영역 교구-거품내기

일상생활 영역은 유아가 자신의 하루 일과 중에서 필요한 활동들로 이루어지며 질서 감각, 독립심의 발달, 집중력, 눈과 손의 협응력의 발달을 가져오며 자신과 환경을 돌보는 내용들로 이루어진다. 유아의 욕구에 맞게 준비된 교수활동은 유아가 자신의 환경에 적극적으로 참여하게 한다.

일상생활 영역 교구는 손을 움직이면서 조작하는 것들이 많으며, 이러한 손 움직임을 통한 기술의 습득은 유아의 생활습관과 태도를 형성하게 된다. 의자에 앉고 숟가락을 움직이는 행동은 예의 바른 유아로 길러주는 방법이 되며, 곧 유아 자신의 예의 바른 인성을 형성하는 것과 연관된다.

몬테소리가 어렸을 때 그녀의 어머니는 몬테소리가 집안일을 돕도록 하며, 식사 시간이 되면 식탁을 정리하는 것을 돕도록 했다. 가난한 사람을 위해서 양말을 세탁해 주어야 할 정도로 엄격한 가정교육을 받기도 하였다. 이러한 가정교육이 몬테소리가 유아들을 지도할 때도 적용되어 자기 자신을 돌보는 일을 할 수 있도록 하며, 깨끗하고 위생적인 어린이집 환경을 위해 청소하는 것을 교육활동에 넣는 데 영향을 끼쳤을 것이라 볼 수 있다.

일상생활 영역의 교구에 사용되는 그릇이나 도구의 재료는 실제 생활에 사용하는 것들로 준비한다. 실제의 그릇들, 빗자루, 비누, 숟가락 등으로 실제 생활과 똑같이 준비한다. 유아의 신체 사이즈에 적합한 크기의 도구들로 준비하여 사용하는데 불편함이 없도록 한다. 유아들이 가정에서 만지기에는 금기시되었던 사기나 유리그릇들로 물 붓기를 할 수 있고, 칼을 사용하여 빵도 자를 수 있는 실제 생활을 그대로 연습해 볼 수 있도록 준비한다.

몬테소리는 환경의 아름다움을 강조하였는데, 색상이 아름답고 유아의 눈을 즐겁게 해 주는 환경을 준비하도록 하였다. 일상생활 영역 교구의 그릇은 색상의 조화가 이루어지고 그릇들의 크기가 적당하게 어울리는 것으로 준비한다. 그릇의 전체 크기나 쟁반은 유아가 혼자서 들고 움직일 수 있도록 적절한 것을 선택하여 준비한다.

일상생활 영역 교구를 작업하는 동안 집중하게 되고, 점차 집중하는 시간이 길어질수록 유아의 인내심과 집중력은 늘어나게 된다. 실제로 유아들이 일상생활 영역 교구 작업을 아주 흥미롭게 하는 모습을 흔히 발견할 수 있다. 성인은 이미 어떤 방법으로든 알고 있는 것이라 흥미가 적을 수 있지만, 유아들은 자신이 진정으로 혼자서 하고 싶었던 활동들이고 필요성을 느끼는 구체적인 활동들이라 교구를 하면서 스스로 그 필요성과 흥미를 알게 되는 것이다.

특히, 일상생활에 필요한 자조기술이 많은 일상생활 영역 활동은 유아 스스로 하는 능력을 증진시키고 유아의 자존감을 발달하는 데 도움이 된다. 몬테소리가 유아들에게 공손한 태도로 손수건으로 '코푸는 방법'을 가르쳐 주고 난 다음에 아이들이 손뼉을 치면서 보여준 반응은 기대하지 못했던 놀라운 것이었다(Montessori, 1929). 보통 때는 혼자하지 못하여 통제당하거나 창피해하며 코풀기를 했던 유아들에게는 몬테소리가 보여준 행동은 진정으로 자신들을 존중해 주는 것을 느꼈던 것이다.

예의범절·사회성 부분의 활동들은 자신 스스로의 자조능력뿐만 아니라 위험한 물건 건네기 등을 통하여 위험한 물건을 어떻게 만지고, 다른 사람에게 건네주어야 하는지를 배우게 됨으로써 예의 바른 행동 태도를 갖게 된다. 몬테소리의 어린이집에 자녀를 보내던 어머니들은 가정에서 일어나고 있는 일들에 대하여 말하곤 했는데, "4세밖에 안 된 아이가 내 아이가 아니라면 기분 나쁠 이야기를 하곤 합니다." 라고 말하면서, "손이 더러우니까 씻으세요!", "옷이 더러우니 좀 깨끗이 하세요!" 라고 말했지만 기분이 나쁘지는 않은 경고였다고 말했다. 그리고 이런 결과들로 가난한 사람들이 깨끗해지고 환경을 아름답게 가꾸었다고 한다(Montessori, 1929).

뿐만 아니라 음식하기와 같은 활동은 하나의 활동을 통해서 여러 가지의 목적을 달성할 수 있다. 하나의 활동에 단순한 활동이 여러 가지 복합되어 있기 때문이다. '빵에 잼 발라먹기'의 경우 빵을 통에서 꺼내는 동작, 잼 뚜껑을 열고 닫는 동작, 빵에 잼을 바르는 동작, 칼로 빵을 자르는 동작, 그릇에 빵을 놓는 동작, 포

그림 5-5 일상생활 영역 교구장 2

크 사용 등의 다양한 동작이 복합적으로 연결된 하나의 활동이다. 활동을 통해서 몸의 작고 큰 근육들을 손과 눈의 협응을 통해서 섬세하게 움직여야 하므로 운동 능력이 발달된다.

'빵에 잼 발라먹기' 활동을 통해 일련의 순서가 반복된다는 것을 알게 되고 질서를 익히게 된다. 활동의 순서를 아는 과정은 기억하기, 문제해결능력, 친구에게 나눠 먹기 권하기, 친구와 재미 나누기, 정리정돈을 하면서 타인 배려하기, 그리고 성취감을 느끼는 등 다양한 것을 발달시키고 배우고 경험하게 된다.

일상생활 활동은 유아가 성장하는 데 기초를 제공할 뿐만 아니라 교실의 영역에서 자신감이 유아의 평소 일상적인 모든 활동에 연결되어 확대된다. 그러므로 유아의 흥미를 끄는 일상생활 교구를 준비하는 것이 중요하다.

일상생활 영역의 직접 목적은 일상생활에 필요한 구체적인 기술을 연습함으로써 자신이 속한 사회와 환경에 적응할 수 있도록 돕는 것이다. 유아의 가정에서 친숙하게 접해오는 것들이 교구 활동으로 제공되기 때문에 일상에 필요한 기술을 연습, 습득하게 된다. 이런 일상의 활동기술 습득은 유아의 자존감을 길러주는 데 연결된다.

간접 목적은 일상의 필요한 기술들을 습득하다 보면 눈과 손의 협응력, 집중력, 질서감, 독립심의 발달을 도울 수 있다. 간접 목적이란 직접 목적이 달성되는 활동을 하면서 부수적으로 길러지는 능력을 말한다.

그림 5-6 매트 펴고 말기

모든 일상생활 영역 교구들은 손을 움직여서 조작하고 눈과 손의 협응력이 요구되며, 집중을 하지 않으면 제대로 수행할 수가 없다. 재미있는 교구를 가지고 활동을 통해서 집중력이 길러지고 질서 감각을 충족할 수 있게 된다. 스스로 조작할 수 있는 활동이 많아지면서 자신의 일상생활을 해결해 나가는 독립심이 길러지게 된다.

일상생활 영역의 교육내용에는 분류하기, 같은 것 맞추기, 붓기, 숟가락 사용하기, 단추 잠그기, 광내기 등의 활동들이 있다. 이러한 활동들은 협응과 균형을 잡는 데 도움이 되며 기본적인 활동부터 외부의 환경을 돌보는 활동까지 나뉜다. 일상생활 영역의 내용을 범주별로 분류해 보면 동작의 조절과 분석, 자신에 대한 배려, 환경에 대한 배려, 예의범절 및 사회적 적응의 네 가지로 구분할 수 있다.

첫째, 동작의 조절과 분석에는 일상생활 영역 모든 활동의 기본이 되는 것이라 할 수 있다. 어떤 활동을 하기 위해서는 소근육이나 대근육이 원활하게 움직일 수 있도록 근육의 조절이 가능해야 한다. 물건을 들거나 움직이기 전에 유아 스스로 걷거나 앉기가 가능해야 한다. 그리고 컵에 물을 붓기 위해서는 컵을 먼저 옮길 수 있어야 하고 물을 흘리지 않고 부을 수 있는 근육을 조절하는 힘이 필요하다.

이 부분에서는 복잡한 활동을 하기 전 간단하고 쉬운 활동으로 근육의 조절을 스스로 할 수 있는 활동들로 이루어진다. 손의 전체 근육을 움직여서 물건 잡기가 이루어지면 손가락의 섬세한 근육이 협응하여 물건을 옮길 수 있는 활동으로 전개된다. 기본 준비활동으로는 매트 펴고 말기, 교구 나르기, 의자에 앉고 서기, 의자 옮기기, 책상 옮기기, 물 떠오기, 물 버리기 등이 있다. 소근육 활동에는 옮기기, 붓기, 짜기, 손목 사용하기 등이 있다. 대근육 활동은 선 따라 걷기, 침묵 게임 등을 통하여 대근육을 조절하는 연습을 한다.

둘째, 자신에 대한 배려는 유아가 자신을 보호하는 활동이다. 몬테소리는 어린이 집 하루 일과에서 아침마다 유아의 신체검사나 목욕시키기 등을 통하여 자신의 몸을 살펴보고 관찰하고 보호할 수 있는 기회를 마련하였다. 몬테소리가 코풀기를 유아들에게 가르쳐 줬을 때 유아들이 보여준 존중감에 대한 감사를 표현했던 것을 생각해 보면, 일상생활에서 유아 스스로 자신을 보호하기 위한 활동이 얼마나 중요한 가치를 가지는지 알 수 있다. 손 씻기, 세수하기, 머리 빗기, 이 닦기, 양말 신고 벗기 등이 있다.

셋째, 환경에 대한 배려에는 유아가 교실에서 볼 수 있는 환경을 보호하는 활동들로 구성되어 있다. 이 영역의 내용에는 유아가 집에서 직접 해 보지 못한 그릇 씻기나 청소 등과 같은 활동을 직접 해 볼 수 있는 것들이 있다. 청소하기에는 책상 위를 쓸기, 책상 닦기, 그릇 정리하기, 교구장 닦기 등으로 깨끗한 환경을 만들 수 있는 활동들이다. 광내기의 종류도 있는데, 거울 닦기, 금속 닦기, 은그릇 광내기 등으로 그릇이나 물건의 먼지를 제거하고 아름답게 관리하는 활동 등이라 할 수 있다.

교실에서도 자연의 중요성을 강조한 몬테소리는 동물이나 식물 가꾸기를 하도록 권장하였다. 동물을 보호하고 키우기 위한 것으로 동물 밥 주기, 물고기 밥 주기가 있으며, 식물을 보호하기 위해서는 화분에 물 주고, 잎 닦기, 잎 광내기 등이 있다.

유아 스스로 음식을 먹고 식탁을 준비하고 간식을 준비하여 친구들에게 나누어 주는 활동을 할 수 있다. 음식 준비하기로는 달걀 껍질 까기, 바나나 썰기, 당근 썰기, 오이 껍질 까기, 쿠키 갈아 먹기 등이 있다.

넷째, 예의범절 및 사회적 적응 내용에서는 다른 사람에 대한 배려와 예절을 갖추는 방법을 배우고 연습할 수 있다. 유아가 갖고 있는 예절에 대한 민감기에 따라 사회적 예의범절을 배우고 어른의 행동을 보고 따라하는 중요한 시기이다. 교구를 한 세트만 준비하여 작업하는데, 자기가 하고 싶지만 다른 사람이 이미 그 교구를 하고 있다면 기다릴 줄 알게 하는 것도 몬테소리가 주장하는 사회성의 한

그림 5-7 거울 닦기

그림 5-8 쿠키 갈아 먹기

표현이다. 유아가 스스로 즐거움을 가지고 성인에 대한 예의나 다른 사람에 대한 예의를 표현하는 시기이다. 활동으로는 악수하기, 양해 구하기, 인사하기, 도움 청하기, 사과하기, 감사하기 등이 있다.

일상생활 연습은 결국 유아의 주위 사물이나 사람들 간의 관계를 알고 가르쳐서 자신이 스스로 할 수 있는 활동을 제공하는 것이라 할 수 있다. 교육기관뿐만 아니라 가정에서도 유아가 스스로 해 볼 수 있는 활동을 제공하는 것이 필요하다. 일상생활 영역 교구 활동의 예를 정리해 보면 다음과 같다.

〈표 5-1〉 **일상생활 영역의 교육내용**

내용 범주	활동 내용
동작의 조절 및 분석	• 기본 준비활동: 매트 펴고 말기, 교구 나르기, 의자에 앉고 서기, 의자 옮기기, 책상 옮기기, 물 떠오기, 물 버리기 등 • 소근육 활동: 옮기기, 붓기, 짜기, 손목 사용하기 • 대근육 활동: 선 따라 걷기, 침묵 게임
자신에 대한 배려	손 씻기, 옷 입고 벗기, 거울보기, 머리 빗기, 신발 신고 벗기, 구두 닦기, 옷틀, 코풀기 등
환경에 대한 배려	• 청소하기: 책상 위 쓸기, 책상 닦기, 그릇 정리하기, 교구장 닦기 등 • 광내기: 거울 닦기, 금속 닦기, 은그릇 광내기 등 • 동·식물 가꾸기: 동물 밥 주기, 물고기 밥 주기, 화분 잎 닦기, 화분에 물 주기 등 • 음식 준비하기: 계란 껍질 까기, 바나나 썰기, 당근 썰기, 오이 껍질 까기, 쿠키 갈아 먹기 등
예의범절 · 사회적 적응	문 열고 닫기, 인사하기, 도움 청하기, 타인에게 양해 구하기, 위험한 물건 건네주기, 식사예절 등

일상생활 영역 교구를 적절하게 준비하기 위해서는 아름다움이나 유아의 신체 크기 등 여러 가지 고려할 사항이 있다. 일반적으로 일상생활 영역의 교구는 다음의 요소를 갖추어 준비한다.

- 일상생활에서 실제로 사용하는 실물이나 그릇을 사용한다.
- 교구의 크기는 유아의 체격에 맞는 것이어야 한다.
- 아름답고 흥미를 유발시키는 교구여야 한다.
- 깨끗하고 잘 구성된 교구여야 한다.
- 한 가지 교구는 한 가지만 교실에 준비한다.
- 각 교구마다 독립적인 세트로 준비해야 한다.

몬테소리는 일상생활 영역에서 각 나라의 문화를 반영하는 것을 중요하게 생각하였다. 식탁의 도구도 나라마다 다르고 식사예절도 다르니 각 나라에 맞는 것으로 준비한다.

그림 5-9 일상생활 영역 교구장 3

2) 감각 영역 내용

출생 후 인간은 감각을 통해서 세계를 인식하기 시작한다. 감각능력은 유아가 주변 세계 사물의 특성을 인식하고 정확하게 파악할 수 있게 한다. 사물을 인식한다는 것은 시각이나 청각과 같은 감각을 통하여 그 사물의 물리적인 특성을 파악하고 다른 사물과의 차이점을 인식하는 것이다. 유아의 감각을 예민하게 발달시키는 것은 세상을 파악하고 구별하는 인지능력을 발달시키는 것이라 할 수 있다.

감각 교육은 인식을 잘하기 위하여 유아가 자신의 다섯 가지 감각, 즉 시각, 촉각, 청각, 미각, 후각을 예민하게 활용하여 주변 사물의 속성을 정확하게 지각할 수 있도록 도와줄 교구를 제공하는 것이다.

그림 5-10 의사

출처: http://www.reasonablywell.net/2011/09/ doctor-will-see-you-now.html

몬테소리는 세련된 감각을 전문가가 가진 특성으로 설명한다. 의사가 감각이 둔하면 진단을 제대로 할 수 없고, 정확한 진단을 하는 의사는 감각이 발달하여 미세한 심장소리를 듣고 몸의 이상을 찾아낼 수 있기 때문이다. 음악가나 요리사가 뛰어난 명인이 되기 위해서는 정확한 음의 차이를 찾아내고 구별하며 맛의 차이를 구별하는 탁월한 감각능력이 기본적으로 필요하다. 결국 감각의 발달 정도는 기본적인 정보를 구별하고 알아내는 도구가 될 뿐 아니라, 전문가가 될 수 있는 요인이 된다. 의사가 아무리 이론적인 지식을 많이 알고 있어도 직접 손으로 진맥을 하지 않으면 안 되며, 진맥을 잘 하는 것은 반복적인 연습 경험에 의한 것이다. 이러한 감각 교육은 감각이 형성되기 시작하는 영아 시기부터 시작하여야 한다(Montessori, 1964).

몬테소리 감각 교구는 모양, 크기 등을 통해 우주의 모든 사물을 알 수 있는 개념을 알게 하는 길이 된다.

감각 교구에서 새로운 단어를 알려주면서 어휘가 확장되고, 이것은 이후 학습 가능성을 최대화할 수 있는 계기를 제공한다. '3단계 교수법'을 통하여 새로운 단

그림 5-11 **감각 영역 교구장 1**

어를 알려준다.

교실에서 했던 활동을 야외에서 확대하여 실시하기도 한다. 촉각의 변별 활동은 나무를 만져 보고, 잎을 살펴보면서, 잔디를 밟으면서 자연을 느낀다. 하늘을 쳐다보고 꽃들의 색을 보며 새소리를 듣고 관찰하며 자연이 들려주는 소리를 느낀다.

감각 교육의 직접 목적은 다섯 가지 감각 발달이 세련되게 발달할 수 있도록 돕는다. 간접 목적은 감각 훈련을 통하여 세상을 빨리 정확하게 인식할 수 있는 능력을 길러 주는 것이다. 감각 교육 영역의 내용은 크게 시각, 촉각, 청각, 미각, 후각으로 나누어 구성된다. 몬테소리 감각 교구는 사물의 물리적 속성을 구별할 수 있도록 구체화해 놓은 것이다.

첫째, 시각 교육을 위한 교구는 물체의 크기나 색, 형태를 변별할 수 있는 교구들로 꼭지원기둥, 분홍탑, 갈색 계단, 빨간 막대, 색 원기둥이 있다. 색을 변별하기 위한 색판, 형태를 변별하기 위한 기하도형 서랍, 기하도형, 구성삼각형 등이 있다.

둘째, 촉각 교육을 위한 교구는 손으로 만져서 촉감으로 변별할 수 있는 촉각 교구인 촉각판, 촉각상자 등이 있다. 온도 차이를 변별할 수 있는 교구로는 온도 감각병, 온도 감각판이 있다. 이외 중량감(무게)을 알기 위한 중량판이 있다.

셋째, 청각 교육을 위한 교구는 소리를 구별할 수 있는 소리 상자, 음감 벨이 있다.

넷째, 미각 교육을 위한 교구에는 맛의 차이를 변별할 수 있는 미각병이 있다.

그림 5-12 갈색계단

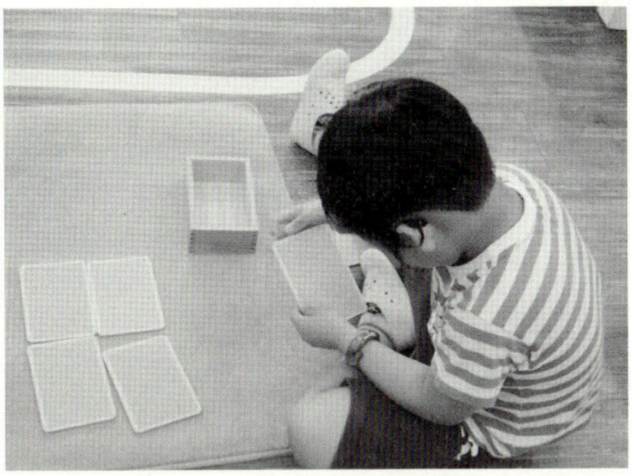

그림 5-13 촉각카드

다섯째, 후각 교육을 위한 교구는 냄새의 차이를 변별할 수 있는 후각병이 있다.

〈표 5-2〉 감각 영역의 교육내용

내용 범주	활동 내용
시각	• 크기: 꼭지원기둥, 분홍탑, 갈색 계단, 빨간 막대, 색 원기둥 • 색: 색판 Ⅰ, Ⅱ, Ⅲ • 형태: 기하도형 서랍장과 카드, 기하학적 입방체, 구성삼각형, 1항식, 2항식 상자, 3항식 상자, 10항식(피타고라스 판)
촉각	• 촉각: 촉각판, 촉각판 짝 맞추기 • 중량감: 중량판 • 온도감: 온도 감각병, 온도 감각판 • 근육 기억감: 비밀 주머니 교구
청각	소리 상자, 음감 벨
후각	후각병
미각	미각병

몬테소리는 감각 교육을 하기 위해서는 가능하면 하나의 감각을 분리하여 교육하는 것이 효과적이라고 했다. 청각의 연습은 조용한 환경에서뿐만 아니라 어두운 환경에서 더 성공적으로 행해질 수 있다(Montessori, 1964).

감각 교구는 몇 가지 요소를 갖추어서 준비한다.

- 한 교구는 하나의 감각을 고립하여 유아가 그것에 주의할 수 있도록 한다.
- 교구 자체에 잘못(실수)을 정정할 수 있는 부분이 있어 유아가 스스로 수정할 수 있도록 한다.

- 모든 교구는 아름다움이 있어서 유아가 흥미롭게 작업할 수 있게 한다.
- 모든 교구는 완전하게 준비되어 하나의 교구를 작업할 때 도중에 방해가 되지 않도록 한다.
- 한 교구는 한 개만 있는 제한을 가진다.
- 구체적인 것으로 만들어져 있어서 감각을 통하여 추상적인 개념을 가질 수 있도록 한다.

감각 교구의 고립화라는 말은 한 가지 교구에 여러 가지 성질(모양, 크기, 색깔, 무게 등)을 한꺼번에 소개하는 것보다 그 교구의 목적에 맞는 한 가지의 성질이 변화되는 교구를 고립하여 소개한다는 것이다. 이것은 물체의 차이를 변별하는 데 도움이 된다. 빨간 막대의 경우 모든 것은 같고 길이에만 변화를 주어 길고 짧은 길이에 대한 개념을 알 수 있게 한다.

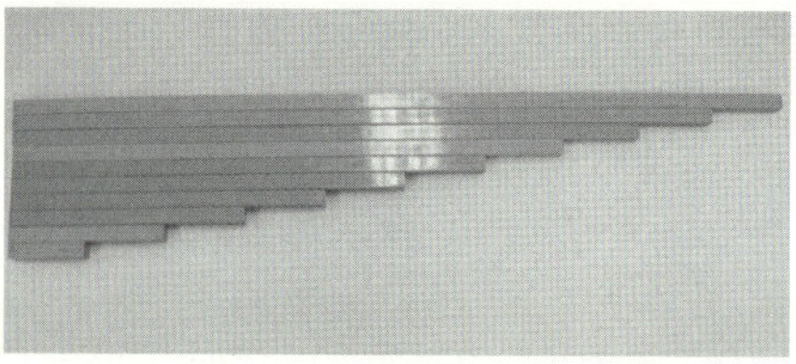

그림 5-14 **빨간 막대 교구**

잘못(실수)의 정정이 교구에 들어 있다는 것은 꼭지원기둥은 짝이 아닌 것은 커서 흔들거리거나 작아서 들어가지 않는다. 그것을 본 유아는 스스로 자신의 실수를 정정할 수 있는 것이다. 빨간 막대의 경우는 길이가 점차 같은 길이만큼 길거나 짧아지기 때문에 일률적으로 길이의 차이가 나타나지 않을 경우에 질서가 깨어지는 모양을 보고 시각적으로 유아가 잘못을 정정할 수 있다.

감각 교구 활동에서 지각한 성질의 개념을 언어로 알려준다. 분홍탑에서는 '크다와 작다'를, 빨간 막대에서는 '길다와 짧다'를 알 수 있다. 3단계 교수법으로 그 속성에 대한 언어를 연습한다.

감각 교구를 제시할 때는 기본 개념을 짝짓기, 서열화를 통하여 제시하고, 기본

활동을 다 한 후에는 변형이나 응용을 한다. 변형 활동은 의미 있는 패턴으로 교구를 유아가 스스로 구성하고 문제해결을 할 수 있도록 한다. 공간을 수직, 수평, 나선형 등의 다양한 모양으로 재구성해 보는 것이다. 응용은 두 개 또는 그 이상의 교구를 연합하여 다양한 패턴이나 구성을 해 보는 것으로, 주변 환경과 연결하여 확대해 보는 것이다. 분홍탑을 갈색 계단과 함께 연합하여 구성해 보거나 분홍색 종이에 본을 그려서 대칭해 보거나 주변의 물건들에서 분홍탑 모양의 큰 물건과 작은 물건을 찾아서 연결해 보는 활동 등이다.

감각 교구는 감각적으로 수 개념과 연결되어 수학교육의 준비가 된다. 감각 교구는 정확하고 각 교구는 10개로 되어 있는 것이 많고, 점차적으로 작아지거나 크기가 변화하는 것은 정확한 서열 개념이 생기게 도와준다. 유아는 감각을 통하여 환경과 연결하는 경험을 하면서 지식을 만들어간다.

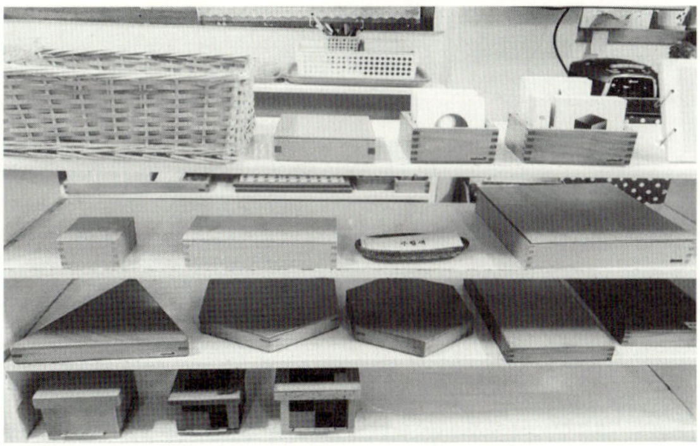

그림 5-15 **감각 영역 교구장 2**

3) 수 영역 내용

유아의 주변 환경과 생활에는 수와 관련된 것이 늘 존재한다. 나이를 세거나 간식을 나누어 줄 때에도 늘 수를 세어야 한다. 그런데 유아는 수학을 배울 때 대체로 어려워한다. 왜냐하면 숫자라는 것이 아주 추상적인 기호를 사용한 것이기 때문에 이해하기가 어렵다. 숫자 그 자체만으로는 정의하기도 이해하기도 어렵다. 수학은 모양, 공간, 숫자와 관련되고 숫자와 상징의 사용 간의 관계를 연구하는 것이다. 몬테소리는 자연 속에는 이미 수학적인 모양, 형태, 선이 존재하며 크기나 수량, 패턴의 다양한 모습으로 수학적인 것들이 존재한다고 한다. 그래서 이미 인간은 이것들을 구분하고 변별할 수 있는 수학적 정신을 가지고 태어난다고 본다. 이러한 정확하고 명확한 추상적인 아이디어들이 사고를 위해 활용된다.

그림 5-16 **수 영역 교구장 1**

감각 영역 교구는 모양, 패턴, 무게 등에 의해 감각적으로 느끼면서 수학에 대한 준비가 된다. 감각 교구 중 꼭지원기둥은 일대일 대응을 알 수 있고, 분홍탑이나 빨간 막대 등에서는 서열을 알 수 있으며, 구성삼각형에서는 분류를 할 수 있다. 교구들이 10개로 구성된 모양은 십진법을 이해하는 데 도움을 준다. 그래서 몬테소리가 감각 교구를 '구체화된 추상'이라고 표현하였다.

수는 물체 간의 관계를 수라는 상징기호로 표현해 놓은 것이다. 수란 어린이가 정신적 조작에 의해 물체를 인식하고 물체들 간의 관계를 형성해 놓은 것으로 논리 수학적 지식이다. 추상화된 기호로 알기 어려운 수를 어린이들에게 쉽게 접근할 것을 권유한다. 그리고 어린이는 수학적 정신을 타고났다고 본다.

> "예를 들면, 셈하기를 가르치는 데 있어서, 일상생활에서 실제의 돈을 사용하여 값을 치르고 잔돈을 거슬러 받는 활동만큼 어린이를 수와 수 세기에 친숙하게 할 수 있는 실제적인 활동은 없으며, 그것은 일상생활에서 아주 밀접하게 관련되어 있으므로 모든 어린이들이 아주 흥미 있어 한다."
>
> -(Montessori, 1964, p.126)-

이처럼 수학적인 언어는 교실이나 가정생활에서 늘 접하게 된다. 간식을 먹으면서, 요리를 하면서, 그림을 그리며, 책을 보면서 숫자를 만나게 된다. 몬테소리는 일상생활에서도 유아가 경험하게 되는 수 개념의 지도를 강조하였다. "네 옷에 단추가 두 개 떨어졌구나", "이 테이블의 세 자리에 놓을 접시 세 개를 가져와라" 등의 표현으로 수 개념 지도를 시작할 것을 권하고 있다.

수 교육에 있어 쓰인 숫자와 양의 관계를 중요시하였다. 수 교구들은 수를 세고 숫자의 이름을 붙이는 데 있어 양을 이해할 수 있도록 고안되어 있다.

몬테소리 수학교육의 목적은 유아가 일상에서 경험하는 양과 수의 기초적인 지식을 습득하고, 수학적인 정신을 발달시키며 논리적 사고력 발달을 증진하는 것이다.

그림 5-17 **사물과 수 교구**

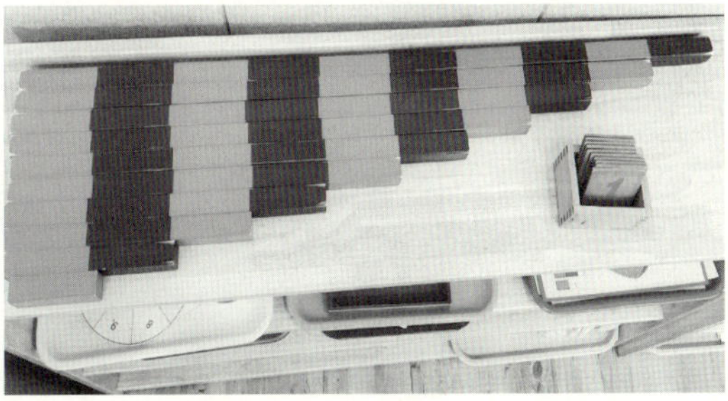

그림 5-18 **수 막대와 숫자 카드**

수 교육의 내용으로는 1에서 10까지의 양과 수를 소개하는 수 막대, 모래 숫자판, 수 막대와 숫자 카드, 셈 막대 상자 등으로 10까지의 수 개념을 알 수 있는 교구들이다.

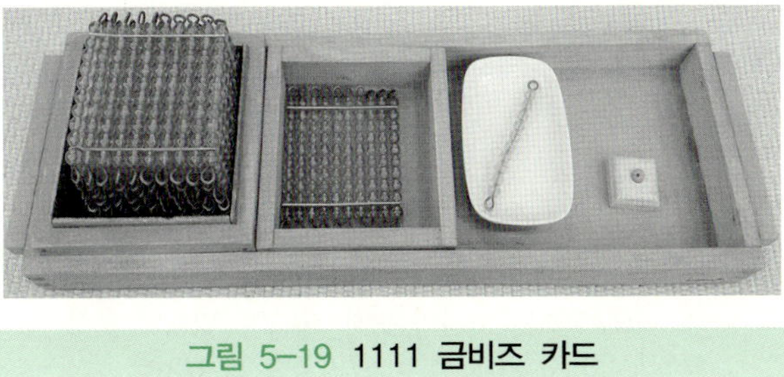

그림 5-19 **1111 금비즈 카드**

그림 5-20 **1111 수 카드**

십진법 소개에는 일, 십, 백, 천을 알 수 있는 양과 숫자를 소개하고 1999, 9999 교구와 십진법 숫자들을 교환하며 놀 수 있는 은행놀이 등이 있다. 양을 먼저 소개하고 수 이름을 알려주는 것이 일반적인 수 교육과 다른 특징이다.

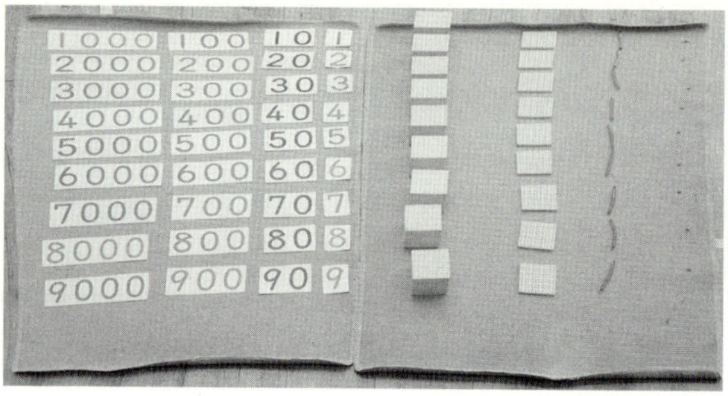

그림 5-21 **45나열 금비즈와 수 카드**

그 다음으로 연속 수가 소개되는데 11, 12와 같은 연속 수가 양과 함께 소개된다. 사칙연산에서는 이미 알고 있는 수의 개념을 간단한 교구로 더하고 빼거나 수를 기억하여 암산하는 활동이 많다. 분수도 분수봉과 분수판을 통하여 개념이 소개된다. 수를 유아들이 이해하기 쉽게 일상생활과 연관하여 소개할 것을 강조하고 이해하기 어려운 수가 항상 구체적인 양으로 먼저 소개되고, 수의 이름을 붙여서 추상화해 가는 과정이 몬테소리 수 교육의 특징이라 할 수 있다.

〈표 5-3〉 **수학 영역 교육내용**

내용 범주	활동 내용
1. 수량 개념의 기본	수 막대/모래판 숫자와 숫자 카드/수 막대와 숫자 카드/방추형 봉/숫자와 바둑알/작은 수 막대/색 비즈/기억력 게임/기타

내용 범주	활동 내용
2. 십진법	십진법 소개/9쟁반 소개/숫자 카드 나열/45나열/교환 게임
3. 연속 수 소개	세강판 Ⅰ/세강판 Ⅱ/십대 분석/100판
4. 가감승제	뱀놀이/은행놀이 소개 연습/은행놀이
5. 분수	분수의 개념 소개/분수봉/분수 철판 도형

수 영역 교육의 주요 특징과 방법은 다음과 같다.

- 감각 교구가 수 교육의 기초가 된다.
- 구체적인 것에서 추상적인 것으로 소개한다.
- 수량이 먼저 소개되고 숫자가 소개된다.
- 3단계 명칭 연습을 한다.
- 숫자는 아라비아숫자를 쓴다.
- '0'의 개념, 십진법, 연산을 중요시한다.
- 수의 자릿수마다 색이 정해져 있다.

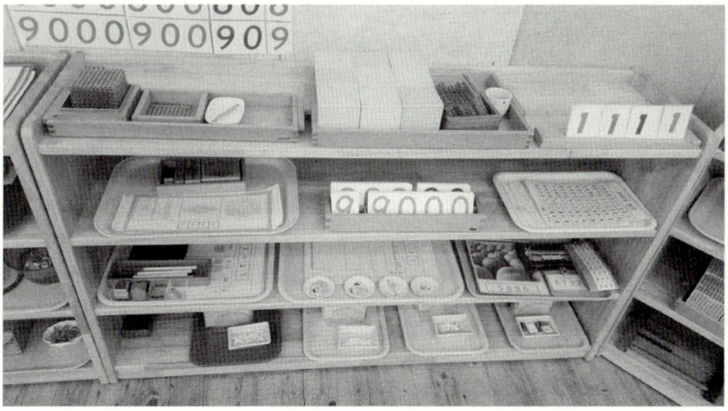

그림 5-22 **수 영역 교구장 2**

4) 언어 영역 내용

몬테소리는 유아기에 언어의 민감기를 지나면서 유아는 주변 환경의 언어를 무의식적으로 배우게 된다고 본다. 이렇게 받아들인 언어는 유아가 스스로 언어를 구성하며 복잡한 언어 구조를 쉽게 배울 수 있게 된다. 몬테소리가 어린이집에서

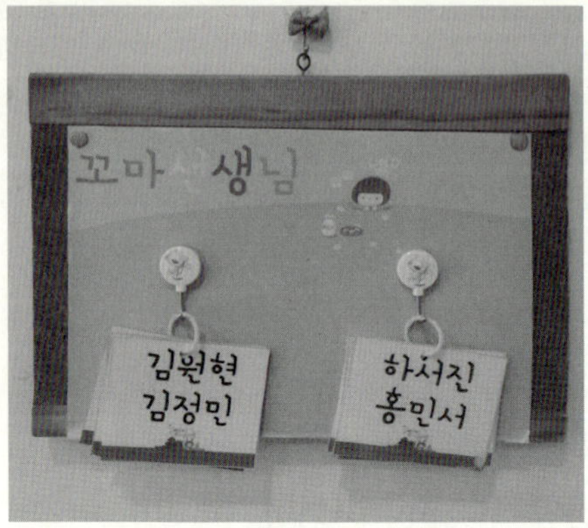

그림 5-23 환경 속의 언어

유아들에게 쓰기와 읽기를 지도하게 된 계기도 학부모들의 요청에 의하여 시작하기는 하였지만, 유아들의 폭발적인 흥미를 보고는 아주 놀랐다. 그리고 쓰기가 읽기보다 먼저 발달한다는 것을 발견하게 되었다.

몬테소리 어린이집에서 작성한 하루 일과 계획표를 보면 아침에 일상적인 대화를 나누는 시간을 정해 놓았다. 교사는 매일 유아와 집에서 있었던 일상에서 일어난 일이나 부모님께 대했던 행동에 대하여 이야기함으로써 의사소통이 중요함을 강조하였다.

초기에 쓰기와 읽기 교육은 몬테소리가 먼저 계획한 것이 아니었다. 취학 전 유아들에게는 읽기와 쓰기가 발달상 적합하지 않아도 된다고 생각하던 시대라 몬테소리도 생각지 못한 것이었다. 그러나 몬테소리의 어린이집에 자녀를 보내는 학부모들은 문맹이고 자기 이름을 쓸 줄 모르던 사람들이었다. 어느 날 두세 명의 어머니들이 자녀들에게 쓰기와 읽기를 가르쳐 달라고 부탁하였다. 학부모의 요청을 처음에는 거절했지만 간절한 부탁에 못 이겨 몬테소리는 할 수 있는 방법을 생각해 보았다. 그래서 촉감을 자극하여 감각적으로 글자의 모양을 익힐 수 있는 교구를 만들었다. 4~5세 아이에게 두꺼운 종이를 잘라서 만든 알파벳 글자 몇 개를 가르쳤는데, 이 일이 모두가 놀랄 만한 결과를 가져왔다. 교구의 일부는 '모래글자(sandpaper letters)'로 모래종이에 글자 모양을 만들어 유아가 손가락으로 따라 써보고 모양을 느낄 수 있게 하는 촉각적·시각적인 교구였다. 손가락 발달 정도가 글자 쓰기에 준비가 안 된 유아도 할 수 있는 교구이다. 유아들은 글자의 모양을 신기하게 받아들이며 아주 흥미를 가졌다. 자신의 이름에 있는 철자를 반복하여 말하고 다니는 아이도 있었고, 마룻바닥에 아이들이 글자를 써 놓고는 흥분하면서 "내가 썼어요!", "내가 썼어요!"라고 외치며 다니는 아이들도 생겼다. 문이나 벽을 가리지 않고 글자를 쓰기 시작하였으며, 집에서는 빵 위에도 글자를 쓰는 등 폭발적인 반응이 나타난 것이다.

몬테소리에 따르면, 쓰기는 손을 사용하는 데 꼭 필요한 기술을 익히게 하는 것이고, 말로 한 것을 아주 자세하게 표현하게 해 주는 의사소통의 이차적 수단이므로 쓰기는 정신력과 손에 의존한다고 하였다. 알파벳을 쓰려면 손으로 기호를 그릴 수 있어야 한다. 몬테소리는 유아들을 관찰하면서 쓰는 것을 원하고 흥미로워한다는 사실을 발견하였다. 그리하여 쓰기를 위한 철판 도형이나 모래글자, 움직이는 글자 등의 언어 교구들을 하나씩 만들게 되었다(Montessori, 1929).

그림 5-24 모래글자

쓰기는 신체적으로 움직임을 동반하게 되어 흥미를 먼저 갖게 되며 감각적으로 써보는 것은 기억을 돕는다. 예를 들어, '모래글자(sandpaper letters)'와 같은 교구는 손가락으로 글자의 모양을 만져 보고 손가락으로 따라 써 볼 수 있게 고안되어 있다. '움직이는 글자(moveable alphabet)'는 손으로 자음과 모음의 글자 모양을 움직여서 글자를 조합할 수 있는 교구이다. 연필을 사용하지 않아도 자음과 모음을 움직여서 글자를 만들 수 있다.

그림 5-25 모래글자 카드

그림 5-26 철판 도형

'철판 도형(metal frame)'도 손의 움직임을 통하여 글자를 인식하게 되어 있다. 글자 쓰기를 하기 전에 도형의 틀을 따라서 연필로 선을 그려서 연습을 할 수 있으므로 글씨 쓰기 활동에 필요한 근육의 움직임을 조절할 수 있다.

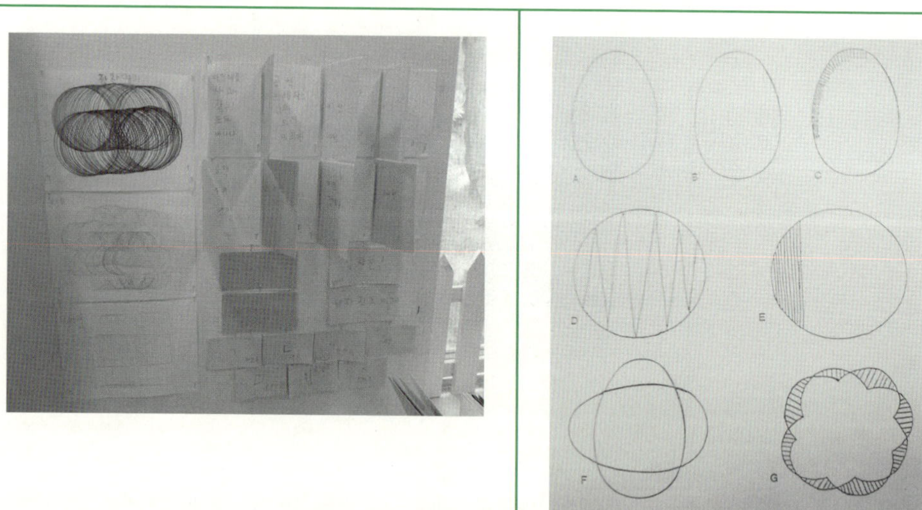

그림 5-27 철판 도형 선 그리기

'문법상자'를 포함하여 네 가지가 몬테소리가 고안한 언어 교구이고, 그 외의 언어 활동 교구들은 제자인 교사들이 몬테소리 교육법을 따라 만든 것들이다.

그림 5-28 단어쓰기

몬테소리 언어교육의 목적은 유아가 민감기에 모국어의 구조와 사용법을 익혀 자연스럽게 구어와 문어를 사용할 수 있는 능력을 기르는 것이라고 할 수 있다.

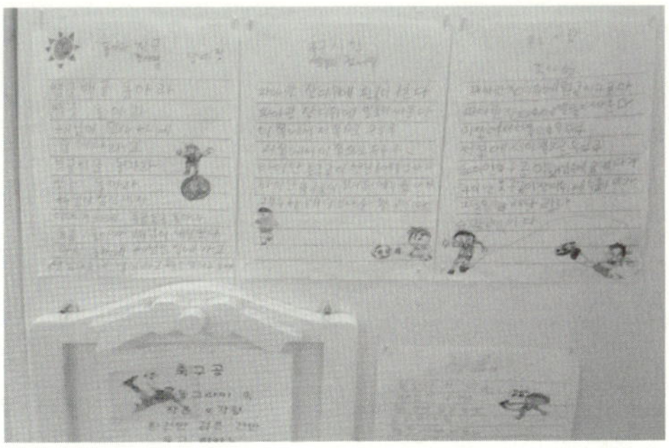

그림 5-29 문장쓰기

언어교육 영역의 내용은 언어활동을 위한 준비, 듣기, 말하기, 쓰기, 읽기, 문법이 있다. 언어활동을 위한 준비는 언어를 직접적으로 배우기 전에 시각적·촉각적인 연습을 하는 것이라 할 수 있는데, 물체와 물체 짝 맞추기를 통하여 시각적 훈련을 한 것이다. 다양한 패턴을 인식할 수 있는 패턴 활동, 손뼉음 따라하기를 통한 음소놀이, 물건 분류하기나 순서 카드 등을 통하여 인지적인 관계성을 알게 한다. 듣기는 소리를 주의 깊게 듣기, 글자 소리의 구별을 위한 활동, 말로 하는 명령 게임, 음악 듣기, 동화 듣기 등이 있다. 말하기의 활동으로는 물체의 이름 익히기가 있는데, 구체물인 이름의 사물을 먼저 보여주고 이야기를 나눈 후 물체의 이름을 알려준다. 주변의 사물 명칭 말하기, 발표하기, 질문에 답하기 등이 있다. 쓰기는 철판 도형에 선 그리기나 글자 쓰기가 있다. 읽기를 위한 활동으로는 모래글자, 움직이는 글자, 글자 만들기, 문장 읽기, 등이 있다. 문법은 움직이는 행동이나 구체물을 제시하여 품사를 하나씩 알아가는 활동이다. 품사 소개, 품사 놀이, 문자의 구성, 문장 분석 등이 있다.

〈표 5-4〉 **언어 영역의 교육내용**

내용 범주	활동 내용
언어활동을 위한 준비	물체와 물체 짝 맞추기, 그림 짝 맞추기, 다양한 패턴 활동, 손뼉음 따라하기, 분류하기, 관계 짓기, 순서 카드
듣기	주의 깊게 듣기, 글자 소리의 구별을 위한 활동, 말로 하는 명령 게임, 음악 듣기, 동화 듣기, 동음어 듣기
말하기	물체의 이름 익히기, 주변의 사물 명칭 말하기, 발표하기, 질문에 답하기, 순서 카드 보고 말하기
쓰기	철판 도형, 선 그리기, 쓰기
읽기	모래글자, 움직이는 글자, 움직이는 글자상자, 글자 만들기, 단어 만들기, 문장 읽기, 그림과 단어 짝 맞추기
문법	품사 소개, 품사 놀이, 문자의 구성, 문장의 분석

그림 5-30 **언어 영역 교구장 1**

그림 5-31 **언어 영역 교구장 2**

5) 문화 영역 내용

그림 5-32 **문화 영역 교구장 1**

문화 영역은 인간이 살아가는 주변 환경에 대한 것으로 넓게는 우주를 포함하는 천체와 대기, 지구를 구성하는 땅, 물, 공기로 좁혀 나가며 인간이 살아가고 있는 나라에서 이루어지는 문화권을 포함하는 것이라 할 수 있다. 몬테소리는 인간은 우주의 존재로 모든 것이 연결되어 있음을 강조했다. 인간이 사회 속에서 살아가면서 접하고 갖게 되는 생활방식, 사고방식, 예술 등 삶의 모든 형태가 포함된다.

몬테소리는 세계의 평화를 찾는 방법은 '어린이의 교육'에 있다고 하였다. 다른 나라의 문화를 자연스럽게 탐구하고 다른 모습들을 알게 되는 것은 편견을 없애고 서로가 이해하는 방법이다. 이런 몬테소리의 생각은 현재 사회의 다문화 시대에 적합한 요소를 가지고 있다. 한 교실에서 여러 나라의 문화를 공부하고, 소개하고, 그 문화를 배우며 나누게 된다. 문화 영역에서는 '중국'의 국기, 음식, 옷, 언어, 지역을 배우면서 서로의 공통점과 다른 점을 배우는 흥미를 갖게 된다.

몬테소리는 인도에 머물면서 우주적 세계관을 갖게 되면서 유아에게 우주의 미래상을 보여 주도록 하였다. 유아가 우주 속에 있는 자신의 존재를 느끼게 하고, 유아는 자신을 둘러싼 세상을 적극적으로 경험하고자 하는 욕구를 가지고 있다고 본다. 유아 자신의 실제적인 손으로 직접 경험하는 목적만이 아니라 세상의 지식을 습득하기 위해서도 모든 것이 연결되어 있는 우주적 세계관은 필요하다.

문화란 크게는 우리가 살고 있는 지구를 포함한 우주로부터 땅을 이루고 있는 국가, 지형, 그 안에서 이루어지고 있는 역사, 그 위에 살고 있는 모든 생물에 관한 영역이다. 그리고 삶의 방식이나 예술을 포함하는 가치나 문화를 배우고 다음 세대에게 전수하는 것이 포함된다.

문화영역교육에서는 과거에서부터 인간이 살아왔던 방법과 현재까지 인간이 살고 있는 방법을 이해하는 모든 것을 포함한다. 유아가 세상의 다양한 여러 가지 형태나 모양들을 경험하는 기회를 제공한다. 살아온 기록에 담긴 역사에 관한 관심을 갖고 다양한 문화적 차이를 이해할 수 있도록 표현물들을 제공한다. 예를 들어 미술, 음악, 건축양식, 조각 등을 보고 경험함으로써 다른 사람의 삶을 인식하고 다양한 문화를 받아들이는 데 도움을 줄 수 있다. 결국 문화 영역의 교육은 세상에 존재하는 것들이 서로 연결되어 상호 협력한다는 것을 알게 되고, 그러한 인식으로 유아 스스로를 전 우주적인 평화로운 관계의 중요성을 가진 존재로 인식하는 계기가 된다.

몬테소리가 강조하는 유아의 작업은 실제 생활과 관련되어 있다. 문화 영역 또한 유아가 살아가는 우주에 대한 것들이다. 유아가 어디서 왔는지, 누구인지, 왜 지금 여기에 있는지 등을 생각해 보고, 뿌리를 찾아보고, 과거와 현재 · 미래를 생각해 보는 것이다. 인간이 시작하게 된 역사 속에서 태양과 지구에 존재하는 것들, 생물과 무생물의 관계를 알아보고, 우리 인류와 함께 존재해 온 것, 필요한 것, 보호해야 할 것을 생각하게 되는 것이다. 생명체를 사랑하고 사명감을 갖게 되는 것이다. 몬테소리의 외삼촌은 물과 공기에 대한 저서를 썼으며, 또한 인도에서 생활하면서 신지학회 사람들과의 교류가 이루어지면서 인간과 우주에 대한 관심이 확장되었고, 전쟁을 경험한 그녀는 인류애에 대한 평화의식의 중요성을 직접 경험했다고 할 수 있다. 그녀의 파란만장한 인생에서 교육을 전수하기 위한 즐거운 행보로 간 나라든, 정치적 피난처로 쫓겨 갔던 나라든 몬테소리는 여러 나라에서 살아보고 여러 나라 사람들을 만나는 계기가 되었다. 인도에서도 몬테소리를 적대적인 외국인으로 취급하여 사회적으로 매장시키려는 상황에서, 마드라스를 떠나 수림이 울창한 전원도시인 코다리카날(Kadaikana)에 머물게 되면서 몇 년 동안 그 기간이야말로 자연을 경험할 수 있었고, 휴식을 취하고 저술활동을 자유롭게 할 수 있었던 자기만의 시간으로 만들었다. 어린이들과 함께할 수 있는 행복한 시간이었고, 자신을 스스로 돌아볼 수 있는 유일한 시간이었다고 회상하였다(조성자, 2010).

이런 것들이 그녀의 교육에서 다문화에 대해서 열린 의식을 갖게 하였을 것이다. 다양한 사상과 종교를 수용하고 열린 세계관을 가진 것이 문화 영역, 우주 교육에 전개되어 있다. 우주와 더불어 살아가는 유아의 삶이 문화 영역이라 할 수 있다. 자연에서 이루어지는 상호작용과 균형상태에 대한 몬테소리의 관점은 포괄적으로 지구 표면 모든 생명의 생물학적 한계를 훨씬 넘어선 지구와 전 우주를 포함한다. 자연은 개별적 생명이 보존이나 스스로의 발달에만 관여하는 것이 아니다. 자연은 조화이며, 창조계획을 통합적으로 조직화하여 발전시킨다. 바위, 흙, 물, 식물, 인간 등 모든 것이 이 계획 속에 포함된다. 우리가 자연의 질서를 이해하면, 모든 생명체가 자신의 이익을 위해 무엇인가를 행할 뿐 아니라 동시에 주위 세계에 유익하게 작용한다는 신비로운 사실을 깨닫는다. 모든 동물과 식물, 고등동물, 하등동물, 곤충 등은 하나의 우주적인 과제를 안고 있다. 모두는 환경 속에서 질서의 보존자요, 유지자이며, 중개자이다. 자연의 조화를 위한 진실하고 충직한 대리자인 것이다(조성자, 2010).

그림 5-33 지구퍼즐과 정정판

문화 영역의 목적은 문화의 전반적인 영역에 대한 지식, 즉 지질, 역사, 생물학에 대한 지식을 습득하는 것이다. 간접적인 목적은 유아가 속한 사회에서 필요하고 독립적인 일원이 되기 위하여 자신의 문화에 적응하고 개인적인 인격을 발달시키는 것을 돕는다.

문화 영역의 내용은 크게 다음의 세 가지로 나눌 수 있다.

첫째는 지리 내용이다. 유아의 공간 개념을 발달시키는 데 지리가 활용된다. 여러 나라의 문화를 경험으로써 열린 마음으로 다른 문화를 받아들이는 계기가 된다. 땅·물·공기, 모래지구본, 색채지구본, 수형·지형, 대륙지도, 우리나라 지도, 세계퍼즐, 세계 여러 나라 국기·풍물·우표·화폐·의상·음악, 태양계, 방향소개 등이다.

둘째는 역사 부분이다. 시간의 소개, 나의 역사, 가족의 역사, 인류의 역사, 우주의 역사, 물건의 역사 등이 포함된다.

셋째로 생물학은 생물과 무생물, 동물과 식물, 척추동물의 분류, 동물의 부분, 동물의 생태, 식물의 부분, 식물의 생태, 지질학 등이다.

그림 5-34 물고기 퍼즐

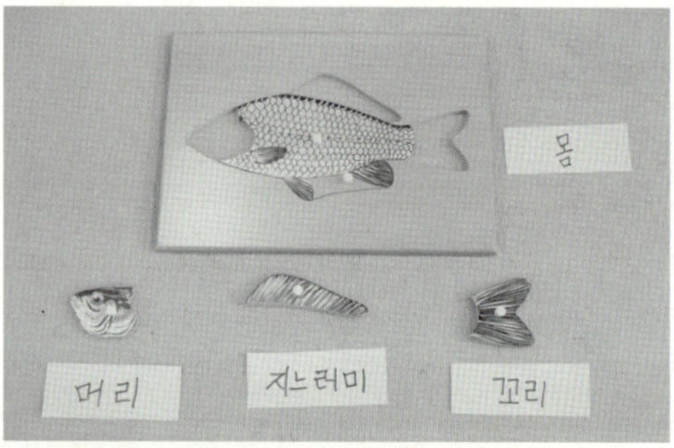

그림 5-35 물고기 부분 퍼즐과 명칭

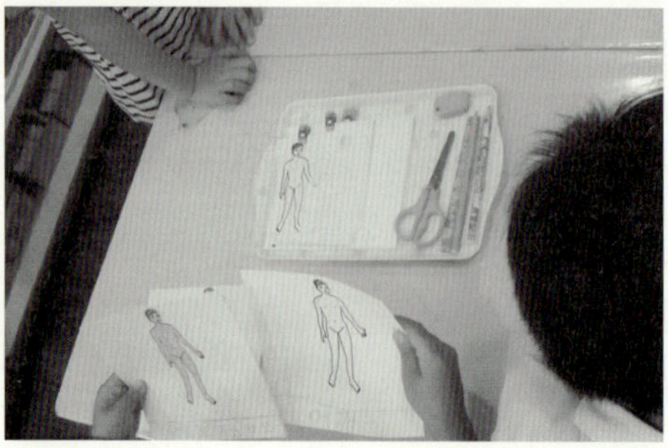

그림 5-36 몸의 부분과 명칭 적기

〈표 5-5〉 문화 영역의 교육내용

내용 범주	활동 내용
지리	땅, 물, 공기, 모래지구본, 색지구본, 수형, 지형, 세계지도 퍼즐, 각 대륙별 퍼즐지도, 세계 여러 나라의 국기·풍물·언어 등에 대한 소개, 우리나라에 대한 소개, 태양계 등
역사	시간의 소개, 나의 역사, 가족의 역사, 인류의 역사, 우주의 역사, 물건의 역사 등
동 · 식물학	생물과 무생물, 동물과 식물, 척추동물의 분류, 동물의 부분, 동물의 생태, 식물의 부분, 식물의 생태, 지질학 등

그림 5-37 문화 영역 교구장 2

생각해 보기

1. 몬테소리 교육 목적인 정상화된 유아에 대하여 생각해 보자! 자신이 생각하는 교육의 목적과 어떤 점이 같고 어떤 점이 다른가?

2. 몬테소리 교육내용을 영역별로 나누어 분류해 보자.

3. 우주와 나와의 관계에 대하여 생각해 보자! 유아에게 우주의 존재로서 생명체를 소중하게 느낄 수 있는 방법을 생각해 보자!

CHAPTER 6

몬테소리 교육과정

1. 몬테소리 유아교육과정
2. 몬테소리 교육환경
3. 몬테소리 교육평가

1 몬테소리 유아교육과정

몬테소리 교육과정은 몬테소리 교육내용의 영역별 구성에 따라 다섯 가지 교육내용을 기본으로 하여 구성된다. 교실의 영역별 구성도 이 다섯 가지에 따라 구분하되 필요에 따라 음악 영역이나 미술 영역, 그 외 다른 영역을 포함하기도 한다. 교육과정에 따라 교수방법은 교사와 유아의 일대일 개별적인 지도를 하는 것이 기본이며, 필요에 따라 소그룹이나 대그룹으로 지도한다. 몬테소리의 교수방법에 있어 다른 교육과의 차이점이라고 하면 유아 스스로 학습하도록 고안한 자동교육, 개별지도, 3단계 교수법, 시범 보이기 등을 들 수 있다. 교육과정의 운영에 있어 일과 운영, 계획안 작성, 평가 등을 나눌 수 있는데, 일반 유치원의 교육과정 흐름에 맞추어 몬테소리 교육내용을 적절히 통합하여 작성, 운영할 수 있다.

이 장에서는 몬테소리 교수방법, 교육과정 운영, 교육환경을 살펴보기로 한다.

1) 교수방법

(1) 시범(presentation)

몬테소리 교사는 유아의 흥미나 발달단계를 파악하여 새로운 교구를 시범을 통하여 소개한다. 교사는 교구에 대한 정확한 지식을 알고 있어야 하며 순서에 맞게 제시하여야 한다. 그 외에도 교사의 시범 수업 시 고려해야 할 것으로 수업의 간결성, 단순성, 객관성이 특성이 되어야 한다고 강조하였다. 교사가 쓸데없는 말을 하지 않고 선택한 말은 가장 간단하고 변하지 않는 진리를 언급하는 것이어야 한다. 이것은 유아를 자연스럽게 자유를 통한 관찰을 통해서 이루어져야 한다. 교사의 개성이 드러나지 않도록 수업이 진행되어야 한다. 유아에게 목적한 대로 전달이 안 되거나 적절히 수행하지 못하더라도 수업을 반복해서 강요한다거나 유아 스스로가 자신의 실수를 알거나 이해하지 못했다는 느낌을 갖지 않도록 주의하라고 하였다.

예를 들어, 색을 소개할 때에도 색을 표시하는 하나의 단순한 교구를 사용하고 색의 이름을 알려준다. 그러나 유아가 색을 모른다면 다시 묻거나 시범을 보여주지 않고 그냥 조용히 웃으면서 친절하게 대해 주면서 교구를 정리하면 된다.

(2) 자동교육(auto education)

몬테소리는 유아가 스스로 교육할 수 있는 잠재력을 가지고 태어난다고 보았다. 몬테소리 교구는 유아 스스로 자신의 발달과 능력에 맞게 선택하여 활동하도록 한다. 얼마동안 교구 활동을 할 것인지, 얼마나 반복할 것인지, 자신이 활동의 난이도가 어느 정도인 것을 선택할 것인지, 어떤 친구와 같이 작업할 것인지를 결정한다. 그리고 교구는 교구 자체에 잘못이나 오류를 정정할 수 있도록 고안되어져 있어 유아가 스스로 시행착오를 한 후 정정할 수 있도록 고안되어 있다. 교사에게 의존하기보다는 교구 자체에서 해결할 수 있는 교구의 합리적이고 체계화가 된 교구가 필요하다.

(3) 3단계 교수법(three period lesson)

몬테소리는 지적인 개념의 기초로서 감각 교육이 바람직하지만 언어와 지각을 연결하는 것이 효과적이라고 하였다(Montessori, 1964). 이를 위해서 세강의 '3단계 교수법'이 효과적이라는 것을 유아들을 통하여 알게 되었다. 3단계 교수법은 유아가 감각적으로 지각한 사물을 언어와 연결시켜 주기 위한 방법이다. 이 방법은 유아가 사물의 이름이나 질의 속성을 언어로 표현하도록 하는 것이다. 한 개의 감각을 소개할 때에도 하나만을 소개하는 것보다는 크다→작다, 길다→짧다와 같이 두 개의 다른 속성을 같이 비교하여 소개하는 것이 인지하기가 쉽다고 하였다.

3단계 교수법은 세 가지 단계를 가지며, 명칭을 알려주는 것, 비교급, 최상급의 단계로 나눌 수 있다.

명칭 소개의 3단계 교수법을 소개하면 다음과 같다.

- 1단계: 감각적으로 지각한 사물에 대한 명칭을 알려준다.

  사물의 속성을 나타내는 단어를 명확하고 천천히 발음하여 알아 듣기 쉽도록 한다. 교사는 두 개의 사물을 놓고 하나를 손에 잡거나 손가락으로 가리키며 사물의 명칭을 말한다.

  a. "이것은 길다, 길다.", "길다라고 말해 보겠어요?"

  b. "이것은 짧다, 짧다", "짧다라고 말해 보겠어요?"

- 2단계: 명칭에 대응하는 사물을 인식하는 단계이다.
  이 단계에서 명칭을 질문하여 어휘와 사물이 연합되었는지를 알아본다.
  a. "긴 것은 어느 것이에요?", "긴 것을 나에게 보여주겠어요?"
  b. "짧은 것은 어느 것이에요?", "짧은 것을 나에게 보여주겠어요?"

- 3단계: 사물에 대응하는 명칭을 기억하여 말하는 단계이다.
  이 단계에서는 명칭을 알려주지 않고 유아의 기억에 의존하여 명칭을 물어봄으로써 사물과 명칭이 연합된 것을 확인한다.
  a. "이것은 무엇이에요?", "이것의 이름을 말할 수 있겠어요?"
  b. "이것은 무엇이에요?", "이것의 이름을 말할 수 있겠어요?"

비교급과 최상급도 이와 같은 방법으로 적용하여 실시한다.

(4) 개별화 교육

몬테소리 유아교육 프로그램에 의해 준비된 환경 속에서 개별 유아의 흥미를 존중하고 개인차를 인정한 작업을 하게 함으로써 능동적인 학습이 일어나게 된다. 유아 개인은 자신의 능력에 맞게 학습을 하며 자신이 원하는 것을 선택해서 작업한다. 시간이 더 필요한 유아는 자유롭게 원하는 만큼 숙달할 때까지 작업을 할 수 있다. 교사는 관찰을 통하여 유아 개개인에 개별 교수를 하고 외부의 강제 없이 스스로 하도록 한다. 유아 자신의 능동적인 '내부의 교사'에 따라 활동하는 것을 지지한다. 몬테소리는 유아를 독립적인 존재로 자신의 성장 발달에 능동적인 힘을 가지고 있다고 본다. 자신이 성취 수준에 맞는 자유로운 학습을 하는 것이다.

(5) 혼합연령 집단

몬테소리 어린이집은 혼합연령으로 2~6세까지의 유아들로 구성된다. 실제 사회의 구성처럼 어린이집의 혼합연령 구성은 공동체 생활을 직접 경험해 보는 것으로 사회성을 발달시킬 수 있다. 친구 관계도 이루어지고 나이 많은 유아가 어린 유아를 지도하고 도와주면서 서로 협력하는 관계를 이룬다.

개별화 수업은 혼합연령 집단구성이 가능하고 각 유아별, 단계별로 교구의 제공이 용이하며 유아로 하여금 더욱 더 책임감, 독립심을 갖게 한다.

혼합연령반의 장점은 나이 어린 유아는 자기보다 나이 많은 유아를 보고 배울 수 있게 된다. 교사에게서 배우는 것보다는 나이 많은 유아를 보면서 쉽게 따라할 수 있다는 장점이 있다. 나이가 많은 유아는 어린 유아를 도와주고 모범을 보이면서 역할 모델이 된다.

2) 교육과정 운영

몬테소리가 어린이집을 처음 운영할 때도 안정이 될 때까지는 원의 상황에 따라서 계획된 대로 실행되는 일이 없이 변동이 많았다고 한다. 일반적인 유치원의 교육과정 운영도 실시 계획은 미리 세워 놓지만 상황에 따라서 융통성 있게 이루어지고 있다. 우리나라 유치원이나 어린이집의 경우에는 국가에서 요구하는 교육과정에 맞추어 실시하도록 누리과정이 지침으로 되어 있다. 그리고 유치원 인증평가나 어린이집 인증평가가 계속 실시되고 있어서 요구하는 지침에 맞추어서 교육과정을 전개해야 한다.

교육과정은 계획을 실행하기 위해서 주로 1년을 단위로 교육계획을 하고 월별 또는 주간별 단위로 교육계획을 작성한다. 몬테소리 프로그램을 적용하는 유치원에서는 일반적인 교육계획을 하는 것과 동일한 방법으로 하되, 교육내용을 몬테소리 교육내용별 구성으로 작성하는 것이 차이가 있다. 유치원마다 각 특성을 살린 교육을 하는 것이 필요하지만 우리나라의 경우 국가수준의 교육과정 기준을 맞추어 교육해야 할 의무가 있다. 그리고 유치원 인증평가도 실시가 되고 있어 평가를 대비한 교육과정 계획 및 실시나 교실의 영역별 구성이 요구된다고 할 수 있다.

(1) 몬테소리 교육과정

연간 교육계획은 주제와 국경일이나 연간행사, 계절, 명절 등을 고려하여 작성한다. 몬테소리 교육계획도 같은 방법을 적용하여 마찬가지이나 자유선택 활동시간에 활동영역의 구성이 몬테소리의 5개 영역별로 나뉜다. 일상생활 영역, 감각 영역, 수 영역, 언어 영역, 문화 영역으로 크게 구분하고 교구장에 영역별 교구를 준비해 놓는다.

각 영역별 교구는 쉬운 것에서 어려운 것으로, 간단한 것에서 복잡한 것으로 순서화되어 있기 때문에 교사가 교구에 대한 지식이 있으면 학급 유아들의 발달단계나 수준에 따라 적절한 교구를 비치하여 두면 된다. 유아들이 모두 활동을 끝내고 완전히 습득한 교구에 더 이상 흥미를 가지지 않으면 새로운 교구를 준비한다.

학기 초에는 기본적인 습관을 형성하기 위한 지도를 우선으로 하고 점차적으로 영역별 교구 활동, 즉 일상생활 영역이 먼저 소개되고 감각 영역, 수 영역, 언어 영역, 문화 영역 순으로 소개된다. 하지만 일상생활 영역이 다 끝난 후에 감각 영역을 소개하는 것이 아니라 일상생활 영역 교구의 소개가 조금씩 진행되면서 동시에 감각 영역 교구의 소개가 시작되고, 또 조금 있다가 수 영역 교구를 소개하는 방법이다.

그 외의 대집단 활동은 일반 유치원들과 같게 이루어진다. 주제별 수업의 진행도 몬테소리 문화 영역의 교구를 일반 주제에 맞게 공통적으로 선정하여 적용할 수 있다. 몬테소리 교구 활동의 내용이 누리과정의 내용에 맞는 것들도 있으므로 몬테소리 교구 활동의 내용과 누리과정의 공통된 부분을 찾아 연간 교육계획을 작성할 필요가 있다.

누리과정과 몬테소리 교구의 공통점을 살펴본 예를 소개하면 다음과 같다.

〈표 6-1〉 **누리과정 생활주제와 몬테소리 교육활동(영역)**

생활 주제	몬테소리 교육활동(영역)		내용 범주
유치원/어린이집과 친구	인사하기(일상) 문 열고 닫기(일상) 양해 구하기(일상)	도움 청하기(일상) 좋아하는 단어 적기(언어)	
나와 가족	나의 역사(문화)	가족 나무(문화)	
	자기 자신 돌보기: 옷 입기, 거울 보기, 신발 신기, 머리 빗기 등(일상)		
우리 동네	예의범절(일상) 우표놀이(수) 방향놀이(수)	기관의 역사(문화) 은행놀이(수)	
동 · 식물과 자연	동/식물 분류하기(문화, 언어) 동물의 부분 알기(문화, 언어) 식물의 부분 알기(문화, 언어) 생물과 무생물 분류하기(문화, 언어)		

생활 주제	몬테소리 교육활동(영역)	내용 범주
동 · 식물과 자연	지구의 역사(문화, 언어) 동물의 성장과정(문화, 언어) 식물의 성장과정(문화, 언어)	
건강과 안전	손 씻기(일상) 책상 닦기(일상) 매트 털기(일상) 위험한 물건 다루기(일상) 바닥 쓸기(일상)	
생활도구	도구의 역사(문화, 언어) 도구의 분류하기(문화, 언어) 도구의 명칭(문화, 언어) 은행놀이(수) 우표놀이(수)	
교통기관	교통기관의 종류(문화, 언어) 육상 교통기관의 역사(문화, 언어) 해상 교통기관의 역사(문화, 언어) 해상 교통기관의 역사(문화, 언어)	
우리나라	우리나라의 역사(문화, 언어) 우리나라 지도, 상징(문화, 언어) 우리나라의 문화(문화, 언어)	
세계 여러 나라	세계 나라 분류(문화, 언어) 5대양 5대주/지구의(문화, 언어) 여러 나라의 국기 분류하기(문화, 언어) 세계 여러 나라 문화 소개(문화, 언어) 한 나라의 문화소개(문화, 언어) 여러 나라의 말(문화, 언어)	
환경과 생활	물 붓기(일상) 기하입체(감각, 언어) 무게 구별판(감각, 언어) 기하도형 서랍(감각, 언어) 하루의 일과(문화, 언어) 옛것과 오늘날의 물건(문화, 언어) 낮과 밤(문화, 언어) 소리상자(감각)	
봄 · 여름 · 가을 · 겨울	계절의 변화(문화, 언어) 잎의 변화(문화, 언어) 나무의 종류와 분류(문화, 언어)	

(2) 하루 일과 운영

몬테소리의 저서 『몬테소리 교육법』(1912)을 보면 몬테소리는 어린이집을 운영하던 시절 아침에 제일 먼저 등원한 어린이들의 몸의 건강상태를 살피고, 앞치마를 입고 아이들과 교사가 함께 청소를 하면서 정리정돈을 하였다. 그리고는 집에서 있었던 일이나 어제 무엇을 했는지, 먹었던 음식이 무엇인지, 먹지 말아야 할 음식을 먹지는 않았는지, 계단에 흙을 묻히지 않고 올라갔는지, 지나가는 친구들에게 정중하게 이야기를 했는지, 길거리에서 놀았는지 등 유아 개인의 행위나 놀이, 부모에 대한 태도 등에 관한 아침 대화 시간을 갖고 언어 발달을 고무하는 기회를 가졌다고 한다. 그런 후에 유아가 선택한 각자의 활동 시간으로 넘어간다. 몬테소리 학교는 설립되면, 하루 일과를 어떻게 할 것인지 결정하는 것이 중요한 문제인데, 하루 일과는 일과 시간의 길이, 실제 생활에 관한 활동과 학습의 배분 등 두 가지 관점에서 고려되어야 한다고 했다.

〈몬테소리 '어린이집'의 겨울철 일과〉

오전 9시에 열어서 오후 4시에 닫음.	
9:00~10:00	도착 후 인사 나누기, 어린이의 청결 상태 점검, 실제 생활 훈련-앞치마 입고 벗는 것 서로 도와주기, 먼지가 있는지 잘 정돈되었는지 교실 둘러보기, 언어-이야기 나누기 시간(어린이들은 어제 있었던 일에 대해 이야기한다), 종교적 훈련
10:00~11:00	지적 훈련, 실물학습, 중간에 잠시 휴식시간을 갖는다. 이름 붙이기 연습, 감각 훈련
11:00~11:30	간단한 체조-일상적인 동작 자연스럽게 하기, 바른 자세 취하기, 걷기, 선을 따라 걷기, 인사, 주의집중을 위한 동작, 물건 가만히 놓기
11:30~12:00	점심, 짧은 기도
12:00~13:00	자유 놀이
13:00~14:00	게임 지도-가능하면 실외에서 한다. 이 시간에 연장 어린이들은 차례대로 실제 생활 훈련을 하고, 교실을 청소하며 먼지를 닦고, 교구들을 제자리에 놓는다. 청결 상태에 대한 전반적인 점검, 이야기 나누기
14:00~15:00	손작업-점토놀이, 도안놀이 등
15:00~16:00	집단 체조와 노래-가능하면 실외에서 한다. 예상 능력을 발달시키기 위한 활동-식물과 동물을 찾아 돌보기

여름에는 아침 8시부터 6시까지 운영하고, 어린 아이들에게는 최소한 한 시간의 낮잠 시간을 주어야 한다고 했다. 목욕도 매일은 아니지만 돌아가며 씻기고 씻는 법을 가르쳤다. 좀 더 큰 아이들은 어린 아이들을 도와 돌보는 법을 빨리 배우도록 장려하였다. 시간이 지나면 차차 자유 교수(free teaching)로 진행해간다.

현재 몬테소리 유치원의 하루 일과는 몬테소리 시대의 흐름과는 조금 차이가 있다. 나라별, 원별로 요구하는 사회 문화적 시간표에 맞추어 적용해야 할 것이다.

① 하루 일과

대부분 몬테소리 교실의 하루 일과는 일반 유치원의 하루 일과 흐름과 같다. 비교적 자유선택 활동시간이 1시간에서 1시간 반 정도로 긴 편이다. 자유선택 활동시간은 몬테소리 교구 작업을 하는 시간으로, 유아가 스스로 원하는 교구를 선택하여 활동한다. 교구 활동 하는 것을 '작업'이라는 단어로 표현하며, 기본적으로 일상생활, 감각, 수, 언어, 문학의 5개 영역으로 구성하며, 그 외에는 예술과 같은 다른 영역을 첨가하기도 한다.

② 자유선택 활동시간

교구 작업시간에 교사가 유아의 발달수준에 맞게 각 개별 유아가 흥미를 갖도록 안내하여 시범을 보인다. 유아는 스스로 선택한 교구를 집중하여 작업하며 원하는 만큼 반복하는 자유가 있다. 하루 일과 중 자유선택 활동시간은 몬테소리 교구를 작업할 수 있는 중요한 시간으로, 대표적인 몬테소리 교실 활동이라고 할 수 있다. 아침에 등원하는 순간부터 자유선택 활동이 시작된다.

자유선택 활동시간을 충분히 할애하여 유아가 집중할 수 있는 시간이 가능하도록 할 필요가 있다. 교구 작업시간을 너무 짧게 계획하면 작업 시간이 길게 걸리는 경우 집중할 기회가 없어 흥미를 잃어버리게 하거나, 더욱 오랫동안 집중하여 하고 싶은 교구 활동의 다음 단계를 중단시키는 현상이 일어날 수 있다.

자유선택 활동시간에 교사가 해야 할 일은 크게 세 가지로 나누어 볼 수 있다.

첫째, 유아들의 발달 수준에 맞는 교구를 선정하여 시범한다. 새 교구의 소개는 기본적으로 일대일 시범을 한다. 그러나 필요나 상황에 따라 소집단이나 대집단 시범을 할 수 있다. 교사는 새 교구 소개의 내용을 기록하고, 개인별 지도 기록이나 활동 정도를 기록표에 표시해서 지도 시 참고한다.

둘째, 자유선택 활동시간에 교사는 유아들이 개인적으로 교구를 선택하여 작업하는 것을 관찰하고 돕는다. 스스로 작업하는 유아는 방해하지 않고 관찰을 한다. 교구를 선택하지 못하고 방황하는 유아에게 적합한 교구를 선택하도록 돕고, 선택한 교구의 작업방법을 모르는 유아에게 교구 시범을 다시 보인다. 몬테소리 교구는 유아가 제시방법대로 작업을 함으로써 교구의 목적이 달성되도록 한다. 교구의 기본적인 목적을 이해한 유아에게는 변형과 응용작업을 소개하여 창의적인 방법을 하게 한다.

셋째, 몬테소리 교구와 아름다운 교실 환경을 준비한다. 몬테소리 교구를 영역별로 구성하여 교구장에 준비하고 난이도에 따라 준비한다. 교구는 항상 깨끗하게 정돈하고, 교실의 다른 부분도 아름다운 그림이나 작품으로 구성한다. 기본 교구장 외에도 필요한 동·식물 가꾸기나 미술활동 등을 할 수 있도록 준비한다. 유아의 요구에 맞는 준비된 환경을 마련하여 최적의 발달을 돕는다.

넷째, 유아들이 집중하여 작업할 수 있도록 질서와 자유를 가진 편안한 수업 분위기를 조성한다. 질서의 유지는 다른 사람의 작업을 방해하지 않고 동시에 자신의 작업을 방해받지 않는 것을 의미한다. 교사와 유아, 유아와 교구, 유아와 유아 간의 상호작용이 자연스럽게 일어나고 유아 간에 필요한 의사소통을 한다. 대화는 자유롭되 다른 사람이나 전체의 분위기에 방해가 되지 않도록 조용히 이야기한다. 자유를 기본으로 스스로의 선택적인 교구 활동이 일어나는데, 자유에는 다른 사람을 배려하는 예의가 함께 있어야 한다. 사용한 교구를 제자리에 정리하는 것은 다음 사람이 작업하기에 편하도록 배려하는 것이다.

유아들이 교구 작업에 흥미를 느끼고 집중하기 시작하면 집중시간은 점차 길어지고 교구 작업을 통한 성취감을 느끼게 된다. 몬테소리 교육에서 지향하는 교육은 유아의 정상화의 결과로서 얻어지는 자발적인 집중과 평화로움이다. 이로 인하여 조용하지만 활발한 유아들을 볼 수 있고, 남을 존중하는 태도를 가진 유아들로 성장하게 된다.

③ 대집단 활동

하루 일과 중 대집단 활동의 운영은 일반 유치원과 유사하게 이루어진다. 유치원 교육과정(누리과정)에 준한 주제 중심 활동으로 이야기 나누기, 동화 듣기, 미술활동, 과학활동, 음률활동, 신체표현, 게임, 실외놀이 등 다양한 활동이 이루어진다.

몬테소리 교실에서는 아침 모임이 시작될 때 선 따라 걷기나 침묵놀이가 대집단 활동으로 이루어지고 때로 대집단으로 교구 시범을 보이기도 한다. 대집단 교구 시범의 경우 교사가 정한 교구의 순서에 따라 소개하거나 그날의 생활주제에 맞추어 관련되는 교구를 소개할 수도 있다.

개별 교구 시범을 할 경우 관찰 결과에 따라 개별 유아의 발달 정도에 맞게 필요할 때 교구를 소개할 수 있는 장점이 있다. 그러나 개별 유아를 한 명의 교사가 관찰하고 개별 시범을 하기에는 시간적·상황적으로 힘든 점이 있다. 대그룹으로 교구를 시범할 경우에는 시간적으로 많은 교구를 한번에 많은 유아에게 소개할 수 있는 장점은 있지만, 개별차가 있어 소개한 교구를 모두 이해하고 작업하기에는 힘들어 하는 유아가 생길 수도 있다. 그리고 혼합연령반을 운영하는 몬테소리 교실에는 연령차에 맞는 소그룹별로 교구를 소개할 필요가 있다. 초임 교사와 같은 경우에는 유아의 관찰이나 개인차에 맞는 교구를 적절하게 제공하는 데 어려움을 갖는 경우도 있다.

교구에 따라 소요되는 시간이 다르다. 한 활동에 긴 시간을 요하는 작업의 경우에는 오전 자유선택 활동시간에 유아가 그 작업을 마치지 못하면, 오후에 연장하여 작업을 완성할 수 있는 시간을 배려하거나 다음 날 와서 마칠 수 있도록 작업하던 교구의 공간을 보존해 주는 것도 필요하다.

하루 일과는 기본 계획에 따른 일관성 있는 운영이 필요하다. 그러나 때로는 갑자기 일어나는 상황에 맞게 융통성을 발휘하는 것도 요구된다. 몬테소리가 어린이집 하루 일과표를 정하고 대략 만들었던 하루 일과가 한 번도 완전히 그대로 실행되어 본 적은 없었다고 한다. 임의대로 배분된 일과는 자유 원칙에 맞지 않았던 것이 원인이라고 생각했다. 그러나 하루 일과 중 맨 처음 하는 일상생활 활동인 청결, 정돈, 평정, 이야기 나누기는 매우 성공적이어서 어느 어린이집에서나 하루의 시작 활동이 되었다고 한다. 아침에 오면 목욕을 하고, 몸을 청결하게 관리하는 때에도 큰 아이들이 작은 아이들을 돌보도록 하여 자신을 돌보는 방법을 배우도록 하였다. 바른 자세로 앉거나 걸어 다니도록 하여 평정을 갖도록 지도하였다. 그리고 아침마다 교사와 유아는 전날 무엇을 하였는지에 대해 대화를 나누었는데, 특히 월요일 아침은 주말에 있었던 일에 대하여 대화를 나누었다. 가족과 있었던 일이나 먹었던 음식 등에 관하여 이야기하는 것으로, 일어난 일을 하나하나 열거하는 대신 즐거운 대화를 가져오는 주제를 선택할 수 있었다고 한다.

(3) 교육 계획안

교육과정의 기본을 이루는 연간 계획안과 월별·주별 교육 계획안을 작성한다.

교구의 내용을 계획하기 위해서는 영역별 교구 활동 별로 계획안을 작성하는 것도 필요하다.

국가에서 요구하는 것에 따라, 그리고 인증평가를 준비하는 측면에서는 몬테소리 교육내용과 누리과정의 내용을 접목시켜서 교육계획을 할 수 있다. 몬테소리 교육 5개 영역과 누리과정 5개 영역이 모두 일치하기는 어렵지만 주제별로 해당되는 내용을 연간계획으로 작성할 수 있다.

교구 활동 계획안의 경우에는 각 교구마다 계획안의 형식에 맞게 작성하여 난이도 순으로 정리하여 놓는다. 영역별 교구 활동에 따라 교구 활동 계획안을 작성하여 파일로 만들어 놓으면 좋다. 교구 활동 별로 계획안을 작성할 때에는 교구명에 따라 교구, 목적, 시범하는 방법, 준비작업, 흥미로운 점 등을 작성한다. 교구 활동 계획안의 양식 및 내용에 따른 작성 방법의 예는 다음과 같다.

〈표 6-2〉 **교구 활동 계획안 내용과 양식**

교구명: 교구의 이름을 적는다.		
1. 교구	각 교구 활동에 필요한 준비물들을 구체적으로 기술한다.	사진이나 그림을 첨가할 수 있다.
2. 준비작업	각 교구 활동을 하는 데 있어 사전에 준비해야 하는 점을 적는다(교사, 유아, 환경으로 나누어 적을 수 있다).	난이도에 따른 순서를 알 수 있다.
3. 시범	각 교구의 시범을 제시하는 순서대로 적는다.	자세하게 적는 것이 효율적이다.
4. 잘못의 정정	유아 자신이 작업을 하다가 실수하는 것을 스스로 발견할 수 있는 기준이 되는 사항이다.	교사가 유아의 잘못을 정정하는 것이 아닌 유아의 입장에서 스스로 수정할 수 있는 점을 찾아내 기록한다.
5. 흥미점	교구에서 발견할 수 있는 흥미로운 점을 적는다.	최대한 많은 흥미점을 찾을 수 있는 교구가 좋다.
6. 목적	각 교구 활동을 통해 유아가 발달할 수 있는 목적을 적는다. 직접 목적과 간접 목적으로 나누어 볼 수 있다.	
7. 연령	각 교구를 작업할 수 있는 발달상의 연령을 적는다. 그러나 연령보다는 교구의 완성도에 따른 순서에 더 영향을 받는다.	
8. 언어	영역별 교구에 따라 다른데, 교구의 활동을 통해서 제시되는 언어를 적는다.	영역에 따라 다를 수 있다. 감각 영역부터 속성에 대한 언어를 직접 제시한다.
9. 변형 및 응용	기본 교구 활동 외에 심화하여 교구 자체에 변형을 주는 방법이나 실제 생활에 확장하여 응용할 수 있는 활동을 적는다.	교사의 창의성에 따라 유아를 창의적인 사고로 확장할 수 있는 활동이다.

교구 활동 계획안의 예

1. 교구명: 물 붓기

2. 교구: 물, 주둥이가 있는 컵 2개, 스펀지 1개, 쟁반 1개

3. 준비작업
   - 교사: 〈물 붓기〉 시범을 연습하여 완벽하게 준비되어 있어야 한다.
   - 유아: 물 붓기를 경험하고 마른 것 붓기 교구를 마친 유아를 초대한다.
   - 환경: 교구가 준비되어 있고 시범 보일 공간이 충분한지 확인한다.

   ※ 스펀지는 꼭 짜서 교구에 넣어둔다.

4. 시범
   ① 유아를 초대하여 활동명을 알려준다. "지금부터 〈물 붓기〉를 시범해 보자."
   ② 교구를 가져와서 책상에 소리 나지 않게 내려놓고 의자에 앉는다.
   ③ 가져온 교구를 살펴본다.
   ④ 오른손으로 왼쪽 컵의 손잡이를 잡고 든다. 왼손으로 컵 옆면 아랫부분을 받친다.
   ⑤ 오른쪽으로 수평 이동하여 오른쪽 그릇의 위쪽에서 잠시 멈춘다.
   ⑥ 주둥이의 부분을 기울여 천천히 붓고, 다 부어졌는지 속을 확인하고 스펀지로 주둥이의 끝 부분 물기를 닦는다.
   ⑦ 물이 부어진 컵을 잠깐 쳐다보고 확인한다.
   ⑧ 컵을 왼쪽으로 이동하여 제자리에 살며시 놓는다.
   ⑨ 다시 오른쪽 컵에서 왼쪽 컵으로 같은 방법을 사용하여 옮겨 놓는다.
   ⑩ 다 옮기고 나면 양손은 무릎에 올려놓고 다 옮겨졌는지 교구를 살펴본다.
   ⑪ 유아에게 한번 해보겠느냐고 권유한다.
   ⑫ 유아가 다 한 후에 양손으로 의자의 엉덩이 아랫부분을 잡고 조용히 뒤로 뺀다.
   ⑬ 일어나 의자 뒤로 돌아가서 책상 안으로 의자를 소리 나지 않게 밀어 넣는다.
   ⑭ 쟁반을 들고 교구장으로 가서 교구를 제자리에 놓는다.

5. 잘못의 정정
   - 물을 부을 때 밖으로 물이 튕겨 나가는 것을 보는 것
   - 물을 붓다가 쏟는 것을 보는 것

6. 흥미점
   - 손잡이를 잡고 주둥이로 물 붓기 한 것

- 컵에 떨어지는 물소리를 듣는 것
- 컵에 물이 따라지는 모습을 보는 것
- 컵에 물이 채워지는 모습을 보는 것
- 물 색깔을 보는 것
- 컵의 모양과 색깔을 보는 것
- 손잡이로 물이 든 컵을 들었을 때 무게를 느끼는 것
- 손잡이로 물이 든 컵을 한 손으로 받쳤을 때 무게를 느끼는 것
- 손잡이와 컵 아래를 잡는 감촉을 느끼는 것
- 스펀지의 색깔과 감촉을 느끼는 것
- 스펀지로 물이 흡수되는 것을 보는 것

7. 교구의 목적
   - 직접 목표: 물 붓기를 할 수 있다.
   - 간접 목표: 질서감, 집중력, 눈과 손의 협응력, 독립심

8. 연령: 30개월 이상

9. 언어: 물, 컵, 두 개, 분홍색, 스펀지, 붓다, 따르다, 기울이다, 옮긴다, 손잡이, 꼭지, 채워지다, 비었다, 흡수하다, 닦는다, 받히다

10. 변형 및 응용
    - 다양한 재료를 붓는 것
    - 다양한 그릇으로 붓기
    - 뚜껑이 있는 그릇으로 붓기
    - 다양한 모양의 주전자에서 붓기

계획안의 양식이나 구체적인 내용 기술은 기본적인 시범은 같은 방법을 본 것을 기술하는 것으로 공통되나 기술하는 언어적 표현방법에 따라 달라진다. 그 외의 흥미점, 변형 및 응용이나 잘못의 정정을 찾아서 기술하는 것은 개인이 알아내서 적는 것에 따라 달라진다. 내용이 달라지는 것이 아니라 짧게 기술하거나 충분히 많은 것을 생각하여 기술하는 것이 길어질 수 있다.

2 몬테소리 교육환경

몬테소리는 유아들은 환경과의 상호작용을 통해서 정신세계를 구성한다고 하였다. 유아의 정신발달을 돕기 위해 준비된 환경을 마련해 줄 것을 강조하였으며, 준비된 환경 안에는 유아의 정신 발달에 도움이 되는 경험, 활동이 제공되어야 한다고 하였다. 유아를 위한 물리적 환경은 일반적으로 실내환경과 실외환경으로 나눈다. 몬테소리 교육에서 실내환경은 몬테소리 교구들을 중심으로 일상생활, 감각, 수, 언어, 문화 영역으로 구성되며, 실외환경은 일반적인 유아교육기관과 마찬가지로 유아의 대근육 발달을 돕는 놀이 환경으로 구성된다. 실내·외 환경구성의 원리를 구체적으로 살펴보면 다음과 같다.

1) 실내환경

몬테소리 교실 영역의 배치는 일반적인 유치원과 같은 기준을 적용할 수 있다. 기본적으로는 유치원 교실의 크기, 방향, 기본구조에 따라 배치는 달라진다. 몬테소리 교실에서 대집단 활동을 할 경우에 전체 유아가 바닥에 앉아서 한다면 대집단 활동을 위한 좀 큰 공간이 필요하다. 영역에 필요한 바닥 공간이 더 필요하면 넉넉하게 준비하고, 일상생활 영역, 감각 영역, 수 영역, 언어 영역, 문화 영역의 순으로 왼쪽에서 오른쪽 방향으로 돌아가도록 배치하는 것이 좋다. 물론 영역별 배치에서 각 교실의 상황에 맞추어 마른 영역, 물이 필요한 영역, 햇빛이 많이 들어오는 곳, 조용한 영역 등을 고려하여 배치한다. 기본적으로는 교실의 입구와 물 사용이 편리한 곳에는 일상생활 영역을 배치하고, 조금 더 안쪽으로 감각 영역의 교구들을 배치한다. 언어, 수, 문화 영역들은 교실의 안쪽에 배치하는 것이 바람직하다.

영역별 특성을 고려한 교실 배치의 일반적인 원칙과 영역별 고려사항은 다음과 같다.

(1) 교실 환경 배치의 일반적인 원칙

① 개방적인 환경이어야 한다.

② 감각을 통해서 사물을 관찰할 기회를 제공하여 물리적 지식활동이 일어나도록 배려한다.

③ 유아들의 관심을 집중시킬 수 있는 조건이어야 한다.

④ 위생적인 환경이어야 한다.

⑤ 유아의 가정, 지역사회의 문화를 고려한 환경이어야 한다.

⑥ 유아의 일상생활에서 사용되는 교구를 준비한다.

⑦ 유아의 신체에 적합하고 사용하기에 편리한 환경이어야 한다.

⑧ 질서 있게 정리정돈된 환경이어야 한다.

(2) 영역별 배치 고려사항

① 일상생활 영역

그림 6-1 일상교구-빗자루 쓸고 담기

일상생활 영역은 자기 자신을 돌보는 일부터 소근육과 대근육을 활용한 도구의 사용이 가능한 작업이 많다. 가정에서처럼 실제 사용하는 그릇이나 실물을 사용한다. 유아의 크기에 맞는 교구를 준비하고 교구들은 만지면 부서지거나 깨어지기 쉬운 것들이다. 아름답고 깨끗한 교구로 준비하여 유아의 흥미를 불러일으킬 수 있는 매력적인 것으로 준비한다. 교구는 쉽게 유아가 닦을 수 있고 옮기기에 불편하지 않도록 준비하며 위생적인 것으로 준비한다. 필요 시 물을 흘리거나 물을 사용하여 닦고 교체 가능한 재료를 준비하여 둔다. 물을 사용하는 경우가 많으므로 일상생활 영역은 개수대에서 가까운 곳에 배치한다. 물을 사용하기에 편리한 바닥재나 간이 깔개가 준비되어 있어야 한다. 물의 양이 많이 필요한 작업은 한 자리에 고정 배치한다. 주로 사용하는 높은 책상이나 낮은 책상을 비치한다. 앞치마나 걸레, 수건 등의 청소 도구가 가까이 있는 것이 좋다.

그림 6-2 일상생활 영역 교구장 1

그림 6-3 일상생활 영역 교구장 2

② 감각 영역

감각 교구들은 재료가 나무로 된 것이 많고 하나의 교구 작업이 넓은 공간을 차지하는 경우가 많다. 감각 영역은 매트를 펴고 작업하는 것이 많으므로 넓은 공간 가까이에 배치한다. 감각 교구의 매력이 잘 살아나도록 깨끗하게 정리되도록 하는 것이 좋다. 매트의 사용이 많으므로 매트를 충분히 준비하고 주위에 매트꽂이를 비치한다. 부교재 사용 시 종이나 풀, 연필, 가위 등을 함께 준비한다.

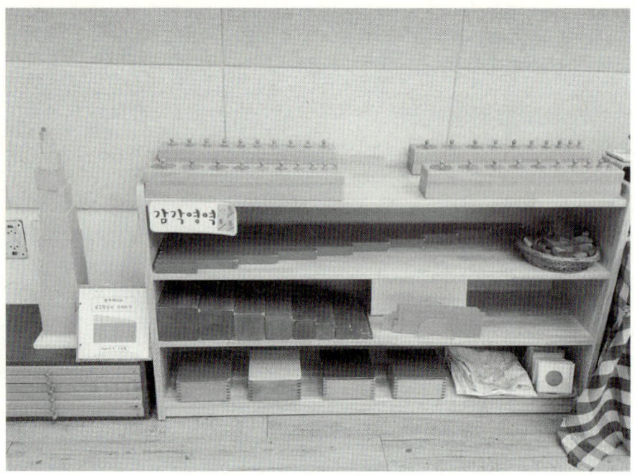

그림 6-4 감각 영역 교구장 1

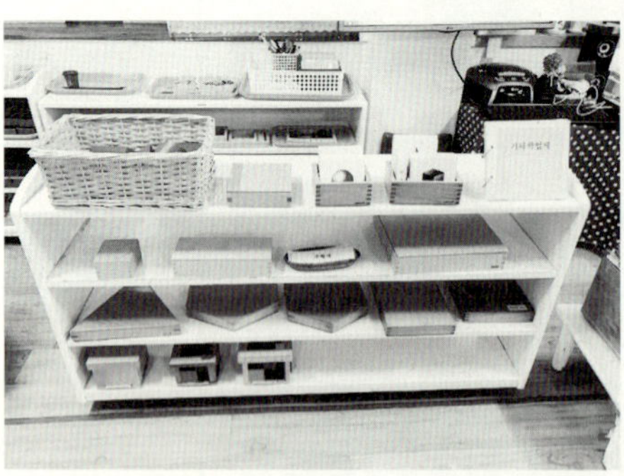

그림 6-5 감각 영역 교구장 2

그림 6-6 감각 영역 교구장 3

③ 수 영역

수 영역 교구들도 나무로 제작된 것이 많고 질서 있게 정리되는 것이 필요하다. 감각 교구와 연관되어 수 개념의 발달이 이루어지도록 고안되어 있으므로, 감각 영역의 오른쪽 옆에 배치하는 것이 좋다. 수학 영역은 매트를 펴고 작업할 수 있는 공간이 필요하다. 공간이 넓게 필요한 작업이 있으므로 매트꽂이를 가까이 준비한다. 교구에 따라 책상에서 이루어지는 것도 있고 종이와 연필 같은 필기도구의 사용이 많으므로 같이 준비해 두는 것이 좋다.

그림 6-7 수 영역 교구장 1

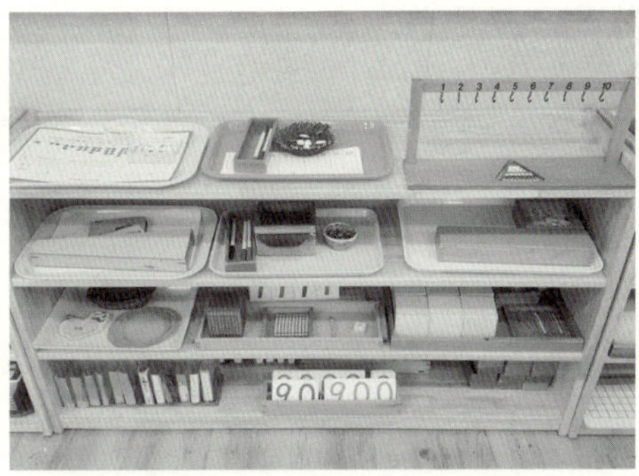

그림 6-8 수 영역 교구장 2

그림 6-9 수 영역 교구장 3

그림 6-10 수 카드

④ 언어 영역

언어 영역은 실물, 카드, 필기도구가 많이 사용된다. 언어교구 활동에는 말하기와 같은 소리가 나는 활동들도 있고 책읽기와 같이 조용한 활동들도 있다. 책읽기를 위해서는 교실의 조용하고 독립적인 공간에 언어 영역을 배치하는 것 좋다. 언어 영역에는 매트나 책상이 필요하다. 언어를 실생활에서 자연스럽게 배우게 되는 것이므로 교구뿐만이 아니라 교실 전체가 언어화되어 있는 것이 중요하다. 환경에 이름을 붙이고, 사물에 명명을 하고, 매일의 일상에서 사물함, 화장실 사용법이나 쓰레기통의 이름 등으로 언어가 인식되는 단어를 유아가 볼 수 있도록 부착해 놓는 것이 필요하다.

그림 6-11 언어 영역 교구장 1

그림 6-12 언어 영역 교구장 2

그림 6-13 언어 영역 읽기장소

⑤ 문화 영역

그림 6-14 문화 교구—나의 역사

문화 영역은 지리학, 동·식물학, 역사학 등을 포함하는 광범위한 영역이다. 교구로 제작된 문화 교구들뿐만 아니라 그와 함께 제공되는 실물, 책, 카드, 소개 자료 등이 풍부한 영역이다. 세계 여러 나라나 바닷속에 사는 생물의 소개처럼 직접 가볼 수 없고 만져볼 수 없는 것들을 소개하는 영역이므로, 교구는 가능한 구체물의 소개부터 추상적인 것으로 소개가 되고 유아들이 이해력을 돕기 위해서는 많은 다양한 자료가 필요한 공간이다.

문화와 관련되는 활동 결과물의 전시 공간을 준비하는 것도 좋다. 어린 과학자를 위하여 관찰을 위한 돋보기나 충분한 동물과 식물을 관찰할 수 있는 교구와 환경을 만들어 주는 것이 좋다. 문화 영역은 공간이 넓게 필요한 경우가 많으므로 공간 주변에 배치한다. 교구를 작업하기 위한 넓은 매트꽂이가 주변에 준비되어야 한다. 지구 퍼즐처럼 공간을 많이 차지하거나 퍼즐과 정정판, 종이에 그려서 오려보기 등 큰 공간을 차지하는 활동도 있다. 나뭇잎, 꽃, 돌이나 동물 모형 등 실물을 사용하거나 실험을 하는 교구도 활용된다.

그림 6-15 문화 영역 교구장 1

그림 6-16 문화 영역 교구장 2

⑥ 그 외 필요한 영역

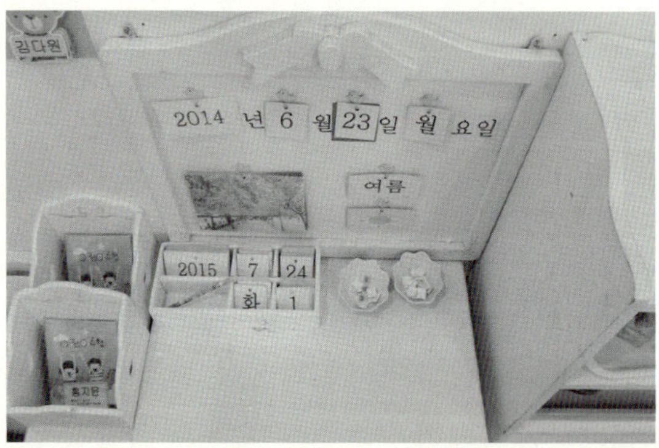

그림 6-17 출석도장 찍는 곳

주요 5개 영역별 교구 외에 기본적으로 준비가 되어야 하는 교실에 필요한 기본 시설·설비가 필요하다. 교구장, 책상, 의자, 매트, 매트 꽂이, 개인 사물함, 거울, 세면대와 싱크대, 변기, 책꽂이, 쿠션, 청소 도구함, 필기 도구함, 장식용 명화나 액자, 수건, 휴지, 간식 그릇, 휴지통 등이 있다.

그림 6-18 손 씻는 개수대

그림 6-19 사물함

그 외에도 미술 활동을 위한 공간, 미술 자료를 비치해 놓은 공간, 미술 작품을 전시할 공간, 음악 활동을 위한 교구가 준비된다면 다양한 악기를 비치할 공간, 교사의 물건을 넣을 공간, 재료를 준비하고 놓을 공간도 필요하다.

그림 6-20 음악실

그림 6-21 악기보관장

여러 가지 영역의 교구를 찾기 쉽고 보관하기 쉽게 자료를 정리해서 넣을 자료실이 필요하다. 자료는 주제나 영역별로 구분하여 표시하고 자료를 찾기 좋게 정리해 교구목록을 기록하여 비치하고 교구를 놓을 수 있는 충분한 공간이 필요하다. 특히, 몬테소리 교구는 그릇, 집기들, 구슬, 사물 등과 목재로 되어 있는 것이 많으므로, 공간이 충분하고 보관이 용이하도록 교구장을 만드는 것이 좋다. 교구가 습기로 인하여 손상되지 않도록 환기가 잘 되는 조건도 필요하다.

그림 6-22 **자료실 1**

그림 6-23 **자료실 2**

(3) 교구 배치를 위한 원리

몬테소리 교육의 준비된 환경에서 교구는 유아에게 발달과 지식을 열어주는 열쇠와 같다. 유아들은 아름다운 교구를 보면서 존중하면서 자신들이 존중받는 느낌을 가지게 된다. 잘 준비된 교구를 작업하면서 더욱 집중하게 되고, 교구를 작업하려고 하는 내적 동기도 생기게 된다. 무엇보다 흥미를 일으키는 교구에 매혹될 수 있도록 준비된 환경을 준비하는 것이 중요하다. 이것이 유아가 자기 교수가 가능해지는 길이다.

교구를 준비하는 데 기본적으로 필요한 요소는 다음과 같다.

첫째, 구조와 질서가 있어야 한다.

둘째, 유아들의 실제 생활에서 사용되는 실물과 자연물을 사용한다.

셋째, 단순하고 정돈이 된 아름다운 것으로 준비한다.

넷째, 교구는 단순한 것에서 복잡한 것으로 준비한다.

다섯째, 색상은 밝고 즐거움을 주는 것으로 단순 색을 선택한다.

여섯째, 구체물로 시작하여 점차 추상적인 교구로 발전할 수 있도록 준비한다.

그림 6-24 교구 배치(일상 손 씻기)

그림 6-25 교구 배치(식물 가꾸기)

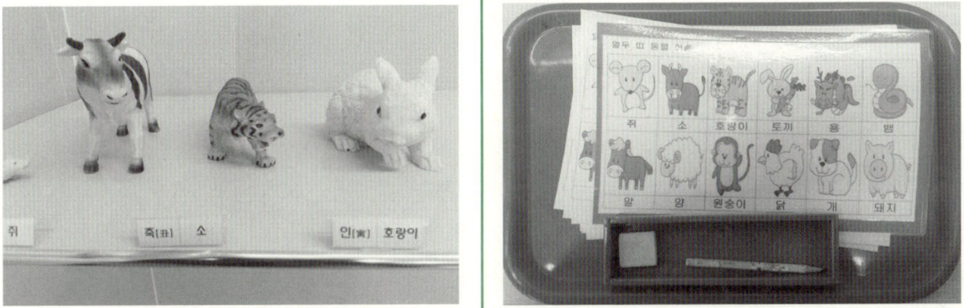

그림 6-26 교구 배치(문화영역 12지 동물과 3단계 카드 교구)

이와 같은 원리를 적용하는 교구 준비의 원리는 다음과 같이 이루어져야 한다.

첫째, 교실 환경의 모든 것은 깨끗하고 매력적으로 준비한다. 교구는 유아들의 흥미를 끌기에 충분히 아름답고 매력적이어야 한다. 교구에 사용하는 그릇, 쟁반 등의 색깔, 모양, 크기가 서로 조화를 이룰 수 있도록 준비한다. 교구뿐만 아니라 교실의 벽면, 교구장, 교구는 밝고 무늬가 없는 단순한 것을 사용하는 것이 좋다. 색상을 단순화함으로써 유아들의 시선이 교구에 집중되도록 하기 위한 것이다.

둘째, 교구는 순서적으로 배열한다. 교구를 배열할 때는 쉬운 것에서 어려운 것의 순서로 배열하여야 하여, 교구의 난이도에 따라 순서적으로 배열하여야 한다.

셋째, 교구들은 유아들의 신체 크기에 맞도록 준비한다. 유아 스스로 교구를 선택하여 작업하기에 교구의 크기, 무게가 유아들의 신체 크기에 맞도록 준비되어야 쉽고 안전하게 운반할 수 있다. 독립적으로 작업할 수 있도록 물리적 환경의 크기를 유아에게 맞추어 준다.

넷째, 작업에 필요한 모든 준비물을 완전하게 갖추고 있어야 한다. 교구 하나를 준비할 때에는 그 교구를 작업하는 데 필요한 것들을 완전하게 준비해 주어서 불편함이 없도록 한다. 완전하게 준비되지 못한 교구는 작업을 하는 도중에 중단하게 되므로 집중력을 흩트리게 될 뿐만 아니라 완성하려고 하는 동기를 방해하게 된다.

다섯째, 교구에 실수의 정정요소를 포함시켜야 한다. 몬테소리 교육은 자동교육이 되도록 유아 스스로 답을 확인할 수 있도록 한다. 갈색 계단의 경우 하나를 잘못 놓게 되면 규칙적인 양이 줄어들게 되므로 시각적으로 변별할 수 있게 된다. 이점에서 시각적으로 잘못된 것을 찾아내는 것을 실수의 정정 요소가 교구 안에 내포되어 있다고 한다. 수 교구처럼 교구 자체에 정답을 확인할 수 있는 것이 없으면 교사가 정정판을 만들어 유아가 혼자서 확인할 수 있도록 해 주거나 교구 뒷면에 표시를 하여 정정할 수 있도록 한다. 몬테소리는 성인이 유아의 잘못을 지적하지 않도록 하라고 하였다.

여섯째, 교구의 기본 목적을 달성한 후에는 변형과 응용활동을 제공한다. 몬테소리 교구는 작업의 기본 활동을 통해서 목적하는 개념이나 기술을 배울 수 있도록 준비되어 있다. 그러나 다양한 변형과 응용활동을 제공함으로써 더욱 심화되고 창의적인 교구 활동이 제공될 수 있다.

일곱째, 교구는 청결하며 정돈 상태를 유지해야 한다. 교구에 사용되는 그릇, 쟁반, 수건, 스펀지 등을 항상 청결하게 유지한다. 그리고 작업이 끝난 후에는 유아가 제자리에 정돈함으로써 다음 유아가 작업하는 데 방해가 되지 않도록 한다. 교사는 등·하원 시에 교구를 정리정돈하고, 물이 필요한 교구들은 아침에 새 물을 준비해 유아가 작업한 후에도 새 물을 사용할 수 있도록 미리 여유분의 물을 준비해 놓는다.

여덟째, 하나의 교구는 한 개씩만 준비한다. 한 교실에 교구는 하나만 준비한다. 만약 특정한 교구를 하고 싶은 유아가 여러 명일 경우 순서를 정하여 한 친구가 작업이 끝날 때까지 기다리도록 지도한다. 몬테소리는 기다림과 배려에서 사회성 발달이 이루어진다고 하였다. 전체적인 교구의 수는 학급의 규모나 유아들의 수에 따라서 영역별로 충분하게 준비한다. 교구의 성격에 따라서 오랫동안 교구장에 비치해야 하는 교구도 있고 단 기간에 교체할 교구도 있다.

2) 실외환경

그림 6-27 실외환경 1

몬테소리는 자연에서부터 유아가 배운다고 하였고 유아가 자연의 일부임을 느끼는 것이 중요하다고 하였다.

몬테소리 교육에서 실외환경 구성도 일반적인 유치원의 환경과 유사하다. 실외환경은 정글짐, 미끄럼틀, 줄타기 등 대근육 발달을 돕는 놀이기구들을 준비한다. 동물과 식물을 키우고 체험하기 위한 것으로는 토끼장, 새장, 연못, 잔디 등의 자연·동식물을 관찰하거나 기르기가 가능한 시설을 준비한다. 농장이나 숲을 체험하기 위해서는 텃밭, 산책로를 마련하여 숲을 체험할 수 있는 정원이나 같은 시설들이 있으면 좋다.

그림 6-28 실외환경 2

그림 6-29 실외환경 3

몬테소리 일상생활 교구 활동이나 감각 교구 활동은 야외에서 책상이나 물을 사용할 수 있는 공간을 마련하여 활동하는 것도 좋다. 야외의 잔디밭이나 편평한 공간이 있다면 선 따라 걷기나 침묵 활동과 같은 대집단 활동이 가능하다. 야외 식탁과 의자가 준비되어 있다면 유아들이 직접 식사를 배분하고 식탁을 꾸며서 야외에서 간식이나 식사를 하는 기회도 제공할 수 있으면 좋다.

야외에서의 공간을 마련하기가 어려우면 교실 내에 동물과 식물을 키울 수 있는 공간을 마련하고, 새에게 먹이를 준다든지 식물에게 물을 주고 깨끗이 보호하는 활동을 제공할 수 있다.

요즘은 유아교육기관 주변의 공원을 활용하거나 텃밭을 마련하여 유아들이 직접 체험하고 곡식을 재배하는 경험을 제공하는 경우가 많다. 현대와 같은 인위적인 공간에서 생활하고 자연에서 마음껏 뛰어노는 시간이 부족한 유아들에게 현실적이고 자연적인 실외활동을 제공하여 유아가 자연을 관찰하고 마음껏 자연을 느낄 수 있게 하는 실외 공간을 마련하는 것이 요구된다.

3) 인적 환경

몬테소리는 인적 환경도 중요한 환경의 요소로 보았다. 주요 인적 환경으로는 유아의 준비된 환경을 마련하는 교사와 늘 함께 생활하는 평생의 교사인 부모가 유아의 발달을 최적화하기 위해서 필요하다. 또한, 또래 유아 간의 원만한 관계 형성도 중요한 인적 환경으로 남을 돕거나 배려하는 관계 형성을 도울 필요가 있다.

교사의 인적 환경은 이 책의 앞에서 밝힌 교사관을 중심으로 준비하면 될 것이다. 교사 자신의 준비와 동료 교사 서로 간 팀 티칭도 발달을 위하여 필요하다. 몬테소리는 어린이집 개원 첫날부터 부모 교육을 실시하였으며, 기관에 협조하지 않는 부모는 어린이집에 보내지 못하도록 하였다. 그리고 교사도 자신을 가꾸고 열심히 노력하는 부분을 강조하였듯이, 유아와 환경을 연결시켜 주는 준비된 환경으로 인적 요소도 아주 중요하다. 부모의 준비를 돕는 방법으로 부모 교육을 정기적으로 실시할 필요가 있다.

그림 6-30 부모 교육

3 몬테소리 교육평가

몬테소리 교육에서 보여주는 유아들의 놀라운 결과로 사람들이 긍정적인 반응을 보일 때 그 방법을 궁금해 한다. 바로 몬테소리의 관찰이다. 관찰은 교육을 위한 하나의 방법이었으며, 관찰로 인하여 교육에 대한 평가를 할 수 있었다. 형식적인 평가방법을 통하지 않아도 교사나 보는 사람들이 알아낼 수 있는 방법이 바로 관찰이다. 평소에 교사가 관찰을 통해서 유아 개개인과 교구, 환경의 관찰로 준비된 환경을 준비하고 그것을 마음껏 활용하고 있는 유아를 볼 수 있다면, 그 교육은 제대로 이루어지고 있다고 볼 수 있다.

몬테소리의 교육내용과 방법은 유아들을 관찰하고 그 관찰 결과 유아에게 맞는 방법으로 수정하고 고안하여 만들어진 것이다. 몬테소리 교육에서 관찰은 교육내용, 교육방법, 그리고 지도방법이라고 할 수 있다. 유아에 대한 관찰로 유아의 교구 작업과 행동에 대한 관찰을 살펴볼 수 있으며, 교사의 측면에 대한 것으로는 교구와 교실 전체 분위기에 대한 관찰을 할 수 있다. 평가의 방법으로 관찰과 그 외의 평가기록표를 사용하는 방법들을 활용할 수 있다.

1) 관찰

몬테소리 교육의 목적인 정상화된 어린이를 위해서는 유아의 교구 작업, 행동, 환경으로써 준비된 교구와 분위기 등의 측면을 관찰해야 한다. 유아들의 작업에 대한 관찰을 토대로 그 유아를 위한 다음 지도 계획을 세워야 한다.

관찰을 하기 전에 교사가 주의해야 할 사항은 다음과 같다.

- 관찰을 하고자 하는 대상과 목적이 구체적이고 정확해야 한다.
- 객관적인 관찰을 하여야 한다.
- 교사는 유아들에게 방해가 되지 않도록 한다.
- 교사는 유아의 행동을 한눈에 볼 수 있도록 위치 선정을 잘 하여야 한다.
- 항상 관찰이 가능하도록 관찰 준비물을 준비한다.
- 교사가 관찰하고 있다는 것을 유아가 알아서 부자연스러운 행동이 나오지 않도록 주의한다.
- 관찰 기록은 정확하게 유아명, 일자, 교구명 등을 기입한다.

교구 작업, 유아 행동, 교구, 분위기 등에서 관찰해야 하는 세부적 내용과 기준은 다음과 같다.

(1) 교구 작업 관찰

주로 자유선택 활동시간에 교사는 유아에게 새 교구를 소개하기 때문에 개별·소집단별 시범을 보인 후 유아들이 작업하는 모습을 관찰한다. 그리고 개별 유아로 관찰한 결과는 추후 지도 계획에 반영하여 지도한다. 교구 작업에 대한 관찰 시 고려해야 할 점은 다음과 같다.

- 유아는 교구를 스스로 선택하는가?
- 유아는 선택한 교구에 대해 사용방법을 알고 있는가?
- 유아가 교구를 영역별로 균형 있게 선택하고 있는가?
- 교사의 교구 시범에 대한 유아의 반응은 어떠한가?
- 유아는 교구를 존중하여 다루는가?

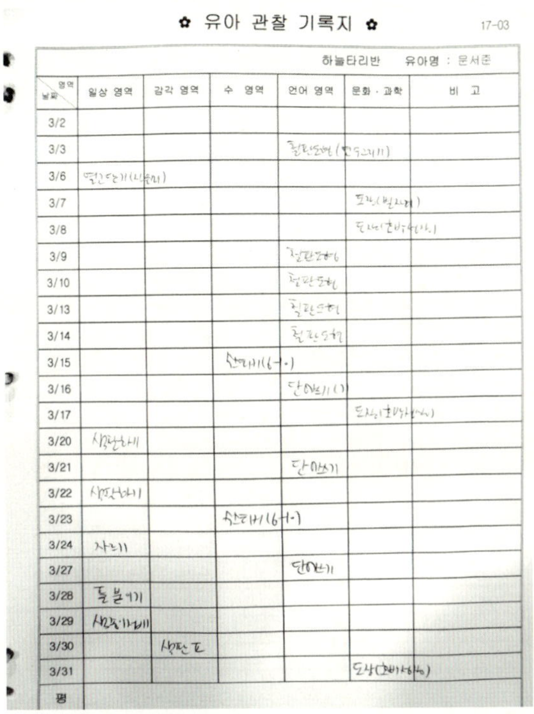

✿ 유아 관찰 기록지 ✿ 17-03

하늘타리반 유아명 : 문서준

날짜 \ 영역	일상 영역	감각 영역	수 영역	언어 영역	문화 · 과학	비 고
3/2						
3/3				철판도형([illegible])		
3/6	[illegible]					
3/7					도자기([illegible])	
3/8					도자기([illegible])	
3/9				철판도형		
3/10				철판도형		
3/13				철판도형		
3/14				철판도형		
3/15			[illegible](6+1)			
3/16				단어쓰기( )		
3/17					도자기([illegible])	
3/20	색칠하기					
3/21				단어쓰기		
3/22	색칠하기					
3/23			[illegible](6+1)			
3/24	자르기					
3/27				단어쓰기		
3/28	풀붙이기					
3/29	색종이접기					
3/30		색판표				
3/31					도자기([illegible])	
평						

그림 6-31 교구 작업 관찰

- 유아가 작업을 끝까지 완성하는가?
- 유아가 작업에 집중하는 시간 및 집중력은 어느 정도인가?
- 유아가 작업에 몰두할 때 나타나는 개인적 특징은 무엇인가?
- 유아가 작업을 하는 동안 방해를 받는 일이 있는가?
- 유아가 작업을 하는 동안 방해받는 일에 대해 어떻게 반응하는가?
- 유아가 교구를 반복하여 작업하는가?
- 유아가 교구 작업을 완성했을 때 만족감을 표현하는가?

(2) 유아 행동 관찰

몬테소리 교실을 잘 운영하기 위해서는 교구 작업에서 일어나는 정상화된 행동을 관찰해야 한다. 뿐만 아니라 유아들의 도덕적이고 일반적인 행동도 관찰하여야 한다. 정상화되지 못한 행동도 관찰해야 하는데, 교구 작업을 제대로 하지 못하는 유아들은 문제행동을 가진 경우가 많다. 작업에 집중하지 못하는 유아들은 다른 유아들의 작업도 방해하거나 불안과 같은 부정적인 행동을 나타내므로 행동에 대한 관찰이 필요하다.

교구 활동을 통해서 평화의 감정을 갖게 되며 인내심과 자기조절을 배울 수 있게 된다. 유아의 행동에 대한 관찰은 다음과 같은 요소들이 있다.

- 유아의 행동에는 질서가 있는가?
- 다른 유아들과 공동작업을 할 때 협력하는가?
- 유아 자신의 작업과 다른 유아들의 작업을 존중하는가?
- 교사의 제안을 잘 받아들이는가?
- 유아의 자세와 표정은 어떤가?
- 교사나 친구에게 도움을 청하는가?
- 또래 유아들과의 상호작용은 활발하게 하고 있는가?
- 유아는 교사에게 기쁜 마음으로 복종하는가?
- 유아가 물건을 제자리에 정리할 때 기쁜 마음으로 하는가?
- 유아가 교실에서 질서를 지키고 자신의 일에 책임감을 갖는가?
- 다른 유아를 도와주는가?

그림 6-32 유아 행동 관찰 1

그림 6-33 유아 행동 관찰 2

(3) 교구 관찰

몬테소리 교육의 구체적인 자극과 촉매작용은 교구를 통하여 유아에게 일어난다. 교사의 중요한 역할 중 하나는 환경의 준비자이며 관리자이다. 몬테소리 교육 내용의 교구가 준비되었는지, 교구를 잘 사용하고 있는지 등을 관찰하여 보다 나은 환경을 준비할 수 있다.

그림 6-34 **교실 관찰 1**

그림 6-35 **교실 관찰 2**

특히 일상 영역의 경우 같은 활동이라도 교사에 따라서 용기의 모양, 색, 크기, 내용물, 물건의 질감 등이 모두 다를 수 있기 때문에 준비된 교구가 유아들의 관심과 흥미를 불러일으키고, 잘 사용되고 있는지 관찰하고 그 결과를 환경준비에 반영해야 한다. 교구에 대한 관찰은 다음의 기준을 토대로 이루어질 수 있다.

- 몬테소리 5개 영역의 교구가 준비되어 있는가?
- 교구는 유아들의 흥미를 끌 수 있도록 준비되어 있는가?
- 교구는 빠진 것이 없이 완전하게 준비되어 있는가?
- 유아들이 선택하지 않는 교구가 있는가?
- 유아가 교구를 정리하기에 불편함이 없는가?
- 교구는 제자리에 정리되고 있는가?
- 교구의 난이도는 유아의 연령에 적합한가?
- 교구는 실제 생활에 사용하는 것이거나 자연물로 되어 있는가?
- 유아의 문화에 적합한 요소를 갖춘 교구인가?

그림 6-36 교구 관찰 1

그림 6-37 교구 관찰 2

(4) 학급 전체 분위기 관찰

몬테소리 교실 운영이 바람직하고 효율적이 되기 위해서는, 개인 유아들에 대한 관찰뿐만 아니라 학습 전체의 분위기를 관찰하여 반영해야 한다. 몬테소리 교실에서의 조용한 특징은 강요에 의한 것이 아니라 유아들이 작업에 몰입하게 되어 자연스럽게 나타나는 현상이다. 성인도 자신이 좋아하는 일에 몰입하여 집중하다 보면 조용히 할 수밖에 없게 되는 것과 같은 현상이다. 몬테소리는 교사가 원하는 것을 하고 싶어 하는 유아의 순종과 강요에 의한 복종의 차이를 구별해야 한다고 했다. 즐겁게 자신이 하고 싶은 교구를 선택하고 집중하는 유아들에게서 나타나는 교실의 평화로운 분위기를 조성하는 것도 교사의 역할이며, 이런 분위기가 이루어지고 있는지 관찰해야 한다.

- 교실의 분위기가 편안하게 유아가 자유롭게 활동할 수 있는가?
- 유아의 발달을 촉진하는 활동들로 준비되어 있는가?
- 교실의 소음은 어느 정도이며, 어디에서 발생하는가?
- 교구 작업을 하고 있는 유아와 하지 않는 유아는 얼마나 되는가?
- 유아들의 집중도는 어느 정도인가?
- 유아들 간 사랑을 주고받는 관계를 갖고 있는가?
- 작업이 활발한 영역과 활발하지 않은 영역은 어디인가?
- 작업 활동 중간에 실수를 하더라도 유아 스스로 해결할 수 있는 환경의 준비가 되어 있는가?
- 유아와 교사의 관계는 어떠한가?

- 유아의 집중을 방해하는 요소는 무엇인가?
- 다른 유아를 방해하는 유아가 있는가?
- 유아들이 교실에서 질서를 유지하며 질서 있는 행동을 하는가?
- 교실의 전체적인 분위기는 조용한 가운데 활발하게 움직여지고 있는가?

2) 기록

몬테소리 교육내용은 자유선택 활동시간에 소개하는 영역별 교구를 중심으로 전개된다. 교구의 체계적인 지도를 위해서는 개별 유아의 교구 소개 정도와 유아의 작업 정도를 관찰한 것에 근거하여 기록한다. 교사의 교구 시범 후에 유아들이 직접 교구 작업을 해 보도록 하는 것이 몬테소리 교육의 특징이다. 이때 유아들에게 소개된 교구를 유아가 직접 해 보았는지, 또 소개받은 교구를 어느 정도 이해하는지의 정도를 기록함으로써 보다 체계적인 교구 지도를 할 수 있다.

교구 작업 소개 및 지도를 기록하지 않을 경우 어떤 유아에게 어떤 교구를 소개하였는지 확인하기가 어렵다. 교구를 소개할 때에도 유아의 작업 정도에 맞추어서 새로운 교구를 소개할지, 같은 교구를 더 반복할 기회를 제공할지, 언제 소개할지 등을 결정할 수 있다. 교구의 난이도가 유아에게 적합하지 않을 경우에는 너무 쉬우면 흥미가 떨어질 수 있고, 너무 어려운 것을 소개하면 자신감을 잃어버리게 되거나 쉽게 포기할 경우가 생긴다.

기록할 때 유의할 사항들은 다음과 같다.

- 교육내용 영역별 교구의 난이도에 따른 교구 순서로 교구목록표를 작성한다.
- 유아들의 이름을 적어 교구를 소개받은 날을 기록한다.
- 유아의 교구의 작업 정도를 완성(○), 보통(△), 미완성(X) 등으로 분류하여 기록한다.
- 필요에 따라 유아별 전체 영역별 교구 목록을 작성하여 기록을 한다.
- 유아의 교구 관찰 기록뿐만 아니라 유아의 일반적인 행동에 대한 기록도 한다.
- 활동의 기록은 다양한 형태의 활동기록을 한다. 예를 들어, 갈색 계단과 카드 매칭의 완성한 모습을 사진을 찍어 기록 보관한다.
- 기록을 참고하여 유아의 개인별 교구 소개나 심화 작업 소개 등으로 다음 활

동을 선정 시범한다.

- 유아들이 교구 작업을 잘 이해하지 못하여 다시 시범을 보일 필요가 있으면 별도의 표시를 한다.
- 교사가 관찰하면서 쉽게 기록할 수 있는 기록표를 만들어 벽면에 부착하여 교실 전체의 관찰을 하며 오가다가 기록할 수 있도록 하는 것도 쉬운 방법 중 하나이다.
- 유아의 기록표를 주기적으로 정리하여 학부모 면담 시에 자료로 활용할 수 있다.

교사는 기록에 기초하여 체계적으로 새 교구를 소개하고 지도함으로써 발달 순서에 따라 교구를 제안할 수 있을 뿐만 아니라, 유아의 흥미 정도나 영역별로 균형 있는 교구를 소개할 수 있다.

〈표 6-3〉 **교구 활동 기록표의 예 1**

	1	2	3	4	5	…	11	12	13	14	15
원아명 / 교구명											
손으로 쥐고 옮기기											
숟가락으로 옮기기											
젓가락으로 옮기기											
마른 물질 붓기											
물 붓기											
스펀지 짜기											
스포이트 사용하기											
빨래집게 사용하기											
집게 사용하기											
병 뚜껑 열고 닫기											
나사 돌리기											
자물쇠 열기											
수건 짜기											
거품 만들기											
가루내기											
·											
·											

〈표 6-4〉 교구 관찰 기록표의 예 2

구분	원아명	손으로 쥐고 옮기기	세 손가락으로 옮기기	마른 컵 붓기	마른 컵 붓기 1:2	집게로 옮기기	숟가락으로 옮기기
		3월 일	3월 일	3월 일	4월 일	4월 일	4월 일
1							
2							
3							
4							

3) 평가

몬테소리 교육 활동에 대한 평가는 교구 활동의 기록을 포함한 다양한 유아 관찰과 교구 활동 기록물에 대한 평가가 필요하다. 유아의 평가, 교사의 평가, 교육과정에 대한 평가, 교실 환경의 평가, 학부모의 평가 등 여러 가지 면을 고려한 평가가 요구된다. 그 중에서 몇 가지를 소개하면 다음과 같다.

- **개인 신상명세서 기록표**: 유아에 대한 기본적인 가정환경 정보와 개별 발달 정보를 기록해 둔 것이다. 정보의 내용은 가족사항, 건강상 특이점 및 질병, 비상연락처, 성장과정에서의 수유 · 이유 · 배변 · 신체 발달 · 언어 발달 · 정서 발달 · 사회성 발달 등과 관련된 것이다.
- **유아들의 출석 현황 기록표**: 매일 개별 유아의 출석과 결석을 기록하는 것으로 유아의 건강, 기관에의 적응 정도, 흥미도 등을 파악하여 효과적인 학급관리 및 유아 평가를 하기 위함이며, 교사가 수업 종료 후에 그날의 사항을 기록한다.
- **교구 사용 기록표**: 매일 교구 작업한 것을 기록하고 일주일 단위로 정리하거나 학기별로 두 번 나누어 정리할 수도 있다. 학급 전체 유아들의 교구 편중도나 한 유아의 교구 작업 편중도를 파악할 수 있다.

교사가 작성하는 것도 있고 유아가 스스로 하는 것도 있다. 유아가 평가하는 경우에는 하루 일과를 시작할 때 자신이 하고 싶은 교구 활동 계획을 기록하고, 활동을 마친 후에 계획했던 활동에 대한 평가를 한다. 하루의 것을 작성하거나 날짜를 적어 계속 적어나가는 형식으로 작성하기도 한다.

〈표 6-5〉 **유아 교구 활동 계획/평가표**

오늘 교구 활동 계획/평가표 이름: 김민지 날짜: 4월 20일			
영역	교구명	계획/평가	평가
일상	젓가락으로 옮기기	○/ ○	재미있게 했어요
감각	분홍탑	○/ △	더 하고 싶어요

- **작업 효과 기록표:** 유아 개인별과 학급 전체의 작업진도표로 구분하여 기록한다. 교사가 소개한 교구의 빈도를 알 수 있고 개별 유아가 한 작업의 빈도를 기록한다. 학급 전체의 작업 진도표는 교사가 전체적으로 교구를 준비하고 소개하는 데 기초 자료로 활용할 수 있다. 기록의 방법은 교사가 유아를 관찰하여 작업 결과의 완성 여부 정도를 기호를 선정하여 표시할 수 있다. 교사 나름대로의 알기 쉬운 표시를 하는 것이 좋다.
- **유아들의 개인 작업 활동에 관한 보관 기록표:** 유아가 작업을 하면서 함께 활동한 기록물들을 모아서 평가하는 방법이다. 유아 개인별 파일이나 포트폴리오를 준비하여 언어나 그림으로 남긴 자료들, 작업의 완성을 사진으로 찍은 것, 숫자의 기록물들을 모아서 작품으로 평가를 하는 것이다. 교구의 작업뿐만 아니라 하루의 일과에서 일어나는 여러 가지 활동의 결과물을 모아서 창의력이나 표현력 등도 평가할 수 있다.
- **학부모 면담 일지:** 학부모의 면담에 필요한 기록이지만 유아의 평소 학습 상태나 행동 발달 등 전반적인 내용을 기록할 수 있다. 교구 작업 외에도 유아의 사회적 · 정서적 발달의 행동들을 기록해 두어 부모 면담에 좋은 자료로 사용할 수 있다. 그리고 학부모에게서도 유아의 가정에서의 발달 상황에 대한 정보를 얻어 유치원에서의 지도에 참고할 수 있다.
- **교사 자기 평가:** 몬테소리 교사로서 지녀야 할 자질이나 역할에 대한 체크리스트를 작성하여 정기적으로 자기 평가를 해 볼 수 있다.

그 외에는 일반적으로 활용하는 평가의 형식으로 유아 개인별 발달 기록부, 출석부, 메모, 일화 기록이나 체크리스트, 교육과정 평가, 부모 면담, 언어 전달장 같은 것을 사용할 수 있다.

생각해 보기

1. 몬테소리 교육과정을 국가에서 요구하는 누리과정(유치원 교육과정)과 통합하여 실시할 수 있는 방안을 생각해 보자.

2. 유아 관찰의 중요성에 대하여 생각해 보고 교사의 역할에 대한 토론해 보자.

3. 유아를 평가하는 효과적인 방법을 다양하게 생각해 보자.

4. 유아의 자유선택 활동시간에 자연스러우면서도 질서 있게 운영할 수 있는 방법은 어떤 것인지 토의해 보자.

MONTESSORI
EARLY
CHILDHOOD
EDUCATION

CHAPTER 7

몬테소리 교육의 현대적 의미

1. 몬테소리 교육의 의미
2. 몬테소리 교육의 세계적 현황
3. 현대 교육에 있어 몬테소리의 적용
4. 현대 몬테소리 교육의 과제

1 몬테소리 교육의 의미

이탈리아, 미국, 유럽, 아시아를 비롯하여 한국은 물론 몬테소리 유치원을 관찰하거나 자녀를 보낸 사람들은 하나같이 보이는 아이들의 변화에 대하여 놀라워한다. 1907년에 이탈리아 로마의 가난한 동네에서 시작된 어린이집의 불안해 보이고 지저분했던 아이들에게서 일어난 결과처럼 장소가 어디인지 상관없이 목적 없고 파괴적이며 무질서한 행동을 보이는 아이들이라도 차츰 시간이 지나면 몬테소리의 어린이집이나 유치원에서처럼 행동이 변화되는 것을 볼 수 있다. 이런 변화되는 모습이 몬테소리 교육의 긍정적인 효과라고 할 수 있다. 교육이 시작된 지 100년이 더 지났지만 여전히 같은 결과를 볼 수 있고, 여전히 세계 여러 나라에서 몬테소리 교사교육이 이루어지고 몬테소리 학교가 지속되고 있는 이유라고 볼 수 있다.

몬테소리는 자신의 교육방법을 원래의 취지나 의미를 고수하기 위하여 그녀 자신이 직접 시범을 보여주고 직접 교육하였다. 그녀의 이런 고집스럽고 권위적이기까지도 보이는 모습을 비판하는 사람들도 있었으나, 그녀는 자신의 방법이 왜곡되거나 잘못 전달될 것을 걱정하여 직접 교육하는 것을 고수하였다. 그 당시에도 교구가 만들어지고 책이 출판되었으나 교구가 정상적인 방법으로 사용되지 않거나 가르쳐지지 않는 경우에는 살 수 없도록 하였다.

이러한 열정을 쏟았던 그녀의 교육은 미국과 유럽, 남미, 그리고 아시아 여러 나라들에서 환영을 받으며 몬테소리 학교가 만들어지고 교육센터가 세워졌다. 오히려 몬테소리가 사망한 이후 제자들에 의해서 더욱 큰 발전을 하며 이어져오고 있다고 할 수도 있다. 그러나 정치적인 상황 때문에 박해를 받거나 그녀의 교육 사업의 경영하는 방법을 오해하는 사람들도 생기고, 몬테소리를 정치적으로 이용하려는 사람들에 의하여 배척당하기도 하고, 경제적으로 사업을 하여 이득을 얻으려고 하는 사람들 때문에 상처를 받기도 하고, 망하여 빚에 허덕이기도 하였다. 화려해 보이기만 하는 그녀의 삶도 우려곡절이 많고 명예와 성공, 외로움, 고통과 좌절이 함께하는 인생이었다고 할 수 있다.

그림 7-1 1920년대 몬테소리

출처: https://larmontessori.files.wordpress.com/2013/07/mm1913.jpg

몬테소리가 주장한 교사관이나 유아 중심의 교육 접근은 그 당시로서는 아주 새롭고 개혁적인 것이었다. 그 시대는 교사 중심의 권위적인 교육이 이루어지고 있던 때였다. 그런데 몬테소리의 어린이집에서는 유아가 스스로 선택하고 스스로 알아서 활동을 하고 교사는 그 모습을 지켜보면서 유아를 존중하고 도와주는 교육을 하는 모습은 정말 놀라운 일이었다. 이러한 놀라운 일이 어린이집에서 이루어지고 있다는 소문이 전 세계로 나서 어린이집을 방문한 사람들에게, 교사 없이도 아이들 스스로가 활동하는 교실 수업 장면을 보여준 일화들을 보면 정말 놀랍고 기존의 사고를 깨는 방법이었다.

1) 미국에서의 폭발적 관심

미국의 몬테소리 교육을 살펴보는 것은 교육방법이 한국에 전파되고 확산되기까지 가장 영향을 많이 끼친 나라이기 때문에 중요성을 가진다. 몬테소리의 명성이 1900년대 초기부터 1920년대까지는 유럽 전 지역으로 퍼지고, 이어 1912년부터는 미국으로 넘어가 대단한 관심과 함께 급속히 발전하였다. 미국의 뉴욕뿐만 아니라 다른 도시에서도 강연이 이어지고 많은 학교가 설립되었다.

McClure's—The Marketplace of the World

McCLURE'S MAGAZINE

A WONDER WORKER IN EDUCATION

The Marvels of Maria Montessori

MARIA MONTESSORI

THE wonderful educational discoveries and achievements of Maria Montessori, an Italian educator, will be described, for the first time in the English language, by Josephine Tozier. Madame Montessori has entirely done away with the drudgery of learning to read and write. Children four years old learn to write in six weeks, without effort or strain, and reading follows almost as easily. Maria Montessori has been called the "rediscoverer of the ten fingers." The revolutionary feature of her system is the extraordinary development, in very young children, of the sense of touch.

그림 7-2 맥클루어 잡지

출처: http://montessorionthedouble.com/tag/maria-montessori/

1911년과 1912년에 맥클루어 잡지(McClure's Magazine)에 몬테소리 방법이 연재로 실리고 관심이 쏟아지기 시작하였다. 로마의 어린이집 아이들이 어떻게 배우는지 사진과 자료를 싣고 설명했으며, 몬테소리의 배경과 3~4세 어린이들이 읽고 쓰는 사진을 보며 이런 놀라운 성과를 위해 세강의 감각 훈련 체계를 적용했는지 보고되었다. 시카고에 있던 초등학교 교사인 앤 조지(Anne E. George)는 이탈리아에 있는 친구로부터 몬테소리에 대한 이야기를 듣고 직접 로마로 가서 산로렌조 어린이집을 방문하고 몬테소리를 만나 이야기하면서 감명을 받았다. 다시 로마에 가서 공부하기로 한 조지는 몬테소리의 책과 교구를 미국으로 가져가고 이탈리아어를 배워서 다시 몬테소리 교사연수과정에 입학하는 첫 미국인 학생이 되었다. 몬테소리의 집에서 같이 공부하고 몬테소리 가족들과 함께 저녁을 먹고 하는 생활을 하게 된다. 그녀는 1911년 10월 뉴욕의 테리타운에 12명의 어린이를 데리고 첫 몬테소리 학교를 세웠다. 컬럼비아 대학교의 듀이와 손다이크의 학생이며 초등학교 교장이던 스티븐스에 의해 '몬테소리 방법과 미국 어린이들'이라는 기사가 실리고, 유치원에 도입할 것을 주장했으며 『몬테소리 교육입문』이라는 책을 썼다.

그 후에 하버드 대학의 홀메스(Holmes)도 몬테소리 교구의 사용이 효과적이라고 하면서 교구가 몬테소리 프로그램의 가장 중요한 특질이 아니라, 부모들이 몬

그림 7-3 미국의 첫 번째 몬테소리 학교 1911년

출처: https://en.wikipedia.org/wiki/Montessori_in_the_United_States

테소리 박사로부터 어린이의 생활과 어린이의 활동의 필요성과 표현의 특징적인 방식과 그의 가능성에 대한 가치를 배우고, 이 지식을 현명하게 적용한다면, 위대한 이탈리아 교육자의 연구는 충분히 성공할 것이라 했다. 아이오와 주립대학교 교수인 워드(F. E. Ward) 교수도 테리타운의 조지 학교를 방문하고 홀메스와 이야기한 뒤 이탈리아로 떠나 몬테소리를 만나러 갔다. 미국으로 돌아와 1912년 전국 교육자협회에서 열광적인 보도를 했는데, 다음해 『미국 몬테소리 방법과 미국 학교(The Montessori Method and the American School)』란 책에서 몬테소리 원리가 미국 교육에 도입되어야 한다고 강하게 권유하였다(Lillard, 1975). 미국 몬테소리 위원회가 조직되었고 로마에서 개최한 국제연수과정에는 67명의 많은 미국인이 등록하였다.

미국의 유명한 학자, 교육자, 기업가들이 관심을 가졌던 몬테소리 교육협회는 알렉산더 그레이엄 벨의 딸을 회장으로 하여 정치가, 대통령의 딸, 은행가, 변호사 등이 포함되어 교육협회를 만들었다. 1912년 미국으로 몬테소리가 방문을 하고 카네기 홀에서의 첫 번째 강연을 시작으로 열광적인 환대와 넘치는 사람으로 꽉 차 있었다. 책이 출판되고 학교가 세워지고 여러 지역을 돌아다니며 강연을 하면서 몬테소리 교육은 급속도로 번져나가고 있었다.

생각해 보기

미국에서 몬테소리 교육이 급속히 퍼지고 유명해진 계기는 누구를 통하여 어떻게 이루어졌는가? 그런 성공의 이유는 무엇이라고 생각하는가?

2) 미국에서의 쇠퇴의 원인

그런데 미국에서의 대단한 환영과 학교, 협회의 설립 등으로 폭발적인 관심을 받던 몬테소리 교육이 갑자기 쇠퇴하게 된다. 쇠퇴의 원인이 된 것은 당시 교육학계에서는 저명하던 학자이며 듀이의 제자이자 컬럼비아 사범대학의 유명한 교수인 킬패트릭(Kilpatrick)에 의해서였다. 그는 몬테소리가 쓴 『몬테소리 교육법』이라는 책과 로마의 어린이집을 방문한 뒤에 몬테소리와 면담을 한 내용을 정리하여 몬테소리 교육에 대한 자신의 의견을 발표하였다. 몬테소리를 평소에 따르는 제자들은 대부분이 여성이었고, 킬패트릭은 그 당시 미국의 교육에 영향력 있는 학자로서 그의 몬테소리에 대한 비판은 대단한 것이었다. 그는 심지어 몬테소리를 일컬어 교수가 아닌 '마담'이라고 불렀다.

킬패트릭은 한마디로 몬테소리의 교육은 시대에 뒤떨어진 교육이며 현실에 맞지 않는다고 하였다. 그의 비판은 크게 몬테소리 교실의 공동생활과 커리큘럼에 대한 것이었다. 먼저, 몬테소리 교실에서는 어린이 개인이 원하는 작업을 하고 교사로부터 고립된 상태에서 자립을 배우게 하는 것을 지적하였다. 그 당시 미국에서의 학교는 개인이 지식을 배우기 위한 곳이라는 생각보다는 개개인의 사회생활과 행동을 개발하는 곳이라고 생각하는 흐름이 있었다(Lillard, 1972). 학교는 사회적인 여건이 조성된 환경으로 모아 놓고, 그들 스스로가 자발적으로 크고 작은 그룹을 형성하여 아이들의 수준에 맞게 부딪치면서 행동하게 해야 한다고 생각하였다. 반면에 몬테소리 교실에서는 개인적인 측면이 사회적인 협동을 위한 상황을 제공하지 못한다고 하였다.

몬테소리 교구에 대한 비판도 했는데, 교구가 별로 다양하지 못하고 교구의 목적이 유아들에게 충분한 사회성을 주지 못한다는 이유로 몬테소리 교구가 적절하지 못하다고 하였다. 몬테소리 교구들이 상상력이 부족하다고 하면서, 특히 감각교구를 지적하였다. 킬패트릭은 일상적인 경험에서 감각이 이루어진다고 생각하였다. 몬테소리의 읽기와 쓰기에 대한 교육도 3~4세 어린 아이들에게는 이런 활동이 불필요하다고 하며 6세가 지난 후에도 모국어를 충분히 사용하며 가위 사용법, 풀칠하기, 연필이나 크레용, 물감 사용하는 기술도 터득하는 데는 충분하다고 생각하였다. 책읽기도 이 시기에는 아직 필요 없으며 수 교구도 특별한 것이 없다고 하였다. 킬패트릭은 교사의 역할에 대해서도 몬테소리 교사가 교실의 중심에 있지 않고 주변에 있거나 어린이들을 관찰하고 개별 유아와 활동하는 것을 불편해 했다. 그리고 배움에 대한 유아들의 자발적인 흥미를 인정하지 않았다. 그나마 일상생활 영역은 호의적으로 생각하는 부분이었는데, 즉각적으로 생활에서 사용할 수 있는 것이며 사회적 요구를 충족한다고 보았다. 킬패트릭은 몬테소리를 교육이론에 기여가 큰 사람으로 인정하고 있는 사람들은 무분별한 사람들이라고 말했다. 이런 발표를 한 후 몬테소리에 대한 기사나 열기는 급속히 식어갔다. 이후 몬테소리도 미국을 방문하지 않았다. 이러한 발표 후 한국에 출판된 책들에도 몬테소리에 대한 단점으로 킬패트릭의 생각을 실어 놓는 경향이 있었다.

다른 나라에서는 한때 그녀의 이론에 대한 오해와 제2차 세계대전 등으로 침체기를 맞기도 하였다. 그러나 이탈리아의 파시스트나 독일의 나치스와 같은 경우를 제외하고는 유럽이나 다른 나라에서는 강연을 계속하였고 학교가 설립되는 등 확장되었다.

생각해 보기

미국에서 환영받고 있던 몬테소리 교육이 갑자기 쇠퇴하게 된 원인은 무엇인가?

3) 몬테소리 교육의 부활

그림 7-4 몬테소리와 낸시 램부쉬

출처: 동영상 캡쳐사진 https://www.youtube.com/watch?v=NOtE-K12WCQ

미국에서 다시 몬테소리 교육이 부흥하기 시작하는데, 몬테소리가 죽고 난 5년 뒤부터였다. 낸시 램부쉬(Nancy Rambush)라는 젊은 여성이 유럽을 방문한 뒤에 몬테소리 교육에 대한 관심을 보이며 대단한 열정을 갖게 되고 자격증을 취득한 뒤에 뉴욕에서 몬테소리 교실을 설립하였다. 1960년대 이후가 되면서 유아 발달에 대한 새로운 이론이 대두하기 시작하고 교육의 효과에 대한 다른 시각이 주장되면서 몬테소리 교육은 다시 부활의 계기를 맞았다고 할 수 있다.

첫째 이유로, 당시 미국은 50년대 후반에 듀이 학자들에 의한 교육의 결과에 실망하였는데, 12년을 학교교육을 받아도 기본적인 책을 읽을 수 없는 아이들이 늘게 되었다. 학교를 포기하려는 학생들도 늘고 있었다. 학생들은 개개인의 재능이나 개별성을 포기하고 교사가 제안하는 것을 그대로 받아들이고 있었다. 구소련에서 스푸트니크 인공위성을 먼저 쏘아올린 데 충격을 받은 미국에서는 자신들의 우월성을 뒤흔든 이 일을 계기로 교육 체계의 문제점을 심각하게 조사하였다. 그 결과 소련이 미국보다 일찍 교육을 시작하고 있음을 인식하게 되었다. 이로 인하여 유아교육에 대한 조기 교육이 시작하는 계기가 되었다. 미국 학생들의 학업능력이 떨어짐을 지적하면서 교육사조에 변화가 왔다.

둘째 이유는 미국 문화의 기본적 부분인 철학과 교육에서 후기 다원주의, 프로이트의 영향, 동기부여 이론 등이 점점 인식되고 재정립되면서 몬테소리 교육이 다시 인정받기 시작했다. 아이들이 집에서 억제된 감정을 분출하기 위해 장난감에 구멍을 낸다든지, 진흙을 내리친다든지 블록을 넘어뜨리는 것을 제한하지 않고 내버려두었던 것이 잘못되었다는 것을 알게 되었다. 몬테소리는 이런 부분을 제한된 자유로 허용하지 않고 참된 자유가 아니라고 하였다.

셋째로, 감각의 중요성에 대한 재인식이 강조되기 시작하였다. 제2차 세계대전 후 고아원이나 특정 기관에 수용된 아이들이 심각한 지적 장애로 고통받았는데 육체적인 보살핌에도 혼자서 앉지 못하거나 걷지 못하였다. 그 이유가 감각적인 자극이 전혀 없다는 것을 알게 되었다. 당시의 유전에 따른 고정지능 이론으로는 설명이 되지 않았다.

넷째로, 몬테소리의 자기 동기, 즉 내적 동기에 대한 인식도 새로운 연구들에 의하여 새롭게 받아들여지기 시작하였다. 1949년에 도날드 헤브(Donald Hebb)는 『행위의 조직화(Organization of Behavior)』를 출판하면서, 조기 교육과 환경적 자극에 의한 뇌의 작용에 관한 새로운 이론을 주장하였다. 말을 배우기 이전 단계에 있는 아이의 성장은 듣기, 보기, 냄새 맡기, 맛보기 및 피부 접촉 등에 대응되는 세포군들의 성장으로 이루어져서 조기 교육을 통해 형상과 사고를 나타내는 '세포조립'이 형성되고, 후기 교육을 통해 이러한 조립들이 보다 복잡한 사고를 촉신시키는 것이라고 하였다. 모든 행위는 본능적이고 항상성 필요에 의해 동기가 부여된다고 하였다.

할로우(H. F. Harlow)의 원숭이 퍼즐 실험도 배고픔을 해소시키는 보상이 없어도 다른 동기부여가 주어지지 않았을 때에도 퍼즐을 배우고, 또한 퍼즐을 할 수 있다는 것을 나타내었다. 헌트(J. McVicler Hunt)의 동기부여 이론, 피아제(J. Piaget)의 감각운동을 통한 인지발달 등의 이론들은 몬테소리의 감각 교육에 대한 비판과 아이들의 자발적인 흥미, 내적 보상이론에 비판을 했던 킬패트릭의 견해를 바꾸어 놓는 시대가 되었다.

인지능력과 예술적 표현의 상호의존적 관계에 대한 몬테소리의 생각도 하버드 대학교수였던 루돌프 아른하임(Rudolf Arnheim)의 『시각적 사고』라는 책에서 지지를 받았다. 지각과 사고는 분리할 수 없고 모든 인지 활동을 포함하는데 "사고라고 부르는 인지작용은 지각 너머의 지각보다 상위에 있는 정신적 과정이 아니라 지각 자체를 이루고 있는 본질적 요소이다."라고 말했다. 아이들에게 다양한 형태, 크기, 색깔의 순수 형태의 물체를 제공하는 것을 의미한다. 아른하임은 몬테소리의 교육방법이 아이들에게 그러한 형태를 통해 순수하게 지각 특성을 소개하는 최초의 교육적 접근이라고 인정하였다(Lillard, 1972).

시대가 바뀌고 교육사조가 변화되면서 몬테소리 교육을 미국에서 다시 받아들이기 시작하였다. 이미 몬테소리가 죽은 뒤의 인정이라 그 모습을 그녀가 직접 보지 못한 것은 안타깝기는 하지만, 교사교육을 통한 제자들의 열정으로 미국에서의 몬테소리 교육은 확장되고, 공립학교에서도 실시되고, 교사교육협회도 지속적으로 이루어지고 있다. 처음 호응을 얻었던 1907년이나 쇠퇴기를 지나서 다시 부활을 하게 된 1970년대나 시대적으로 많은 변화가 일어난 현재에도 몬테소리 교육은 여전히 이어져 오고 있다. 시대가 변화되었음에도 변치 않고 몬테소리 교육이 계속 이루어지고 학교가 생겨나는 이유는 무엇일지 생각해 볼 필요가 있다.

지금 현대 사회에서의 유아들의 모습은 어떤가? 풍부하게 넘치는 정보와 흥미를 자극하는 미디어나 기계화된 도구들은 충분하지만 산업화된 생활구조와 환경은 자유로운 유아 놀이시간의 부족을 가져오고, 부모와 보내는 시간이나 자연 속에서의 경험은 부족한 경향이 있다. 어린 나이부터 학업이나 작은 공간에 국한되어 어린이답지 못한 유아기를 보내고 있는 건 아닌지 생각해 볼 점이다. 이렇게 변화된 사회적 환경이지만 몬테소리 교육이 시대를 거슬러 지속적이고 일관적으로 어린이들에게 나타나는 결과는 무엇 때문인지 생각해 볼 필요가 있다. '몬테소리 교육법'이 가지고 있는 유아의 존중, 감각을 통한 질서, 집중을 통한 만족, 질서와 규제가 있는 유아의 자기조절, 내적 만족을 불러오는 교구와 환경, 교사의 준비 등이 현대의 유아에게 주는 의미가 무엇인지 생각해 보고, 유아 스스로의 교육으로 가능하게 하는 점이 무엇인지 고찰해 볼 필요가 있다.

생각해 보기

미국에서 다시 몬테소리 교육이 부활하게 된 원인은 무엇인가? 현대적 의미로서 어떤 교육을 새롭게 받아들일 때 고려해야 할 점이 무엇이라고 생각하는가?

2 몬테소리 교육의 세계적 현황

마리아 몬테소리가 이탈리아 로마의 산 로렌조(San Lorenzo) 구에 어린이집을 1907년도에 개원한 이후 100주년이 지났다. 50여 명의 어린이들로 시작한 작은 '어린이집'은 전 세계적으로 확산되어 발전되었으며, 현재 최소 130개 이상의 나라에서 22,000여 개의 몬테소리 학교로 발전하였다.

그림 7-5 Casa Dei Bambini

출처: http://himetop.wikidot.com/casa-dei-bambini

과거에도 산 로렌조 어린이집을 직접 방문하여 많은 사람들이 참관하였듯이 현재에도 몬테소리 유치원을 참관한 사람들의 공통된 이야기는, 유아들이 스스로 작업을 알아서 선택할 뿐만 아니라 집중하여 작업하고 정리까지 마무리하는 것과 교사가 없이도 흐트러지지 않는 모습에 놀라움을 표현하곤 한다. 이런 모습을 본 사람들이 몬테소리 교육의 장점을 알고 배우기를 원하였듯이 몬테소리 교육은 전 세계적으로 퍼져나가기 시작하였다. 몬테소리 교육에 대한 확신을 못하거나 사람들의 말을 믿지 못하고 의심을 가진 채로 어린이집을 방문하던 사람들도 돌아올 때는 마치 개종된 모습으로 돌아간 경우가 많았다고 한다.

몬테소리 교육의 세계적인 동향을 역사적으로 거슬러 살펴보면, 다음과 같이 몇 나라를 중심으로 볼 수 있다(조성자, 2006). 이탈리아에서는 1924년 이탈리아 몬테소리협회를 직접 설립하고 운영하였다. <어린이 생활>지를 계간하여 소식을 전하고 있으며, 몬테소리 박물관, 저서 출판 등의 일을 하고 있다. 그 외 교사 양성 과정, 심화과정, 워크숍을 개회하여 계속적으로 활발한 활동을 하고 있다.

독일은 뮌스터 대학 내에 몬테소리 센터를 운영하며 '우주교육에 관한 연구' 등 실기와 이론을 동시에 연구하고 있다.

그림 7-6 독일 몬테소리 학교-'함께하는 자유' 이것이 미래교육이다

미국은 몬테소리가 1912년에 카네기홀에서 첫 번째 강연을 마친 후 미국 몬테소리협회가 창설되었다. 몬테소리 학교가 문을 열고 강연회를 가지고 『어린이 발견』 저서가 출판되었다. 이후에 몬테소리 교육이 세계적으로 확산되었다. 1916년 무렵 몬테소리 현상에 관한 약 200여 권의 책과 기사가 발간되고 1913년에도 70여 권이 발간되었다. 현재는 미국 몬테소리협회(AMS)를 비롯한 9군데의 교사교육협회가 만들어져 있으며, 2016년에 4,000여 개의 몬테소리 학교 중 503개의 공립몬테소리 학교가 있다(Debs, 2016).

그림 7-7 국제 몬테소리협회 AMI 홈페이지

출처: https://amiusa.org/

그림 7-8 미국 몬테소리협회-AMS 사이트

출처: http://amshq.org/

스페인의 바르셀로나에서는 1913~1914년 사이에 몬테소리 교육이 정부에서 지원하는 공립교육과 사립이나 종교교육기관 어린이집들에 도입되어 확산되었다. 1916년에는 제4차 국제 몬테소리 교사 양성과정을 개최하고, 이탈리아에서 몬테소리가 쫓겨난 뒤로 이곳에 머물면서 여러 가지 일을 하였다. 1915년 바르셀로나에 몬테소리에 의해서 만들어진 학급은 3~10세가 되는 아동과 유아들을 위한 연수를 위해서 학과와 정부에서 세우고 지원하는 기관에 의해 학교가 세워졌다. 1918년에 185명의 학생이 등록했는데 각 지역의 교육당국에서 보냈을 정도로 지지하였고 두 개의 공립학교도 만들어졌다.

영국에서는 1918년의 방문을 계기로 교사 연수과정에 2,000명이 넘는 수강생들이 몰려들 정도로 인기가 있었다. 베르템 하커(Bertram Hawker) 학교를 비롯하여 많은 학교들이 개설되었다. 1912년 영국의 몬테소리협회가 만들어지고 200여 명의 회원이 가입했고, 상당수의 부유하고 영향력 있는 인물들도 포함되었다. 1914년 허친슨(Lily Hutchinson)은 런던시의 교육위원회에서 열렸던 몬테소리 국제연수과정에 관한 보고서에서 "삶에 있어서 새로운 이론이고 거의 새로운 종교였다."라고 했다. 허친슨에 의해 런던에 첫 번째 몬테소리 학교가 세워졌다.

그림 7-9 베르템 하커

그림 7-10 영국 베르템 하커 학교

출처: http://www.themalemontessorian.com/2015/06/montessori-on-english-soil.html

그림 7-11 휴고 드 브리스

프랑스에도 1911년 연수과정을 마친 Pujol-Segalas 여사가 어린이집을 개원하고 스위스, 독일, 호주, 벨기에에서도 학교가 열렸다.

네덜란드에서는 1914년에 첫 번째 어린이집이 세워지고, 1917년에 네덜란드의 몬테소리협회가 창립되었다. 이 당시에 네덜란드 식물학자인 휴고 드 브리스(Hugo De Bris)를 만나게 되는데, 어린이의 발달에 관한 사상과 식물의 발달에 관한 유사성에 대하여 매우 놀랐으며, 나중에 '민감기'라는 용어를 쓰도록 제의했다. 네덜란드 몬테소리협회는 15개의 지부를 만들어 활동하고 있다.

인도에는 1926년에 인도 몬테소리협회가 창설되었다. 신지학회의 도움으로 1939년에 어린이집을 운영하고 더욱 활발하게 이루어졌다. 인도에서 유아교육과 초등학교, 고등학교 교육까지 연계적인 방법을 연구하는 데 몰두하였다. 1949년에는 『흡수 정신(The Absorbent Mind)』을 출판하였다.

한국에 몬테소리 교육이 1970년대부터 들어오기 시작한 이래로 많은 유치원에 적용되었다. 몬테소리 교육의 효과와 적용 현황에 대한 연구들도 계속되고 있다. 1997년부터는 서울교육연수원에서 '몬테소리 3~6세 기초과정 일반연수'와 '몬테소리 6~9세 초등과정'을 개설하여 초등학교 교사에게 보급하여 몬테소리 교육의 확산을 보여주고 있다.

3 현대 교육에 있어 몬테소리의 적용

현대 사회에 적합한 몬테소리 교육의 적용은 어떤 면에서 의미를 가질까? 현대의 유아들에게 교육하고 싶은 점은 무엇이며 교사로서 성인이 도와주고 지지해 줘야 할 부분은 어떤 것들일까? 많은 연구들은 몬테소리 유치원의 유아들이 학업 성취면에서나 학교 준비도, 사회성 등 여러 측면에서 뛰어남을 보여주기도 한다. 현재 한국 사회에서 유아교육을 하면서 필요하다고 생각되는 부분을 이런 연구 결과들을 중심으로 살펴보고자 한다.

1) 창의성 교육

그림 7-12 위키피디아 창시자 지미 웨일스(Jimmy Wales)

창의성에 대한 강조가 모든 분야에서 큰 이슈가 되고 있는 것이 요즘 시대이다. 시대적으로 많은 정보가 이미 열려 있고 예측 불가능한 미래 사회에 필요한, 사람이 지녀야 할 능력은 정보처리 능력으로 정보화 시대에 적용하고 이 정보들을 탐색, 수집, 분류, 조직하고 비판하여 적절한 지식을 창출해 낼 수 있는 창의력이 뛰어난 사람을 만드는 교육을 강조하고 있다.

미국에서 창의적인 직업으로 유명하게 된 사람들 중 어릴 때 몬테소리 교육을 받은 이들이 있다. 정치가, 문학가, 기업인, 사업가를 비롯하여 구글 인터넷 사이트 창시자, 인터넷 서점 창시자, 위키피디아 인터넷 백과사전 창시자, 바이올리니스트, 영화배우 등 다양한 직업을 가진 사람들이다. 미국에서 조사한 결과, 창의성 있는 사람들이 어렸을 때 몬테소리 교육을 받은 것이 보도되면서 몬테소리 교육과 창의성의 관계에 대한 연관성이 알려지게 되었다.

〈표 7-1〉 **몬테소리 교육을 받은 사람들**

어릴 때 몬테소리 학교교육을 받은 사람	직 업
래리 페이지와 세르지 브린(Larry Page and Sergey Brin)	구글 사이트의 창시자
제프 베조스(Jeff Bezos)	인터넷 아마존 서점의 창시자
재클린 오나시스(Jacqueline Bouvier Kennedy Onassis)	미국 전 영부인
퍼프 대디(Sean 'P. Diddy' Combs)	힙팝 가수
프린스 왕자와 해리 왕자(Prince William and Prince Harry)	영국 왕실 왕자
베리 브레즐톤(T. Berry Brazelton)	소아과 의사, 작가
줄리아 차일드(Julia Child)	작가, 요리사, TV 요리 진행자
가브리엘 가르시아 마르케스(Gabriel Garcia Marquez)	노벨 문학상 수장작가
캐서린 그레이엄(Katherine Graham)	<워싱턴 포스트>지 전 발행인
헬렌 켈러(Helen Keller)	작가
안나 프랭크(Anne Frank)	작가
헨리 포드(Henry Ford)	기업인
율 브리너(Yul Brynner)	영화배우
빌 클린턴 부부(Bill and Hillary Clinton)	전 미국 대통령 부부
요요마(Yo Yo Ma)	바이올린 연주가
윌 라이트(Will Wright)	비폭력적 컴퓨터 게임 제작자
조지 클루니(George Clooney)	영화배우
헬렌 헌트(Helen Hunt)	영화배우
지미 웨일스(Jimmy Wales)	위키피디아 사전 창시자
에릭 코넬(Eric Cornell)	노벨 물리학상 수상자
버지니아 리 버튼(Virginia Lee Burton)	칼데콧 수상 아동문학작가
비욘세(Beyonce Knowles)	가수 겸 작곡가
죠수아 벨(Joshua Bell)	바이올린 연주자
테일러 스위프트(Taylor Swift)	그래미상 수상 가수

출처: www.dailymontessori.com

미국의 유명한 방송인 바바라 월터스가 젊은 나이에 부자가 되어 '2004년의 가장 빛난 10인'으로 뽑힌 구글 창시자 래리 페이지(Larry Page)와 세르게이 브린(Sergey Brin)을 인터뷰하였다. 자신들의 성공의 비밀이 궁금하다며 두 사람의 부모님이 대학교수인데 그 덕분이냐고 물었을 때, 두 사람은 부모님 덕이 아니라 둘 다 어릴 때 몬테소리 학교를 다닌 덕분이라 대답했다(The Wall Street Journal, 2011).

성공을 할 수 있었던 것은 몬테소리 학교에서 자기 주도적 학습을 할 수 있었으며, 자기 자신을 생각하며 공부할 수 있도록 허락하고 자신이 흥미로워하는 것을 선택할 수 있는 자유를 준 덕분이라고 대답하였다.

그림 7-13 구글 창시자 래리 페이지와 세르게이 브린

SimCity라는 컴퓨터 게임을 고안한 윌 라이트(Will Wright)도 몬테소리 학교에서 배운 교육방법 및 자료는 자신이 컴퓨터 게임을 어린이들이 놀이를 통해 자연과 삶의 원리를 이해할 수 있게 만드는 데 기여했다고 하였다. 이 게임에서는 피타고라스의 정의나 매우 복잡한 이론에 흥미를 가지게 되고 아이들이 스스로 이것을 발견하게 된다. 그의 게임에서는 블록을 가지고 놀면서 비폭력적이고 열린 질문을 하게 한다. 윌은 자신의 게임에서 아이들이 스스로 자신의 디자인을 하고 창조물을 조정할 수 있기 때문에 자신의 원리를 탐구하고 발견할 수 있기를 바란다고 한다.

그림 7-14 윌 라이트

어릴 때 배운 교육의 영향으로 자신이 하고 싶은 일에서 성공할 수 있었다고 하는 많은 유명한 사람들의 이야기가 흥미롭다. 교육을 하는 사람의 입장에서 이보다 더한 칭송이 어디 있겠는가? 몬테소리 교육에서 스스로 자신이 원하는 것을 선택해서 할 수 있는 자유와 스스로의 작업을 완성할 수 있을 때까지 기다려주는 교사의 역할은 창의적인 사고를 지지하는 역할을 한다.

2) 뇌 발달

킬패트릭은 몬테소리 교육에 대한 비판으로 감각을 중요시하는 것을 지적하였지만, 감각 기능에 대한 연구의 발달로 뇌에 어떤 영향을 끼치는지 밝혀지고 있다. 그리고 우리의 신체는 감각을 움직여서 발달되며, 뇌가 발달하는 중요한 시기가 유아기임을 인식할 때 감각을 발달시키는 교육과 감각을 통해서 작업이 이루어지는 과정에서 신체를 움직이는 것은 정신적인 발달로 이어진다. 감각 교육의 변형과 응용이 유아 창의성의 유창성, 완성도, 주제, 호기심, 과제 집착력, 독립심 등의 향상에 효과가 있다고 한다(박효선, 2003).

Fleege, Black과 Rackauskas(1967)의 연구에서 5세 어린이 25명씩 일반 집단과 몬테소리 집단을 비교 조사한 결과 몬테소리 집단의 지능이 향상되었다. 또 주도성, 자신감, 자아통제력, 지구력, 독립심, 감각 예민성, 집중력, 긍정적 학습태도, 활동의 목적성도 더 향상된 것으로 나타났다.

한국에서의 몬테소리 교육에 관한 연구 결과들을 보면 몬테소리 교육이 다중지능과 창의성에도 긍정적인 영향을 미친다는 연구(정영주, 2005; 김남수, 2004; 김옥경, 2003)가 있고, 유치원과 초등학교 학생들을 대상으로 수행한 연구에서는 학업수행능력과 학생들의 학교에 대한 태도나 학업 수행이 뛰어나다고 한다(Boehnlein, 1990; Clifford & Takas, 1991; Duax, 1989).

몬테소리 교육에 대한 연구를 하면서 치매 환자들에게 효과적이었다는 결과는 흥미로운 것이다(Boyle, Mahendra, Hopper, Bayles, Azuma, Cleary & Kim, 2006; Camp & Skrajner, 2004; Dreher, 1997). 몬테소리 방법을 적용하여 치매 환자들에게 서열화, 대상영속성, 상징적인 기능 등의 기능에 효과적이거나 작업을 통하여 노인들의 집중력과 성취감이 증진될 것으로 적용할 것을 권장한 연구들이다. 작업이 유아들에게도 집중력과 성취감을 증진시켰듯이 치매 노인들에게도 효과적이라는 것은 작업의 중요성을 나타낸다고 볼 수 있다.

휴즈 박사(Dr. Hughes)의 연구에서 몬테소리 교육을 '두뇌 기반 학습 방법'이라고 부른다. 휴즈는 미네소타 대학에서 임상심리학을 전공하였는데, 의과대학에서 소아신경과 교수로 있다. 몬테소리 교육이 두뇌 개발에 효과가 있다고 하면서 촉각 방법에 의한 교육이 두뇌 개발을 향상시키는데, 읽기는 세 가지 뇌 기능이 필요하다. 시각적 기호를 획득(capture)하고, 각 상징의 소리를 해독하고, 각 기호의 의미를 할당(assigning)하는 것이다. 특히 손에 대하여 몬테소리가 말한 '흡수 정신'의 힘은 당시의 의학이나 과학의 발전으로는 설명이 되지 않았지만, 신경학 연구에서 '거울신경세포(mirror neurons)'라고 하는 새로운 발견이 지지해 주고 있다고 한다. 거울의 뉴런은 새를 포함한 인간과 다른 종의 전두엽에서 발견되며, 동물이나 인간이 행동을 수행하거나 동물이나 인간이 같은 행동을 하는 다른 동물의 행동을 관찰할 때 발생하는 것이다. 이 관찰을 할 때 모방을 통해 학습을 한다는 것이다. 몬테소리 교실에서 유아들이 시범을 보고 다른 유아들이 하는 작업을 반복하여 보고 관찰하는 것으로도 유아가 움직이지 않아도 신경경로를 강화하게 된다고 한다. 반사신경세포가 사회적 맥락에서 작용하여 감정에 대한 반응을 일으키고 문제를 해결할 수 있는 적절한 방법을 찾게 한다는 것이다. 휴wm 박사는 몬테소리 교육이 신경 발달적 연관성이 높음을 지적하면서 다양한 감각을 사용하고 손을 사용하는 자기 주도적 학습 방법은 인간의 두뇌 개발을 위한 완벽한 제조법이라고 하였다(montessori for everyone 사이트, 2009).

3) 집중력과 몰입

2011년 월스트리트 저널에서 「Focus on Focus on Focus」란 기사에서 유아들이 집중 선택하는 법을 배우는 것은 몬테소리 학교의 장점이라고 하였다. 이 연구는 듀크 대학교의 교수들이 뉴질랜드 더니든에서 태어난 1,037명의 어린이를 추적하여 정신 테스트를 한 후 10대와 성인으로 성숙함에 따라 변화한 행동에 대하여 기록하였다. 그들은 충동과 주의력을 더 잘 조절할 수 있는 유아들이 범죄 기록이 4배나 적었고, 마약에 중독될 확률이 3배, 독신 부모가 될 확률이 절반이나 적음을 발표하였다. 많은 경우에 집행 통제(executive function)를 활용하는 능력은 IQ 점수 또는 사회 경제적 지위보다 성인의 결과를 더 잘 예측한다고 한다. 특히 조기 개입이 시작되면 집행기능이 크게 향상될 수 있다고 한다. 브리티시 컬럼비아 대학의 신경과학자인 아델 다이아몬드(Adele Diamond) 박사는 이런 정신기술을 향상시킬 수 있는 활동을 살펴보았는데 태권도, 요가, 어려운 보드게임 등 컴퓨터 활동들이 있다고 한다. 다이아몬드 박사는 몬테소리 교육과 같은 특정 커리큘럼 학교가 지속적으로 집행기능을 향상시키는 것으로 나타났다고 한다(Diamond & Lee, 2011).

집중 또는 몰입이란 것이 행복을 가져다주는 중요한 요인이라는 것이 긍정 심리학의 방법이다. 몰입의 즐거움은 어떤 일에 흥미롭게 빠져 있는 순간에는 내가 누구인지조차 망각하고 몰입하는 상태를 말한다. 가장 잘하는 일을 할 때 느끼는 행복이야말로 가장 완전한 행복이라고 샐리그먼 박사는 말한다. 행복해지는 방법은 하루 중 몰입하는 시간을 만들어가고 늘여가는 것이라 한다. 주의집중이란 동시적으로 가능한 몇 가지의 대상 또는 흐름 중에서 하나를 마음속에 생생한 형태로 소요하는 것이며 관련 자극에 초점을 맞추는 선택적 과정이다(안효영, 2008). 몬테소리 교실에서 이루어지는 집중의 순간은 유아들이 행복한 시간이라고 할 수 있다. 그리고 집중은 많은 일을 할 수 있는 기초적인 힘이 되기도 한다. 많은 몬테소리 연구 결과도 유아들의 집중력이 향상되었고 도움이 됨을 나타내고 있다. 유아가 선택한 작업에 몰입되어 감에 따라 유아는 집중현상을 보이는데, 스스로 선택한 활동을 완성하기 위해 노력하고 반복하는 과정에서 내적 훈련이 이루어진다. 몬테소리 교육법은 자기주도성에 영향을 미치며(배선희 2005), 몬테소리 일상 훈련이 유아의 집중력에 점수가 높게 나타나는 것으로 보였다(김은숙, 2005). 박은주(2003)도 발달장애어린이의 학습 준비 기능에 주의집중력 향상과 감각운동능력 향상에 효과적이라고 하였다. 몬테소리 어린이집에 다니는 유아들의 주의집중력이 일반 유치원에 다닌 유아의 주의집중력보다 더 높게 나타난 연구도 있다(김시나브로, 2009). 코센테노(Cossentino)는 교실에서의 작업은 유아들로 하여금 그들이 현실세계에서 직면하게 될 활동에 깊은 집중력을 보이는 것을 가능하게 한다고 한다. 작업은 또한 유아들에게 자신들은 물론 사회를 개선시키기 위해 어떻게 해야 하는지를 가르친다(Cossentino, 2006; Bagby, 2007 재인용).

특히, 감각 교육 프로그램은 유아의 주의집중력에 효과가 있다(최인자, 2005; 장재향, 2012). 감각의 중요성이 뇌 발달에 영향을 미친다는 이전의 연구와 일관성이 있다. 스스로 원하는 직업을 선택하여 몰입하는 집중 현상은 유아의 행복을 가져오는 방법으로서 교육을 하는 사람이 생각해 봐야 할 부분이라고 할 수 있다.

생각해 보기

주의 집중력이 유아에게 얼마나 중요하다고 생각하는가? 교사 자신에게는 어떤 점에서 중요하다고 생각하는가?

4) 사회성 발달

몬테소리 교실에서는 갈등이 없는 정서적인 분위기를 만들어 경쟁 대신 협력함으로써 사회적 기술을 발달시키도록 한다(Flynn, 1991). 사회성 기술(social skill)이란 협동, 나누기, 도와주기, 차례 지키기, 교환하기, 사회적 문제해결 등을 통하여 사회적 환경을 조절할 수 있는 능력을 말한다(한국유아교육학회, 1996). 인간관계의 기초적인 기술을 말하는 것으로, 타인을 신뢰하고 요구를 조정하고 도움을 주거나 받는 상호 관계기술이라 할 수 있다. 형제가 없는 유아들이 늘고 사회적 적응에 어려움을 갖는 유아가 늘거나 학교에서 일어나는 사회적 공격 행동이나 왕따 문제 등은 사회 문제로 교육현장에서 흔히 일어나는 일이 되어 버렸다.

릴라드(Lillard, 2006)가 연구한 결과에서는 일반적인 유치원보다도 몬테소리 유치원을 졸업할 즈음 유아들은 읽기와 수학에서 시험성적이 높았으며, 긍정적인 상호작용에 더 많이 관련되고 사회적 인지능력이 뛰어났다. 초등학교를 마칠 때쯤에는 몬테소리 학생들은 더 복잡한 문장구성을 하면서 창의적인 작문을 쓸 수 있었다. 사회적 갈등상황에서도 더욱 긍정적인 반응을 보였다. 유아의 사회적 유능성이 높으며(곽영자, 1994; 김춘경, 1996), 또래 수용도가 높게 나타났다(강갑원, 1997). 김미숙(2004)은 몬테소리 혼합연령 집단 구성이 유아의 사회적 능력의 발달에 도움을 주며 유아의 사회적인 능력을 발달시키는 데 기여한다고 하였다. 강수명(1999)은 몬테소리 교육 프로그램이 유아의 친사회적 행동에 영향을 미친다는 결과를 보였다.

몬테소리 일상생활 영역 활동이 초등학교 1학년 기본생활습관 형성에 영향을 미치며(김선희, 2001), 유치원 유아의 기본생활습관 형성에 긍정적인 영향을 준다(이영일, 1998). 또한, 일상생활 훈련이 유아의 자기통제력을 향상시키고(김은숙, 2005), 주의집중력이 뛰어나게 했다는 결과를 보였다(류문화, 1996; 최안복, 1997).

성인들과 비교한 연구에서도 몬테소리 학교 학생들이 긍정적인 정서를 가지고 사회성이나 내적 동기에 있어서 뛰어남을 보였다(Rathunde & Csikszentmihayi, 2003).

몬테소리 교육에 대한 비판을 하는 사람들은 몬테소리 교육에는 사회성이 부족하다는 점을 지적하는 이들이 있다. 그러나 많은 연구들은 사회적 발달 부분에 긍정적인 효과가 있음을 보고하고 있으며 사회교육이론과 바람직한 사회교육을 실행하는 교육방법을 정립하고 있다고 한다(김춘경, 1996). 일반 유치원 유아들과 비교해 볼 때 몬테소리 유치원의 유아들이 사회적 능력과 사회적 문제해결 기술이 모두 우수하거나 친사회성을 증진시킨다고 한 연구들이 많다. 몬테소리는 교실의 실제 생활에서 다른 유아에게 불편을 주지 않도록 배려하고 예의바른 행동으로 도와주며 감사의 표현을 적절하게 하도록 교육한다. 그리고 교사가 직접 행동의 표본을 보여주도록 한다. 혼합연령의 유아가 조화롭게 어우러지는 교실의 분위기는 이런 사회성 없이는 일어날 수가 없다.

실제로 우리의 일상에서 이루어지는 사회성은 어떤 모습인지 생각해 보고, 유아들의 사회성을 어떤 방법으로 도모해야 할 것인지 생각해 볼 필요가 있다.

생각해 보기

본인이 생각하는 사회성은 무엇인가? 몬테소리 교실에서의 사회성 발달 측면에 대하여 어떻게 생각하는가?

5) 정서

정서 발달은 유아기에 습득해야 할 중요한 요인이다. 감정은 신생아가 최초로 자발적으로 표현하는 것이다. 감정은 어머니와 유아 간의 관계를 통제하고 환경과의 관계를 결정하는 요인이다. 정서적 요소는 세상에 적응하도록 돕고 사람들에 대한 감사, 신뢰, 존경심 등을 표현하는 것들로 유아의 성격을 형성하게 되고 성인과의 밀접한 관계에 의하여 결정하게 된다.

김영란(2007)은 몬테소리 교육 프로그램이 유아의 정서 발달에 미치는 영향에 대한 연구에서 만 3세 유아를 대상으로 알아보았다. 유아의 정서 발달에 긍정적인 영향을 미치는 것으로 나타났다. 자기 정서의 이용에도 긍정적인 영향을 미쳐 유아가 자기 정서의 이용을 향상시키는 데 효과적이라고 한다. 타인의 정서 인식을 향상시키고, 자기 정서의 인식 및 표현을 향상시키는 데 효과적이며 감정조절 및 충동억제에 긍정적인 영향을 미치는 것으로 나타났다. 교사와의 관계뿐만 아니라 또래와의 관계에도 긍정적 영향을 미친다고 한다. 몬테소리 교실에서는 일상생활에서 문화적으로 바람직한 감정을 표현할 수 있는 활동의 기회를 제공하여 생활 속에서 스스로 "미안해, 고마워, 실례합니다, 제가 할게요." 등의 언어를 표현하도록 지도하며, 교구 활동 후 다른 친구를 위하여 사용한 교구는 제자리에 정리하도록 하고, 잘 못하는 친구를 항상 도와주도록 생활 속에서 자연스럽게 타인을 배려하는 마음을 길러준다. 교실 환경이나 교구를 아름답고 매력적으로 만들어 유아들에게 심미감을 키워주며 요리하기, 차 대접하기 등을 통하여 상대방을 배려하고 기본적인 질서나 예절을 몸에 익히게 한다. 유아들은 이러한 교육활동을 통하여 만족감을 얻고 정서적 안정감을 갖게 된다(이순형 · 권미경, 1992).

김용돈(2003)은 교구 작업을 반복하는 과정 속에서 유아 스스로 의도적 주의집중, 의도적 기억, 논리적인 사고를 획득하게 되므로 몬테소리 교육방법이 유아의 자기조절능력와 문제해결력에 많은 영향을 미친다고 하였다.

김숙경(2009)도 3년간 몬테소리 교육을 받은 유아들이 1년간 다닌 유아보다 정서지능이 높다는 연구 결과를 보였다. 몬테소리 교육을 받은 시간이 많을수록 작업을 통하여 유아들은 자유로워진 상황에서 정서적 안정감을 가진다.

또한, 교구의 목적에 맞게 작업함으로써 유아의 내적인 욕구를 충족시켜 준다는 결과가 있었다(Nearing, 1998). 몬테소리 평화교육활동은 유아의 정서인식 및 표현, 자기 정서 조절, 타인 정서 인식, 타인 정서 조절 능력에 긍정적인 효과가 있었다(박상연, 2010).

최안복(1997)은 일상생활 프로그램이 만 3세 유아의 주의집중력, 창의성, 사회적 문제해결능력에 미치는 효과 연구에서 몬테소리 교육을 받은 유아와 그렇지 않은 유아 간에 사회적 문제해결능력의 발달에는 큰 차이가 없으나, 문제해결방법에 있어서 보다 긍정적인 해결방법을 더 많이 사용한다고 하였다. 정영자(1993)도 몬테소리와 일반 유치원 원아들을 비교 연구한 결과, 몬테소리 유치원 원아들이 유아-유아 간 문제해결력, 유아-어머니 간 문제해결 상황에서 더욱 발전적인 문제해결 기능을 의미 있게 많이 사용하였다고 하였다.

송은수(2007)도 몬테소리 교육을 실시한 집단 유아가 자기조절 능력이 비교 집단보다 뛰어나고, 사회적 문제해결능력도 더 높게 나타났다고 한다. 자유에 의한 자율성과 규율, 욕구에 의한 구조와 질서를 통한 분별력을 경험으로서 행동과 감정을 조절할 수 있는 자기조절 능력을 키우게 하기 때문이라고 볼 수 있다.

몬테소리 교육이 자아감 발달에 긍정적 영향을 미친다는 연구들이 있다. 김영숙(2009)은 유아 스스로 주의를 집중하여 작업을 완성하는 성취욕과 주변 환경에 대한 배려, 자신에 대한 배려 등을 통해 자기에 대한 존중감과 자신감이 향상된다는 결과를 보였으며, 자아개념 형성이 긍정적인 영향을 미친다고 한다(손미자, 2009). 자동교육 방법은 유아 스스로 탐구하는 자율학습의 태도를 익힐 수 있고, 자신 스스로 한 작업에 대한 자신감과 자존감, 긍정적인 자아개념을 가진 인격체로 성장시킨다.

전통적인 교육을 받은 유아들과 비교했을 때, 몬테소리 학교의 5세 된 유아들에게서 읽기와 수학을 더 잘 준비되어 있었으나, 12세 학생들은 보다 더 정교한 문장 구조를 사용하여 창조적인 에세이를 작성했다고 한다. 게다가 가장 큰 차이점은 사회적 기술과 행동에서 나타났다. 몬테소리 어린이들은 정의와 공정함을 가지고 있었으며, 정서적으로 긍정적인 방식으로 상호작용을 했으며, 휴식시간에는 거친 놀이에 개입할 가능성이 적었다고 한다(Lillard, 2006).

몬테소리 유아원에서의 조기 유아 개입은 위험에 처한 유아가 성공적인 경험을 하도록 제공하는 개별화 프로그램으로, 유아가 자아 발달을 할 수 있는 풍부한 감각적인 교구를 제공하였다는 점을 들었다(Pickring, 1992).

생각해 보기

자신감과 자존감의 발달이 유아에게 어떤 의미의 가치를 가지는가? 교사로서 본인의 자존감은 어떻다고 생각하는가? 교사의 자존감은 유아에게 어떤 영향을 미칠지 생각해 보자.

이와 같은 여러 연구 결과들은 몬테소리 교육이 지능, 학업수행 능력의 발달뿐만 아니라 사회성, 창의성, 기본생활습관, 자기통제력, 집중력 등 다양한 분야에서 긍정적인 효과가 나타남을 보여준다.

몬테소리 교육의 역사나 세계적인 확산의 정도를 떠나 교육 그 자체가 유아에게 어떤 긍정적인 영향을 미치는 교육인가를 생각해 보면 그 필요성을 알 수 있을 것이다. 유아가 작은 손으로 자기 신발을 힘겹게 신거나 혼자서 컵에 물을 흘리지 않고 따른 후 활짝 웃는 얼굴을 보면 유아에게 이런 일들이 얼마나 기쁨인지 알 수 있다. 몬테소리는 아주 일상적인 소소한 것이지만 유아의 입장에서 알고 싶고, 하고 싶은 것들을 친절하게 하나하나 가르쳐주고 안내하였다.

이런 면에서 볼 때 몬테소리 교육은 유아를 인격적인 존재로 인정한다는 점을 볼 수 있다. 유아의 개인차를 인정하여 구체적인 교육접근을 했다는 점이 중요하다. 무엇보다 유아의 타고난 창조적 능력을 인정하며, 교사는 유아의 발달을 도와주는 존재라는 점이 중요하다. 유아가 스스로 자신이 하고 싶은 것을 선택하여 작업하도록 했으며, 유아가 스스로 해낼 수 있다는 것을 격려했다는 점은 어떤 교육의 효과보다도 인정받아야 할 부분이다. 같은 5세의 연령이라도 몬테소리 교실의 유아는 아주 독립적이고 책임의식이 있다는 점이 아주 독특하다.

몬테소리 교육의 필요성이나 중요성은 특별한 것에서라기보다 일상으로 나타나는 유아의 행동에서 나타나는 것으로 알 수 있다. 노벨 문학상 수상자인 버트런드 러셀이 자신의 아이를 보낸 경험을 묘사한 것처럼, 평범한 것을 유아의 입장에서 관찰하여 발견하였고 그것을 구체적인 방법으로 실천했다는 데서 찾을 수 있을 것이다.

그림 7-15 버트런드 러셀

'제발 나 스스로 할 수 있도록 도와주세요.'
나는 몬테소리 부인이 방안 가득한 아이들을 어떻게 자기 훈육이 가능하며 분배했는지 궁금해했다. 나의 세 살짜리 작은 아이를 아침에 몬테소리 학교에서 보내면서 어떻게 빠른 시간 내에 절제된 인간이 되었는지 알았다. 교육학 방법은 천재적이지만 교사들은 천재적이지 않아도 된다. 그들은 오직 특별한 방법이 없는 동정과 인내심을 가지고 훈련을 잘 받은 것이다. 기초적인 것은 간단하다. 바른 절제와 외부적인 강요가 아닌 자발적으로 바람직하게 마음에 생기는 습관에 있다. 위대한 성공은 이러한 생각을 교육에서 기술적인 방법을 찾았다는 것이 놀랍다. 몬테소리 부인은 높이 칭송받을 만하다.

—버트런드 러셀의 「교육에 관하여」 중—

4 현대 몬테소리 교육의 과제

1) 몬테소리 교사교육의 효율적인 운영과 적용

아무리 좋은 교육이라 할지라도 그 교육의 효과는 교육을 실시하고 운영하는 교사의 능력을 뛰어넘을 수 없다. 몬테소리 교육을 이어올 수 있었던 계기도 몬테소리가 살아 있을 때도 교사교육을 하였고 현재까지 전 세계에서 교사교육이 지속되어 오고 있다는 것을 들 수 있다. 몬테소리 교육은 특히 몬테소리 교사자격증을 받을 수 있는 교사교육이 이루어지는 것이라 더욱 그렇다. 유치원 교사를 양성하는 대학에서는 몬테소리 교사교육을 제대로 받을 수 없는 형편이라 교사로 취직을 하면서, 특히 신임교사의 경우에는 별도의 연수를 통하여 이루어지는 경우가 대부분이다. 여러 가지 상황을 고려할 때 교사교육의 효율적인 운영과 적용이 중요하다.

2) 교사교육의 동기

몬테소리 교사교육을 받게 되는 교사의 동기가 중요하다. 이전 연구의 결과에 의하면 교사교육의 동기가 '유치원 필요에 의해서'라는 대답이 가장 많다(권오신, 2008). 동기에 따라 교육의 효과는 달라질 수 있을 것이다. 교사의 연수 경험이 많을수록 자신감과 자기조절 효능감에서 높게 반응한 것으로 나타났고(문정미, 2011), 교사의 경력이 많을수록 유아들과 생활하는 즐거움과 끊임없는 도전 및 성취감이 높게 나타났다(김아영 · 김민정, 2002; 김경옥, 2009; 문정미, 2011)는 연구결과가 있다. 유아의 관찰이나 교구의 적절한 시범, 환경의 준비 등은 경력이 쌓일수록 이해도가 높아지고 유연성이 생길 것이다. 이런 점은 몬테소리 교육을 처음으로 실시하는 초임 교사들의 경우에는 동기가 달라지고 처음으로 임하는 새로운 직무로 여러 가지로 당황하고 어려움을 느끼는데, 몬테소리 환경과 교구를 준비하여 개별 유아를 관찰한다는 것으로 더욱 심리적 부담을 겪을 수 있다. 몬테소리 교육에 대한 이해도나 지도 능력의 향상을 위하여 충분한 시간이나 도움이나 지지가 필요하다는 것을 생각해 볼 수 있다.

3) 충분한 몬테소리 교육 철학 이해

몬테소리 교육 철학을 충분히 이해하고 있어야 몬테소리 교육환경을 준비할 수 있고, 교구 시범을 통하여 제대로 그 의미나 가치가 유아들에게 전달이 될 수 있다. 유아 개개인의 발달단계와 특성을 고려한 시범 적용은 교사의 판단에 의한 것이 기본적이라 교사의 역할이 매우 중요하다 할 수 있다. 아무리 교구가 흥미로운 것이라도 유아의 흥미에 적합하지 않을 경우에는 역효과를 가져오며 준비되지 않은 유아에게 소개가 될 경우에는 그 효과를 볼 수 없다.

4) 교사들의 직무 스트레스

교사들의 직무 스트레스는 업무 상황이라는 환경 속에서 개인과 환경 간의 특별한 관계라 할 수 있다. 한 개인의 능력이나 기술이 직업에서 요구하는 것과 불일치할 때 혹은 개인의 욕구와 직무환경에서 제공되는 것 간에 불일치가 있을 때 발생하는 것이 직무 스트레스이다(고정자, 2009). 교사가 느끼는 스트레스의 주요 원인은 과다한 업무나 아동의 수, 원아들과의 활동 등(김구영 2001; 김남희, 1993)이라고 할 수 있다.

몬테소리 교육 실시 시 어려운 점으로는 '유아관찰기록에 대한 부담감', '교구제공에 대한 전문지식의 부족', '몬테소리 프로그램 운영상 어려움' 등으로 나타난다(이승연, 2000; 권오신, 2008). 유아 관찰을 중점적으로 해야 하는 교육의 특성상 담당하는 학급 유아 수가 많은 것도 어려움으로 들 수 있다(황현숙, 2001). 교사가 담당하는 유아 수가 적절하다고 생각하는 교사는 자신감, 자기조절 교사 효능감, 과제난이도에서 높게 나타났다(문정미, 2011).

교사의 직무 스트레스는 자신의 일에 몰입하는 것에 부정적인 영향을 미친다(김경연, 2010; 조규영, 2012). 교사의 효율적인 직무를 위해서는 조직 내에서의 지지, 즉 원장으로부터, 동료교사로부터의 지지가 필요하다. 또한, 사회적인 가족, 친구, 타인, 학부모의 지지도 요구된다. 특히, 초임 교사의 경우에는 더욱 격려와 지지가 필요하다.

몬테소리 교육이 효율적으로 이루어지기 위해서는 우선적으로 교사의 안정과 행복이 중요하다. 이를 위한 요소들을 살펴보고 보다 나은 교사가 될 수 있는 조건들을 개선하고 방법을 찾는 것이 필요하다.

5) 현대 시대에 맞는 교육의 적용

몬테소리가 교육을 시작하던 그 당시에도 교육의 개혁이 주장되었고 학교와 교사가 변화되어 새로운 교육이 되어야 한다고 했다. 그때의 교육 개혁운동에도 전통적인 학교 교육에 대한 비판이 일어나면서, 교육이 아동 중심, 활동 중심, 생활 중심, 자연 중심으로 전환될 것이 언급되었다. 몬테소리는 그 당시의 교사 중심의 교육, 학교 환경의 빈약함, 암기식 교육에 대한 비판을 하였다.

교육의 변화를 살펴보면 이러한 측면의 변화가 많이 일어났고, 현대의 학교 교육은 충분한 교재와 좋은 시설 등으로 변화되었고, 예전보다는 질 높은 교육 환경을 갖추고 있다 할 수 있다.

그러나 여전히 시대가 요구하는 새로운 학교 교육이 필요하다. 핵가족화된 가정의 유아들은 가족과의 시간이 부족하고, 바쁜 생활 일과 속의 유아들은 친구들과 놀 시간이 부족하다. 기계화된 환경 속에서 자라는 유아들은 자연과 함께하는 시간보다는 건물 안에서 지내는 시간이 많다. 집이나 학교 주변은 산업화된 건물과 도로로 구성되고 자연을 체험할 수 있는 시간과 공간이 부족하다. 이런 환경에 적합한 몬테소리 교육의 적용이 연구되어야 할 것이다.

6) 교사 대 유아의 비율

몬테소리 교육은 유아를 관찰하여 개인의 발달을 알아내고 그것에 적절한 교육을 제공한다. 교사가 담당하는 유아의 비율이 높으면 효율적으로 이루어지기 어렵다. 유아 관찰이 힘든 이유로 '학급의 유아 수가 너무 많아서'라는 답이 많았다(김란희, 2016; 이남희 2008). 현재는 2016년도부터 공립유치원 만 3세 16명 이하, 만 4세 22명 이하, 만 5세 26명 이하로, 혼합반은 20명으로 학급당 정원을 조정했다. 사립 유치원은 실정을 고려하여 선택적 허용 기준으로 만 3세반은 16~20:1, 만 4세는 22~25:1, 만 5세는 26~30:1로, 만 3~5세 혼합연령반은 25:1로 규정되어 있다. 그러나 교사가 다른 직무를 하면서 한 명씩 매일 유아를 관찰하기에는 인원이 아직 많은 편이다. 스웨덴의 경우는 3~6세 유아를 대상으로 8~15명으로 운영되며, 유아 5명당 1명의 보육교사가 있다. 독일은 지역마다 차이는 있으나 3~6세 유아의 경우, 교사 1인당 9.3명의 유아를 돌보고 있다. 외국의 유치원과 비교하면 우리나라는 유아의 비율이 높은 편이다.

7) 부모 교육

몬테소리가 어린이집을 개원할 때는 학부모가 모두 일을 하는 가정의 유아들이었다. 어린이집에 자녀를 보내기 위해서는 규칙을 지켜야 할 것을 요구하였으며, 교사는 적극적인 공유를 하도록 하였다. 부모 교육을 함께한 것이 교육의 성과를 높이는 이유 중 하나였다. 특히, 혼합연령반의 운영은 여러 연령이 함께 생활하는 사회적 경험을 어릴 때 자연스럽게 해볼 수 있는 기회를 제공한다. 유치원에서만의 교육이 아니라 가정에서도 같은 방법으로 이루어질 때 효과적이다. 부모가 몬테소리 교육의 철학과 교육방법에 대한 이해가 있을 때 유아들에게 혼동을 주지 않고 교육은 더욱 효과적일 수 있다. 다양한 부모 참여와 방법이 마련되어야 할 것이다.

8) 국가 교육과정과의 연계

한국은 국가 중심의 교육과정에 맞추어 교육을 실시하도록 되어 있다. 기관 인증평가로 인하여 몬테소리 교육 프로그램을 비롯한 다양한 프로그램을 실시하는 유치원은 인증평가 기준에 맞추어 혼합하여 운영해야 하는 어려움이 있다. 교육행정 감독기관이 두 가지 교육에 대한 이해가 부족할 수도 있다. 교사의 몬테소리 교육과 일반 교육과정에 대한 이해가 부족하여 연계를 하는 데 어려움이 생길 수 있다. 또한, 교사의 시간 부족이나 연계하려는 노력, 연구의 부족으로 인해 두 교육과정을 연계하는 데 어려움이 생기기도 한다. 이러한 문제를 극복하고 해결하기 위해서 우리나라의 현실에 맞는 몬테소리 교육 프로그램을 개발하여야 한다는 의견도 있다.

9) 자연과 함께하는 교육

몬테소리는 우주는 유아들의 환경이라고 했다. 몬테소리는 감각 교육을 하면서 자연 속에서의 경험이 얼마나 중요한가를 강조했었다. 생태계의 일부분으로서 인간의 존재를 보았고, 우주에 있는 모든 사물과 인간과의 관계를 중요시했다. 유아들이 세계의 질서 있는 관계를 유지하도록 하고 새로운 세계를 창조하는 방법은 깨끗하고 평화로운 우주를 후손들에게 유산으로 남겨주어야 한다고 했다. 인간은 자연과 조화를 이루어 가면서 인간이 생성해 가는 문화를 스스로 지배하기를 원한다. 그러기 위해서 인간은 우주에 대한 지식이 필요하고, 그 지식으로 인해서 인간은 더 훌륭한 문화를 창조하는 주역이 된다고 말한다(조성자 역, 1998, p.2). 생태교육이 강조되고 있는 시대에 몬테소리의 생태학적 우주관은 적절한 방법으로 적극적인 적용을 할 수 있을 것이다.

생각해 보기

1. 몬테소리의 현대적 적용에 있어 과제는 무엇인가? 본인이 생각하기에 가장 중요한 점은 무엇이라고 생각하는가? 그 외의 요소들은 어떤 것들이 있다고 생각하는가?

2. 몬테소리 교사교육을 실시하는 데 있어 문제점은 무엇이고, 이를 위한 해결방안은 무엇이라고 생각하는가?

3. 현대 사회의 유아들에게 몬테소리 교육의 적용 시 장점은 무엇인지 생각해 보자!

CHAPTER 8

몬테소리 교구활동 실제

1. 일상생활 영역 교구활동
2. 감각 영역 교구활동
3. 수 영역 교구활동
4. 언어 영역 교구활동
5. 문화 영역 교구활동

1 일상생활 영역 교구활동

〈일상생활 영역의 교육내용〉

1. 동작의 조절 및 분석
   - 기본 준비활동: 매트 펴고 말기, 교구 나르기, 의자에 앉고 서기, 의자 옮기기, 책상 옮기기, 물 떠오기, 물 버리기 등
   - 소근육 활동: 옮기기, 붓기, 짜기, 손목 사용하기
   - 대근육 활동: 선 따라 걷기, 침묵 게임

2. 자신에 대한 배려
   손 씻기, 옷 입고 벗기, 거울보기, 머리 빗기, 신발 신고 벗기, 구두 닦기, 옷틀, 코풀기 등

3. 환경에 대한 배려
   - 청소하기: 책상 위 쓸기, 책상 닦기, 그릇 정리하기, 교구장 닦기 등
   - 광내기: 거울 닦기, 금속 닦기, 은그릇 광내기 등
   - 동 · 식물 가꾸기: 동물 밥 주기, 물고기 밥 주기, 화분 잎 닦기, 화분에 물 주기 등
   - 음식 준비하기: 계란 껍데기 까기, 바나나 썰기, 당근 썰기, 오이 껍질 까기, 쿠키 갈아먹기 등

4. 예의범절 · 사회적 적응
   문 열고 닫기, 인사하기, 도움 청하기, 타인에게 양해를 구하기, 위험한 물건 건네주기, 식사예절 등

그림 8-1 일상생활영역

일상생활 교구 활동계획서 1

1. 교구명: 책상 의자에 앉고 서기

2. 교구: 유아에게 맞는 크기의 책상, 의자

3. 준비작업
   - 교사: 〈책상 의자에 앉고 서기〉 시범을 연습하여 완벽하게 준비되어 있어야 한다.
   - 유아: 혼자서 걸을 수 있고 근육 움직임이 가능한 유아를 초대한다.
   - 환경: 책상과 의자가 준비되고 시범 보일 공간이 충분한지 확인한다.

4. 시범

① 유아를 초대하여 활동명 '책상 의자에 앉고 서기'를 알려준다.
"지금부터 〈책상 의자에 앉고 서기〉를 보여줄게요."

② 책상과 의자가 있는 곳으로 간다. 의자 뒤로 가서 의자를 잡을 수 있을 정도의 여유를 두고 다리를 모으고 선다.

③ 허리를 약간 굽혀서 왼손으로 의자 등받이 왼쪽 기둥을 감싸서 잡는다.

④ 엄지손가락은 의자 손잡이 안쪽으로 잡고 손바닥이 의자의 등받이 기둥을 감싸서 나머지 네 손가락으로 잡는다.

⑤ 오른손으로 오른쪽 등받이 기둥을 왼손과 같은 방법으로 감싸서 잡는다.

⑥ 잡은 의자를 약간 들어 올려 뒤로 기울여 자신의 발 앞 거리 중간에 소리 나지 않게 놓고, 뒤로 한 걸음 물러나서 다시 자신의 발 앞까지 옮겨서 놓는다.

⑦ 의자의 왼쪽 옆쪽으로 돌아가서 의자가 자신의 등 쪽으로 오게 선다.

⑧ 조용히 의자에 앉은 후 먼저 오른발을 의자 앞쪽으로 돌려서 옮기고, 왼쪽 발을 돌려서 오른발 옆으로 붙여 옮겨서 앞을 보고 앉는다.

⑨ 의자의 엉덩이 옆 부분을 잡고 당겨 앉는다.

⑩ 의자에 앉은 후 앞을 한 번 본다.

⑪ 의자에서 일어 서기 위해 의자 양쪽을 잡고 소리 나지 않게 뒤로 민다.

⑫ 왼발을 왼쪽 옆으로 돌려 빼고 오른발도 왼쪽 발 옆으로 돌려 뺀다.

⑬ 의자에서 일어나서 의자 뒤로 돌아서 걸어온다.

⑭ 허리를 약간 굽혀서 왼손 먼저 의자 등받이 기둥을 잡고, 오른손으로 오른쪽 등받이 기둥을 잡아서 의자를 약간 들어서 앞으로 한 번 옮긴다.

⑮ 옮긴 만큼 발을 앞으로 움직여서 다시 의자가 책상 안으로 들어가도록 소리 나지 않게 옮겨 놓는다.

⑯ 유아에게 한 번 해보겠느냐고 권유한다.

⑰ 유아가 다 한 후 정리한다.

5. 잘못의 정정
- 의자를 당길 때 의자가 넘어지는 것
- 의자를 당기고 밀어 넣을 때 소리가 나는 것
- 의자에 앉았는데 넘어지는 것
- 의자를 떨어뜨릴 때
- 의자에서 일어서지 못하는 것
- 의자를 책상에서 너무 멀리 놓은 것

6. 흥미로운 점
- 의자의 다리를 차례로 바닥에 내려놓을 때 조용히 옮길 수 있는 것
- 무릎을 돌려 책상 밑으로 들어가게 하고 나오는 움직임
- 의자를 들고 당기고 넣을 때 손에 느껴지는 힘
- 의자를 책상 아래로 밀어 넣을 때 소리 나지 않고 조용히 들어가는 것
- 의자의 딱딱한 느낌과 손잡이 부분이 와 닿는 느낌

7. 교구의 목적
- 직접 목표: 의자에 바르게 앉고 서기
- 간접 목표: 질서감, 집중력, 눈과 손의 협응력, 독립

8. 연령: 25개월 이상

9. 언어: 의자, 책상, 앉는다, 서다, 등받이, 다리, 왼손, 오른손, 뒤, 앞, 돌아서다, 손, 무릎

10. 변형 및 응용
- 다양한 모양(네모의자, 동그란 의자, 소파 등)과 크기의 의자에 앉고 서기
- 등받이가 없는 의자에 앉고 서기
- 식탁 의자에 앉고 서기

일상생활 교구 활동계획서 2

1. 교구명: 세 손가락으로 집어서 옮기기

2. 교구: 그릇 2개, 내용물(마카로니), 쟁반 1개

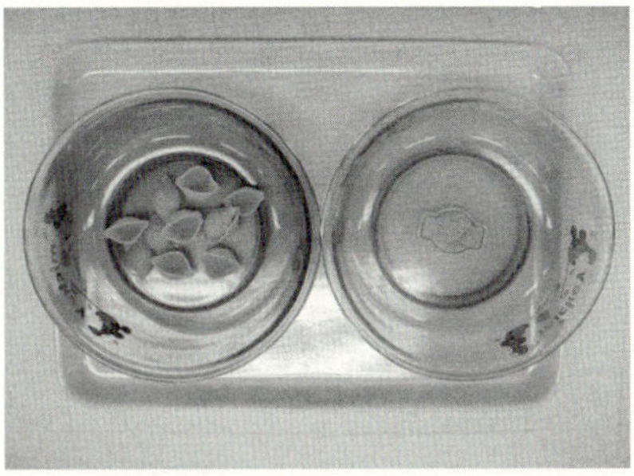

3. 준비작업
   - 교사: 〈세 손가락으로 집어서 옮기기〉 시범을 연습하여 완벽하게 준비되어 있어야 한다.
   - 유아: 한 손으로 쥐어서 옮기기 교구를 마친 유아를 초대한다.
   - 환경: 교구가 준비되어 있고 시범 보일 공간이 충분한지 확인한다.

4. 시범

① 유아를 초대하여 활동명을 알려준다.
"지금부터 〈세 손가락으로 집어서 옮기기〉를 해 볼게요."
② 교구를 가져와서 책상에 소리 없이 내려놓고 의자에 앉는다.
③ 가져온 교구를 살펴본다.
④ 오른손을 들어 그릇 위에서 엄지·검지·중지 세 손가락을 펴서 오므렸다 폈다 3~4회 한다.
⑤ 왼쪽 그릇에서 세 손가락을 펴서 그릇으로 넣어 마카로니 한 개를 집는다.
⑥ 마카로니를 집은 손을 위로 올려 오른쪽 그릇으로 수평으로 이동하여 오른쪽 그릇에 손을 넣어 살며시 내려놓는다.
⑦ 마카로니를 내려놓은 후 오른손 세 손가락을 오므린 채 수직으로 올라와 잠시 살핀 후 왼쪽 그릇으로 다시 수평 이동한다(이때는 오므렸다 폈다를 안함).
⑧ 왼쪽 그릇에서 세 손가락을 오므렸다부터 반복하여 옮긴다.
⑨ 사용하지 않는 왼손은 무릎에 자연스럽게 얹고 시선은 그릇을 주시한다.
⑩ 마카로니를 왼쪽에서 오른쪽 그릇으로 다 옮기고 나면 다 옮겨졌는지 살펴본다.
⑪ 다시 오른쪽에서 왼쪽 그릇으로 같은 방법을 사용하여 옮겨 놓는다.
⑫ 다 옮기고 나면 양손은 무릎에 올려놓고 다 옮겨졌는지 교구를 살펴본다.
⑬ 유아에게 한 번 해 보겠느냐고 권유한다.
⑭ 유아가 다 한 후에 양손으로 의자의 엉덩이 아랫부분을 잡고 조용히 뒤로 뺀다.
⑮ 일어나 의자 뒤로 돌아가서 책상 안으로 의자를 소리 나지 않게 밀어 넣는다.
⑯ 쟁반을 들고 교구장으로 가서 교구를 제자리에 놓는다.

5. 잘못의 정정
   - 마카로니를 한 번에 여러 개를 집었을 때 유아는 다시 그릇에 넣어서 한 개를 집어서 옮겨놓는다(세 손가락을 사용하여 여러 개를 집으면 근육의 힘이 부족해서 떨어지는 것을 경험).

- 그릇을 넘어뜨려 마카로니가 쏟아진 경우 유아 스스로 넘어진 그릇을 바로 하고 마카로니를 그릇에 담는다.

6. 흥미로운 점
   - 마카로니가 그릇에 떨어지는 소리를 듣는 것
   - 세 손가락으로 마카로니가 쥐어지는 것의 촉감
   - 세 손가락으로 들고 떨어뜨리지 않고 옮기는 것
   - 마카로니를 잡을 때의 감촉
   - 마카로니가 담긴 그릇의 모양과 색깔을 느끼는 것
   - 마카로니의 모양을 보는 것
   - 그릇이 비워지고 채워지는 것을 보는 것

7. 교구의 목적
   - 직접 목표: 세 손가락을 사용하여 물건을 옮길 수 있다.
   - 간접 목표: 질서감, 집중력, 눈과 손의 협응력, 독립심을 기른다.

8. 연령: 24개월 이상

9. 언어: 그릇, 마카로니, 두 개, 하나씩, 집다, 세 손가락, 엄지·검지·중지, 무릎, 왼손, 오른손, 옮긴다, 오므린다, 편다

10. 변형 및 응용
    - 다른 재료를 사용해서 세 손가락으로 쥐어서 옮기기
    - 그릇을 크기별로 준비하여 옮기기
    - 그릇을 색깔별로 준비하여 내용물을 하나씩 분류하여 옮기기

일상생활 교구 활동계획서 3

1. 교구명: 손잡이와 주둥이가 있는 것 붓기(마른 물질 붓기)

2. 교구: 손잡이와 주둥이가 있는 컵 2개, 해바라기 씨(내용물), 쟁반 1개

3. 준비작업
   - 교사: 〈손잡이와 주둥이가 있는 것 붓기〉 시범을 연습하여 완벽하게 준비되어 있어야 한다.
   - 유아: 세 손가락으로 옮기기 교구를 마친 유아를 초대한다.
   - 환경: 교구가 준비되어 있고 시범 보일 공간이 충분한지 확인한다.

4. 시범
   ① 유아에게 활동명을 알려준다.
   "지금부터 〈손잡이와 주둥이가 있는 것 붓기〉를 보여줄게요"
   ② 교구장에 가서 교구를 가져와서 책상 위에 조용히 내려놓고 의자에 앉는다.
   ③ 가져온 교구를 살펴본다.
   ④ 오른손 엄지·검지·중지로 왼쪽 컵의 손잡이를 잡고 든다.
   ⑤ 오른쪽으로 천천히 이동한 후 왼손으로 컵 아래를 받친다.
   ⑥ 주둥이를 기울여 천천히 붓고, 다 부어지고 나면 속을 확인하여 본다.
   ⑦ 오른쪽 컵 안쪽을 보고 확인한다.
   ⑧ 빈 컵은 왼쪽으로 이동하여 제자리에 살며시 놓는다.
   ⑨ 다시 오른쪽 컵에서 왼쪽 컵으로 같은 방법을 사용하여 옮겨 놓는다.
   ⑩ 다 옮기고 나면 양손은 무릎에 올려놓고 다 옮겨졌는지 교구를 살펴본다.
   ⑪ 유아에게 한번 해 보겠느냐고 권유한다.
   ⑫ 유아가 다 한 후에 정리한다.
   ⑬ 의자에서 일어난다.
   ⑭ 쟁반을 들고 교구장으로 가서 교구를 제자리에 놓는다.

5. 잘못의 정정
   - 컵에서 내용물이 다른 곳으로 떨어질 때
   - 내용물을 부을 때 소리가 나는 것을 듣는 것

6. 흥미로운 점
    - 컵에 떨어지는 소리를 듣는 것
    - 컵에 해바라기 씨가 부어지는 모습을 보는 것
    - 컵에 해바라기 씨가 채워지는 모습을 보는 것
    - 컵의 전체적인 매끈한 모양과 색깔을 보는 것
    - 주둥이와 손잡이의 모양을 잡는 동작
    - 손잡이로 컵을 들었을 때 무게를 느끼는 것
    - 손잡이와 컵 아래를 잡는 감촉을 느끼는 것

7. 교구의 목적
    - 직접 목표: 컵으로 마른 물질을 잘 부을 수 있다.
    - 간접 목표: 질서감, 집중력, 눈과 손의 협응력, 독립심을 기른다.

8. 연령: 30개월 이상

9. 언어: 컵, 두 개, 해바라기 씨, 붓다, 세 손가락, 엄지·검지·중지, 기울이다, 옮긴다, 손잡이, 주둥이, 채워지다, 비었다

10. 변형 및 응용, 확장
    - 뚜껑이 있는 컵 붓기
    - 다양한 모양의 컵(머그컵, 와인 잔 등) 붓기
    - 다양한 재질의 컵(도자기, 플라스틱, 유리, 알루미늄 등) 붓기
    - 다양한 내용물(구슬, 쌀, 마카로니, 콩, 비즈 등) 붓기

일상생활 교구 활동계획서 4

1. 교구명: 숟가락으로 옮기기

2. 교구: 같은 크기의 그릇 2개, 녹두콩(내용물), 숟가락 1개, 숟가락 받침대 1개, 쟁반 1개

3. 준비작업
   - 교사: 〈숟가락으로 옮기기〉 시범을 연습하여 완벽하게 준비되어 있어야 한다.
   - 유아: 집게로 집어서 옮기기 교구를 마친 유아를 초대한다.
   - 환경: 교구가 준비되어 있고 시범 보일 공간이 충분한지 확인한다.

4. 시범

① 유아를 초대하여 활동명을 알려준다.
"지금부터 〈숟가락으로 옮기기〉를 시범해 봅시다."
② 교구장에 가서 교구를 가져와서 책상에 소리 나지 않게 내려놓고 의자에 앉는다.
③ 가져온 교구를 살펴본다.
④ 왼손으로 숟가락의 둥근 부분 바로 아랫부분을 잡고 오른손으로 손잡이 부분을 안정되게 잡은 후 왼손은 살며시 놓아서 왼쪽 무릎 위에 올려놓는다.
⑤ 오른손 엄지·검지·중지로 숟가락을 잡고 숟가락으로 앞뒤로 움직여 뜰 때의 동작을 3회 움직인다.
⑥ 왼쪽 그릇에서 오른손을 움직이며 숟가락을 넣어 내용물을 뜬다.
⑦ 내용물이 든 숟가락을 5센티 정도 위로 올려 손목과 손은 일직선으로 하여 오른쪽 그릇으로 수평으로 이동하여 그릇에서 숟가락을 기울이며 내용물을 내려놓는다.
⑧ 내용물을 내려놓은 후 숟가락을 바로하고 잠시 살핀 후 왼쪽 그릇으로 다시 수평 이동한다.
⑨ ⑥번에서 ⑧번의 동작을 반복하여 나머지 것들도 왼쪽으로 옮긴다.
⑩ 다시 오른쪽 그릇에서 왼쪽 그릇으로 같은 방법을 사용하여 옮겨 놓는다.
⑪ 다 옮기고 나면 양손은 무릎에 올려놓고 다 옮겨졌는지 교구를 살펴본다.
⑫ 유아에게 한 번 해 보겠느냐고 권유한다.
⑬ 유아가 다 한 후에 양손으로 의자의 엉덩이 아랫부분을 잡고 조용히 뒤로 뺀다.
⑭ 일어나 의자 뒤로 돌아가서 책상 안으로 의자를 소리 나지 않게 밀어 넣는다.
⑮ 쟁반을 들고 교구장으로 가서 교구를 제자리에 놓는다.

5. 잘못의 정정
   - 숟가락을 떨어뜨리는 것을 보는 것
   - 내용물을 옮길 때 떨어지는 것을 보는 것

- 내용물이 그릇에 남아 있는 것을 보는 것

6. 흥미로운 점
   - 숟가락으로 내용물을 퍼서 옮기는 것
   - 내용물을 내려놓을 때 기울여 내려놓는 것
   - 내용물이 떨어지는 모습과 소리를 듣는 것
   - 숟가락의 모양과 움직이는 동작
   - 숟가락을 움직일 때 손목의 움직이는 동작
   - 내용물의 모양과 색깔을 보는 것
   - 그릇의 모양과 색깔을 보는 것
   - 숟가락과 그릇이 닿는 소리를 듣는 것
   - 숟가락의 손잡이 부분을 잡는 촉감

7. 교구의 목적
   - 직접 목표: 숟가락으로 옮기기를 할 수 있다.
   - 간접 목표: 질서감, 집중력, 눈과 손의 협응력, 독립심

8. 연령: 38개월 이상

9. 언어: 그릇, 콩(내용물), 숟가락, 퍼다, 기울이다, 떨어지다, 세 손가락, 엄지·검지·중지, 왼손, 오른손, 옮긴다

10. 변형 및 응용, 확장
    - 강낭콩, 은행, 마카로니, 쌀 등 다양한 내용물을 숟가락으로 퍼서 옮기기
    - 그릇을 색·크기를 다양하게 바꾸어 옮기기
    - 내용물의 크기와 종류를 바꾸어 옮기기
    - 뚜껑이 있는 그릇 숟가락으로 퍼서 옮기기

일상생활 교구 활동계획서 5

1. 교구명: 물 붓기

2. 교구: 물, 주둥이가 있는 컵 2개, 스펀지 1개, 쟁반 1개

3. 준비작업
   - 교사: 〈물 붓기〉 시범을 연습하여 완벽하게 준비되어 있어야 한다.
   - 유아: 물 붓기를 경험하고 마른 것 붓기 교구를 마친 유아를 초대한다.
   - 환경: 교구가 준비되어 있고 시범 보일 공간이 충분한지 확인한다.

   ※ 스펀지는 물을 꼭 짜서 교구장에 넣어둔다.

4. 시범

   ① 유아를 초대하여 활동명을 알려준다.
   "지금부터 〈물 붓기〉를 시범해 보자."
   ② 교구를 가져와서 책상에 소리 나지 않게 내려놓고 의자에 앉는다.
   ③ 가져온 교구를 살펴본다.
   ④ 오른손으로 왼쪽 컵의 손잡이를 잡고 든다. 왼손으로 컵 옆면 아랫부분을 받친다.
   ⑤ 오른쪽으로 수평 이동하여 오른쪽 그릇의 위쪽에서 잠시 멈춘다.
   ⑥ 주둥이의 부분을 기울여 천천히 붓고, 다 부어졌는지 속을 확인하고 스펀지로 주둥이의 끝 부분 물기를 닦는다.
   ⑦ 물이 부어진 컵을 잠깐 쳐다보고 확인한다.
   ⑧ 컵을 왼쪽으로 이동하여 제자리에 살며시 놓는다.
   ⑨ 다시 오른쪽 컵에서 왼쪽 컵으로 같은 방법을 사용하여 옮겨 놓는다.
   ⑩ 다 옮기고 나면 양손은 무릎에 올려놓고 다 옮겨졌는지 교구를 살펴본다.
   ⑪ 유아에게 한번 해 보겠느냐고 권유한다.
   ⑫ 유아가 다 한 후에 양손으로 의자의 엉덩이 아랫부분을 잡고 조용히 뒤로 뺀다.
   ⑬ 일어나 의자 뒤로 돌아가서 책상 안으로 의자를 소리 나지 않게 밀어 넣는다.
   ⑭ 쟁반을 들고 교구장으로 가서 교구를 제자리에 놓는다.

5. 잘못의 정정
   - 물을 부을 때 밖으로 물이 튕겨 나가는 것을 보는 것
   - 물을 붓다가 쏟는 것을 보는 것

6. 흥미로운 점
   - 손잡이를 잡고 주둥이로 물 붓기 한 것
   - 컵에 떨어지는 물소리를 듣는 것
   - 컵에 물이 따라지는 모습을 보는 것
   - 컵에 물이 채워지는 모습을 보는 것
   - 물 색깔을 보는 것
   - 컵의 모양과 색깔을 보는 것
   - 손잡이로 물이 든 컵을 들었을 때 무게를 느끼는 것
   - 손잡이로 물이 든 컵을 한 손으로 받쳤을 때 무게를 느끼는 것
   - 손잡이와 컵 아래를 잡는 감촉을 느끼는 것
   - 스펀지의 색깔과 감촉을 느끼는 것
   - 스펀지로 물이 흡수되는 것을 보는 것

7. 교구의 목적
   - 직접 목표: 물 붓기를 할 수 있다.
   - 간접 목표: 질서감, 집중력, 눈과 손의 협응력, 독립심을 기른다.

8. 연령: 30개월 이상

9. 언어: 물, 컵, 두 개, 분홍색, 스펀지, 붓다, 따르다, 기울이다, 옮긴다, 손잡이, 꼭지, 채워지다, 비었다, 흡수하다, 닦는다, 받히다

10. 변형 및 응용
   - 다양한 재료를 붓는 것
   - 다양한 그릇으로 붓기
   - 뚜껑이 있는 그릇으로 붓기
   - 다양한 모양의 주전자에서 붓기

일상생활 교구 활동계획서 6

1. 교구명: 수건 접고 펴기

2. 교구: \, ㅡ, ×, + 선이 박음질 되어 있는 수건 4장, 쟁반 1개

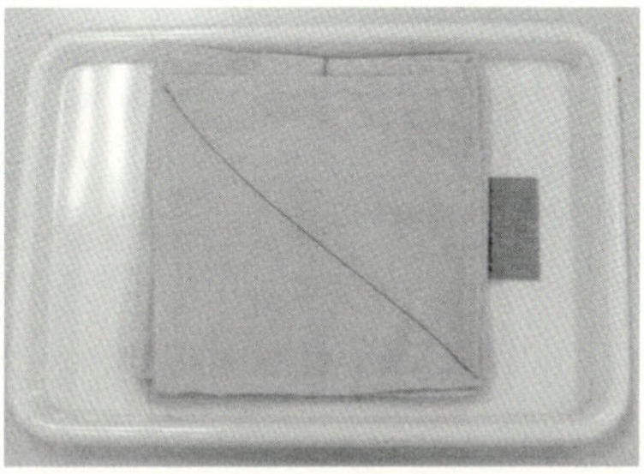

3. 준비작업
   - 교사: 〈수건 접고 펴기〉 시범을 연습하여 완벽하게 준비되어 있어야 한다.
   - 유아: 구슬 끼우기, 비누 깎기 등 눈과 손의 협응력, 손목 돌리는 교구를 마친 유아를 초대한다.
   - 환경: 교구가 준비되어 있고 시범 보일 공간이 충분한지 확인한다.

4. 시범

① 유아를 초대하여 활동명을 알려준다.
"지금부터 〈수건 접고 펴기〉를 시범해 볼게요."
② 교구를 가져와서 책상에 소리 나지 않게 내려놓고 의자에 앉는다.
③ 가져온 교구를 살펴본다.
④ 양손으로 수건을 위에서부터 하나씩 꺼내서 왼쪽부터 오른쪽으로 \, ㅡ, ×, + 차례대로 책상 아래쪽에 놓는다.
⑤ 제일 왼쪽에 있는 '\' 수건의 왼쪽 위를 왼손으로 눌러 잡는다.
⑥ 오른손가락 검지와 중지로 박음질되어 있는 부분을 선을 따라 위에서 아래로 긋는다.
⑦ 박음선을 중심으로 수건을 위에서 아래로 접는다.
⑧ 접은 후 접은 부분 위를 오른손을 살며시 눌러주고 살펴본다.
⑨ 'ㅡ' 수건을 같은 방법으로 접는다.
⑩ 나머지도 같은 방법으로 접는다. ×는 먼저 \선을 접고 나서 /선을 접으며, +도 ㅡ선을 먼저 접고 ㅣ선은 나중에 접는다.
⑪ 다 접은 후 두 손을 무릎에 살며시 올리고 접은 수건을 살펴본다.
⑫ 수건을 왼쪽에 있는 것부터 다시 펼쳐서 접는 선을 오른손으로 눌러 편다.
⑬ 오른쪽에 있는 수건부터 왼쪽에 있는 순서대로 쟁반에 담는다.
⑭ 다 하고 나면 양손은 무릎에 잠깐 올려놓고 다 옮겨졌는지 교구를 살펴본다.
⑮ 유아에게 한 번 해 보겠느냐고 권유한다.
⑯ 유아가 다 한 후에 양손으로 의자의 엉덩이 아랫부분을 잡고 조용히 뒤로 뺀다.
⑰ 일어나 의자 뒤로 돌아가서 책상 안으로 의자를 소리 나지 않게 밀어 넣는다.
⑱ 쟁반을 들고 교구장으로 가서 교구를 제자리에 놓는다.

5. 잘못의 정정
   - 수건이 박음질된 선 밖으로 접힌 것을 보는 것
   - 수건이 접히지 않은 것을 보는 것

6. 흥미로운 점
   - 박음질된 선을 따라 수건 접기를 하는 것
   - 박음질된 수건의 선의 모양을 느끼는 것
   - 수건의 재질, 색깔, 감촉, 모양을 느끼는 것
   - 접은 선에 따라 수건 모양, 크기가 다른 것을 보는 것
   - 다시 수건을 폈을 때 다시 커지는 모양을 보는 것
   - 수건과 박음질 부분의 감촉 차이를 느끼는 것
   - 박음질된 선을 손으로 그을 때의 느낌

7. 교구의 목적
   - 직접 목표: 수건 접고 펴기를 할 수 있다.
   - 간접 목표: 질서감, 집중력, 눈과 손의 협응력, 독립심을 기른다.

8. 연령: 40개월 이상

9. 언어: 수건, 접다, 펼치다, 나르다, 옮기다, 순서, 왼쪽, 오른쪽, 4장, 사선, 일직선, 대각선 등

10. 변형 및 응용, 확장
   - 다양한 크기와 모양, 색이 다른 수건 접기
   - 다양한 옷의 접기

일상생활 교구 활동계획서 7

1. 교구명:

2. 교구:

3. 준비작업
   - 교사:
   - 유아:
   - 환경:

4. 시범
   ①
   ②
   ③
   ④
   ⑤
   ⑥
   ⑦
   ⑧
   ⑨
   ⑩

5. 잘못의 정정
   -
   -
   -
   -

6. 흥미로운 점
   -
   -
   -
   -

7. 교구의 목적
   - 직접 목표:
   - 간접 목표:

8. 연령:

9. 언어:

10. 변형 및 응용
   -
   -
   -
   -

일상생활 교구 활동계획서 8

1. 교구명:

2. 교구:

3. 준비작업
   - 교사:
   - 유아:
   - 환경:

4. 시범
   ①
   ②
   ③
   ④
   ⑤
   ⑥
   ⑦
   ⑧
   ⑨
   ⑩

5. 잘못의 정정
   -
   -
   -
   -

6. 흥미로운 점
   -
   -
   -
   -

7. 교구의 목적
   - 직접 목표:
   - 간접 목표:

8. 연령:

9. 언어:

10. 변형 및 응용
   -
   -
   -
   -

일상생활 교구 활동계획서 9

1. 교구명:

2. 교구:

3. 준비작업
   - 교사:
   - 유아:
   - 환경:

4. 시범
   ①
   ②
   ③
   ④
   ⑤
   ⑥
   ⑦
   ⑧
   ⑨
   ⑩

5. 잘못의 정정
   -
   -
   -
   -

6. 흥미로운 점
   -
   -
   -
   -

7. 교구의 목적
   - 직접 목표:
   - 간접 목표:

8. 연령:

9. 언어:

10. 변형 및 응용
   -
   -
   -
   -

일상생활 교구 활동계획서 10

1. 교구명:

2. 교구:

3. 준비작업
   - 교사:
   - 유아:
   - 환경:

4. 시범

   ①

   ②

   ③

   ④

   ⑤

   ⑥

   ⑦

   ⑧

   ⑨

   ⑩

5. 잘못의 정정
   -
   -
   -
   -

6. 흥미로운 점
   -
   -
   -
   -

7. 교구의 목적
    • 직접 목표:
    • 간접 목표:

8. 연령:

9. 언어:

10. 변형 및 응용
    •
    •
    •
    •

일상생활 교구 활동계획서 11

1. 교구명:

2. 교구:

3. 준비작업
   - 교사:
   - 유아:
   - 환경:

4. 시범
   ①
   ②
   ③
   ④
   ⑤
   ⑥
   ⑦
   ⑧
   ⑨
   ⑩

5. 잘못의 정정
   -
   -
   -
   -

6. 흥미로운 점
   -
   -
   -
   -

7. 교구의 목적
    - 직접 목표:
    - 간접 목표:

8. 연령:

9. 언어:

10. 변형 및 응용
    -
    -
    -
    -

일상생활 교구 활동계획서 12

1. 교구명:

2. 교구:

3. 준비작업
   - 교사:
   - 유아:
   - 환경:

4. 시범
   ①
   ②
   ③
   ④
   ⑤
   ⑥
   ⑦
   ⑧
   ⑨
   ⑩

5. 잘못의 정정
   -
   -
   -
   -

6. 흥미로운 점
   -
   -
   -
   -

7. 교구의 목적
    • 직접 목표:
    • 간접 목표:

8. 연령:

9. 언어:

10. 변형 및 응용
    •
    •
    •
    •

일상생활 교구 활동계획서 13

1. 교구명:

2. 교구:

3. 준비작업
   - 교사:
   - 유아:
   - 환경:

4. 시범
   ①
   ②
   ③
   ④
   ⑤
   ⑥
   ⑦
   ⑧
   ⑨
   ⑩

5. 잘못의 정정
   -
   -
   -
   -

6. 흥미로운 점
   -
   -
   -
   -

7. 교구의 목적
   - 직접 목표:
   - 간접 목표:

8. 연령:

9. 언어:

10. 변형 및 응용
   -
   -
   -
   -

2 감각 영역 교구활동

〈감각 영역의 교육내용〉

1. 시각

꼭지원기둥, 분홍탑, 갈색 계단, 빨간 막대, 색 원기둥, 색판 1, 색판 2, 색판 3, 기하학적 입방체, 기하도형 서랍장과 카드, 구성삼각형, 1항식, 2항식 상자, 3항식 상자, 10항식(피타고라스 판)

2. 촉각

촉각판, 촉각판 짝 맞추기, 중량판, 온도병, 온도판, 비밀 주머니 교구

3. 청각

소리 상자, 음감 벨

4. 후각

후각병

5. 미각

미각병

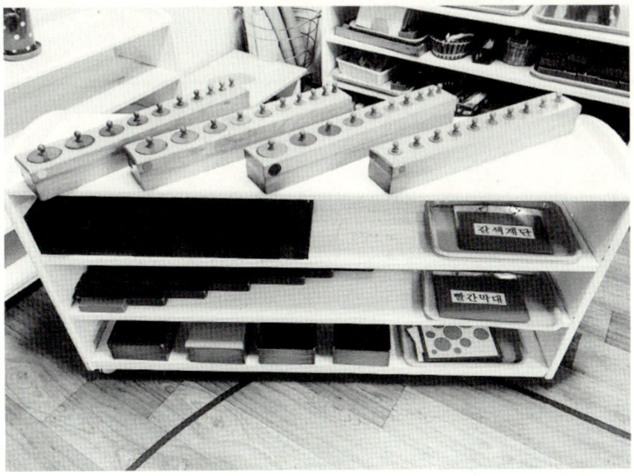

그림 8-2 **감각 영역**

감각 교구 활동계획서 1

1. 교구명: 꼭지원기둥

2. 교구: 꼭지원기둥(10개의 꼭지가 달린 원기둥과 틀), 매트
가로 55cm, 세로 6cm, 높이 8cm의 나무로 만든 블록(꼭지원기둥 틀) 4개가 한 세트로 틀 안에는 각각 10개의 블록에는 각각 10개의 꼭지가 달린 원기둥이 끼워져 있다.
   - 꼭지원기둥 1: 높이는 일정하나 지름 5cm에서 1cm로 감소한다.
   - 꼭지원기둥 2: 높이가 5.5cm에서 1cm로 감소하고, 지름도 5.5cm에서 1cm로 감소한다.
   - 꼭지원기둥 3: 높이는 5.5cm에서 1cm로 감소하고 지름은 2.5cm로 일정하다.
   - 꼭지원기둥 4: 높이는 1cm에서 5.5cm로 증가하고 지름은 5cm에서 1cm로 감소한다.

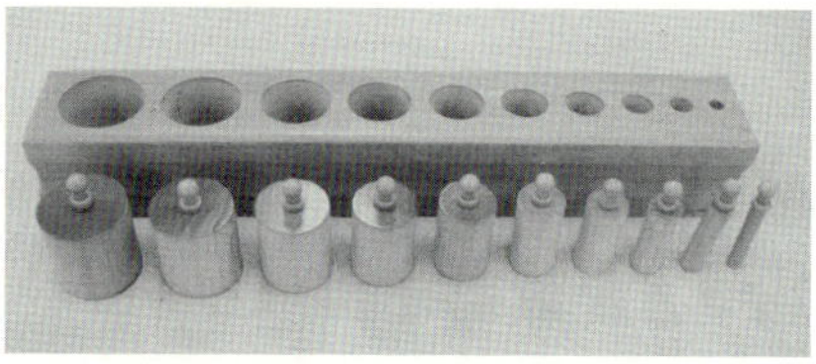
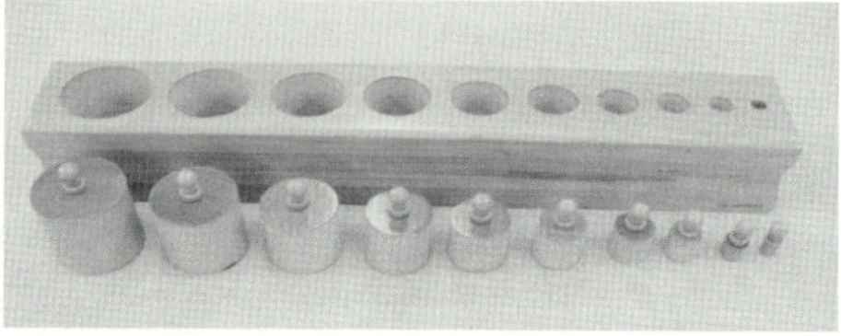
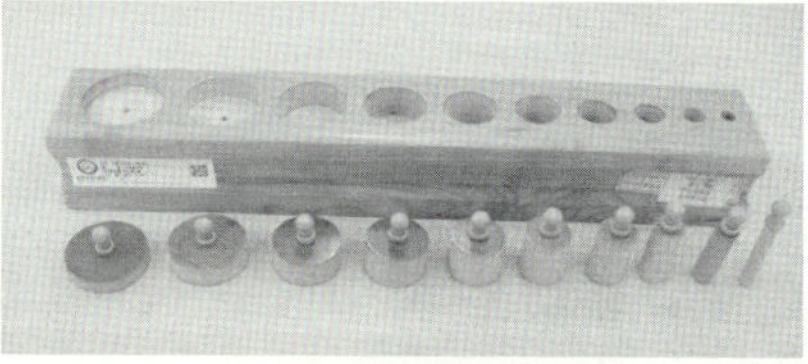
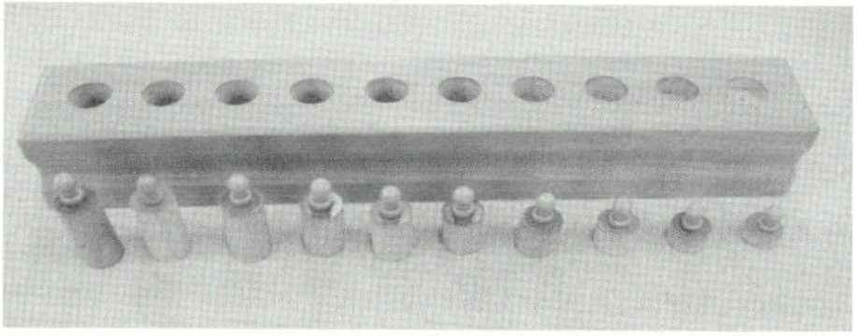

3. 준비작업
   - 교사: 〈꼭지원기둥〉 모든 시범을 연습하여 완벽하게 준비
   - 유아: 일상에서 세 손가락으로 옮기기 교구를 마친 유아
   - 환경: 교구가 준비되어 있고 시범 보일 공간이 충분한지 확인

4. 시범
〈시범 1〉
① 유아를 초대하여 활동명을 알려준다.
"지금부터 〈꼭지원기둥〉를 시범해 봅시다."
② 매트를 가져와서 충분한 공간을 확보하고 자리에 편평하게 편다.
③ 교구는 양손으로 원기둥 틀의 오목한 부분을 잡고 옮겨서 매트에 조용히 내려놓는다.
④ 가져온 교구를 살펴본다.

⑤ 오른손을 들어 엄지·검지·중지 세 손가락을 펴서 오므렸다 폈다를 3~4회 한다. 사용하지 않는 왼손은 무릎에 자연스럽게 얹고 시선은 교구를 주시한다.
⑥ 왼쪽의 가장 굵은 원기둥부터 오른손 엄지·검지·중지로 꼭지를 잡는다.
⑦ 엄지·검지·중지로 잡은 꼭지원기둥을 틀에서 꺼내어 꺼낸 틀 앞에 조용히 놓는다.
⑧ 원기둥을 꺼낸 후 구멍을 확인한다.
⑨ 왼쪽에서 두 번째 굵은 원기둥부터 순서대로 반복하여 제일 오른쪽 가는 것까지 6~8번과 같은 방법으로 꺼내어 틀 앞에 조용히 놓는다.
⑩ 다 옮기고 나면 손을 무릎에 올려놓고 틀의 구멍과 꺼내 놓은 원기둥을 살펴본다.
⑪ 다시 오른손 엄지·검지·중지로 꼭지를 잡고 제일 왼쪽 원기둥을 틀에 부딪치지 않게 넣은 후 눈으로 확인한다.
⑫ ⑪번과 같은 방법으로 나머지 원기둥을 다 옮기고 나면 오른손도 무릎에 올려놓고 교구를 살펴본다.
⑬ 유아에게 한번 해 보겠느냐고 권유한다.
⑭ 유아가 다 하고 나면 매트에서 일어나 교구를 양손으로 들어서 교구장에 제자리로 옮겨 놓는다.
⑮ 매트를 정리하여 옮겨 놓는다.

〈시범 2〉
① 〈시범 1〉의 ①~⑥번과 같은 방법으로 시범한다.
② 오른손의 엄지·검지·중지로 제일 왼쪽 원기둥의 꼭지를 잡고 수직으로 꺼낸다.
③ 오른손으로 들고 있는 원기둥의 둘레를 왼손 검지와 중지로 시계방향으로 돌리며 만져본다.
④ 왼손 검지와 중지로 왼쪽 첫 번째 틀의 구멍 위쪽과 안쪽도 시계방향으로 돌리며 만져본다.
⑤ 오른손에 들고 있는 원기둥을 왼쪽 첫 번째 틀에 부딪치지 않게 넣는다.
⑥ 그 다음 두 번째 왼쪽 원기둥부터 ②~⑤번과 같은 방법으로 순서대로 반복한다.
⑦ 다 옮기고 나면 양손을 무릎에 올려놓고 교구를 살펴본다.
⑧ 유아에게 한번 해 보겠느냐고 권유한다.
⑨ 유아가 다 하고 나면 매트에서 일어나 교구를 양손으로 들어서 교구장에 제자리로 옮겨 놓는다.
⑩ 매트를 정리하여 옮겨 놓는다.

〈시범 3〉
① 〈시범 1〉의 ①~⑥번과 같은 방법으로 시범한다.
② 오른손으로 잡고 있는 원기둥을 꺼낸 다른 원기둥의 앞쪽에 조용히 내려놓는다.
③ 그 다음 두 번째 왼쪽 원기둥부터 순서대로 꺼내어 다른 원기둥의 자리 앞쪽에 섞어서 옮겨 놓는다.
④ 다 옮기고 나면 오른손도 무릎에 올려놓고 틀의 구멍과 꺼내 놓은 원기둥을 살펴본다.
⑤ 다시 오른손 엄지·검지·중지로 제일 왼쪽 원기둥을 찾아서 꼭지를 잡고 왼쪽 첫 번째 틀에 부딪치지 않게 넣은 후 확인한다.
⑥ 두 번째 원기둥도 찾아서 제자리에 옮기고 같은 방법으로 나머지 원기둥을 제자리에 넣는다.

⑦ 유아에게 한 번 해 보겠느냐고 권유한다.
⑧ 유아가 다 하고 나면 매트에서 일어나 교구를 들어서 교구장에 제자리로 옮겨 놓는다.
⑨ 매트를 정리하여 옮겨 놓는다.

〈시범 4〉

① 〈시범 1〉의 ①~⑥번을 같은 방법으로 시범한다.
② 오른손으로 잡고 있는 원기둥을 원기둥 틀 뒤쪽에 조용히 내려놓는다.
③ 그 다음 왼쪽 원기둥부터 같은 방법으로 순서대로 각 원기둥 틀 뒤쪽에 놓는다.
④ 다 옮기고 나면 오른손도 무릎에 올려놓고 틀의 구멍과 꺼내 놓은 원기둥을 살펴본다.
⑤ 첫 번째 왼쪽 원기둥의 틀을 살펴보고 맞는 원기둥을 찾아서 오른손 엄지·검지·중지로 꼭지를 잡고 틀에 부딪치지 않게 넣은 후 확인한다.
⑥ 같은 방법으로 나머지 원기둥을 다 넣고 나면 오른손도 무릎에 올려놓고 교구를 살펴본다.
⑦ 유아에게 한번 해 보겠느냐고 권유한다.
⑧ 유아가 다 하고 나면 매트에서 일어나 교구를 들어서 교구장에 제자리로 옮겨 놓는다.
⑨ 매트를 정리하여 옮겨 놓는다.

5. 잘못의 정정

- 원기둥을 매트에 내려놓다가 떨어뜨려서 넘어진 것을 보는 것
- 원기둥을 넣을 때 소리가 나는 것을 듣는 것
- 원기둥과 구멍이 맞지 않는 것을 보는 것
- 원기둥을 세 손가락으로 뽑다가 떨어뜨린 것을 보는 것
- 원기둥이 틀에서 하나 남아 있는 것을 보는 것

6. 흥미로운 점

- 다양한 크기와 모양의 꼭지원기둥 교구를 보는 것
- 원기둥 꼭지를 잡았을 때의 감촉을 느끼는 것
- 원기둥과 틀을 손으로 만졌을 때의 감촉을 느끼는 것
- 세 손가락으로 꼭지를 들고 떨어뜨리지 않고 옮기는 것을 보는 것
- 꼭지원기둥이 구멍에 맞게 들어가는 것을 보는 것
- 꼭지원기둥을 보는 위치에 따라 다른 모양으로 보이는 것
- 원기둥을 꺼냈을 때 원의 모양과 빈 공간을 보는 것
- 위에서 봤을 때 틀과 전체적인 모양, 색감의 차이를 보는 것

7. 교구의 목적

- 직접 목표: 시각에 의한 크기의 변별력을 기른다.
- 간접 목표: 질서감, 집중력, 눈과 손의 협응력, 독립심, 논리 수학적 사고력(일대일 대응, 분류, 비교, 서열), 쓰기를 위한 준비, 예민한 관찰력

8. 연령: 30개월 이상

9. 언어: 꼭지원기둥, 구멍, 끼우다, 높다 – 낮다, 굵다 – 가늘다, 크다 – 작다, 깊다 – 얕다 등

10. 변형 및 응용
    - 멀리 놓고 찾아보기
    - 구멍을 찾아서 끼우기

감각 교구 활동계획서 2

1. 교구명: 분홍탑

2. 교구: 분홍색으로 통일된 10개의 나무로 된 정육면체, 매트

   ※ 각 정육면체 변의 길이는 가장 작은 것이 1cm ($1cm^3$)에서 10cm($1,000^3$)로 1cm씩 증가함

3. 준비작업
   - 교사: 〈분홍탑〉 모든 시범을 연습하여 완벽하게 준비되어 있어야 한다.
   - 유아: 꼭지원기둥 교구를 완전하게 마친 유아를 초대한다.
   - 환경: 교구가 준비되어 있고 시범 보일 공간이 충분한지 확인한다.

4. 시범

   〈시범 1〉

   ① 유아를 초대하여 활동명을 알려준다.
   "지금부터 〈분홍탑〉을 시범해 볼게요"
   ② 매트를 가져와서 충분한 공간을 확보하고 자리에 편평하게 편다.
   ③ 교구장에 가서 제일 위에 있는 가장 작은 분홍탑을 잡고 옮겨서 매트에 조용히 내려놓는다.
   ④ 두 번째 분홍탑을 같은 방법으로 매트에 가져와서 무작위로 자리에 놓는다.
   ⑤ 나머지 분홍탑들도 같은 방법으로 매트에 가져온다. 가져온 교구를 살펴본다.
   ⑥ 가장 큰 분홍탑의 옆면을 양손으로 잡고, 비슷한 크기의 분홍탑 근처로 가져가 크기를 비교해 보고 가장 큰 것임을 확인한 후 매트의 가운데에 놓는다.
   ⑦ 같은 방법으로 그 다음 큰 것부터 1cm 작아지는 분홍탑을 비슷한 것끼리 비교한 후 큰 것임을 확인하여 처음 놓아둔 분홍탑의 위 중앙에 올려놓는다. 제일 작은 것까지 반복하여 탑을 완성한다.
   ⑧ 양손바닥으로 아래에서 위로 탑 모양 대로 쓸어 올려 크기의 변화를 느껴본다.
   ⑨ 다시 오른쪽으로 돌아가서 아래에서 위로 쓸어 올린 후 한 바퀴 돌면서 탑을 살펴본다.
   ⑩ 원래 자리로 돌아가서 교구를 살펴본 후 제일 위에 놓인 작은 분홍탑부터 무작위로 매트 위 공간에 조용히 내려놓는다.
   ⑪ 유아에게 한번 해 보겠느냐고 권유한다.
   ⑫ 유아가 다 하고 나면 매트에서 일어나 제일 큰 분홍탑부터 양손으로 들어서 교구장에 제자리로 옮겨 놓는다.
   ⑬ 그 다음 큰 분홍탑부터 제일 작은 분홍탑까지 순서대로 교구장에 옮겨 쌓는다.
   ⑭ 매트를 정리한다.

〈시범 2〉

① 〈시범 1〉의 ①~⑥번과 같은 방법으로 시범한다.

② ⑥번과 같은 방법으로 1cm 작아지는 분홍탑을 비슷한 것끼리 비교한 후 큰 것임을 확인하여 가장 큰 분홍탑의 왼쪽 가장자리에 맞춰서 올려놓는다.

③ 제일 작은 분홍탑까지 반복하여 탑을 완성한다.

④ 완성된 탑의 모양을 살펴본다.

⑤ 오른손의 엄지와 검지로 제일 위쪽 작은 분홍탑을 잡고 9번째 정육면체의 뒤쪽 윗면 공간에 내려놓고 뒤에서 앞쪽으로 움직여본다.

⑥ ⑤번의 동작을 반복하여 제일 아래 큰 분홍탑까지 다 해 본 후 다시 제일 위쪽 제자리에 올려놓는다.

⑦ 분홍탑의 전체 모양을 살펴본다.

⑧ 제일 위에 놓인 작은 분홍탑부터 매트에 조용히 무작위로 공간에 내려놓는다.

⑨ 유아에게 한번 해 보겠냐고 권유한다.

⑩ 유아가 다 끝내면 매트에서 일어나 제일 큰 분홍탑부터 양손으로 들어서 교구장에 제자리로 옮겨 놓는다.

⑪ 그 다음 큰 분홍탑부터 제일 작은 분홍탑까지 순서대로 교구장에 쌓아 옮겨놓는다.

⑫ 매트를 정리한다.

5. 잘못의 정정

- 분홍탑이 크기의 서열화가 잘못되어 순서에 맞지 않게 쌓아 올려 균형이 맞지 않아 넘어졌을 때, 유아는 크기의 순서가 잘못된 것을 알고 순서에 맞게 쌓아 올려 분홍탑을 완성한다.
- 분홍탑을 쌓아 올린 후 양 손으로 탑 모양으로 아래서 위로 올릴 때 전체 대칭이 맞지 않아서 조화롭지 못한 것을 확인하고, 유아는 잘못된 것을 알고 분홍탑을 전체 대칭이 맞도록 쌓아 올린다.
- 분홍탑을 작은 것부터 순서에 맞게 내리는 도중 집중하지 못하여 분홍탑을 넘어지게 했을 때, 유아는 스스로 잘못을 알고 다시 분홍탑을 완성하여 순서대로 내릴 때는 집중하여 분홍탑이 넘어지지 않도록 조심하여 내린다.
- 분홍탑을 한 손으로 올리면서 균형 있게 중앙으로 올리지 못한 경우 유아는 두 손으로 분홍탑 정육면체를 들어 올려서 균형을 맞추어 분홍탑을 완성한다.
- 분홍탑 기본 〈시범 2〉를 할 때 순서에 맞지 않게 쌓아올려 제일 작은 것으로 확인할 때 잘못을 알고 다시 처음부터 크기의 순서에 맞게 쌓아 올린다.
- 분홍탑 기본 〈시범 2〉를 할 때 쌓아올릴 때 크기를 비교하여 쌓지 않아서 1cm의 여유가 없이 조화롭지 못함을 알고 유아는 스스로 정정하여 크기를 비교해 가며 순서대로 쌓는다.

6. 흥미로운 점

- 분홍탑의 색깔을 보는 것
- 분홍탑의 감촉을 만져보는 것
- 정육면체의 크기가 다르다는 것

- 정육면체의 크기에 따른 무게가 다른 것
- 분홍탑을 크기 순서대로 하나씩 떨어뜨리지 않고 옮기는 것
- 분홍탑이 완성된 모습(정중앙으로 쌓아 올린 탑, 두 변의 모서리에 맞추어 쌓은 탑)
- 분홍탑을 보는 위치에 따라 다른 모양으로 보이는 것
- 분홍탑 제일 작은 정육면체의 크기만큼 일정하게 차이가 나는 것
- 손으로 탑을 쓰다듬어 보는 것

7. 교구의 목적
   - 직접 목표: 시각에 의한 크기의 변별력을 기른다.
   - 간접 목표: 질서감, 집중력, 눈과 손의 협응력, 독립심을 기른다. 논리 수학적 사고력(비교, 서열화, 기본 수 10의 이해)을 기른다. 쓰기를 위한 준비(글씨 쓰기를 위한 손과 팔의 근육 조정 능력)

8. 연령: 30개월 이상

9. 언어: 분홍탑, 크다, 더 크다, 가장 크다, 작다, 더 작다, 가장 작다, 중앙, 모서리, 쓰다듬어 올리다, 돌아간다 등

10. 변형 및 응용
    - 분홍탑 카드와 분홍탑을 매칭해 보기
    - 분홍색 종이에 대고 분홍탑 밑면을 그리고 오리기
    - 먼 거리에 분홍탑들을 흩어놓고 찾아보기
    - 눈을 감게 한 후 정육면체 한 개를 숨기고 빠진 것을 찾아보기
    - 다양한 모양을 만들어보기(옆으로 눕혀서 계단 형태로 서열화하기, 달팽이 모양, 사선으로 서열화하기, 지그재그로 놓기, 두 개의 탑 모양으로 쌓기 등)

감각 교구 활동계획서 3

1. 교구명: 갈색 계단

2. 교구: 나무로 된 10개의 크기가 변화하는 갈색 직육면체, 매트
   ※ 단면의 면적은 1cm(1cm^3)에서 100cm(10cm×10cm)로 변화하고 길이는 모두 20cm로 통일

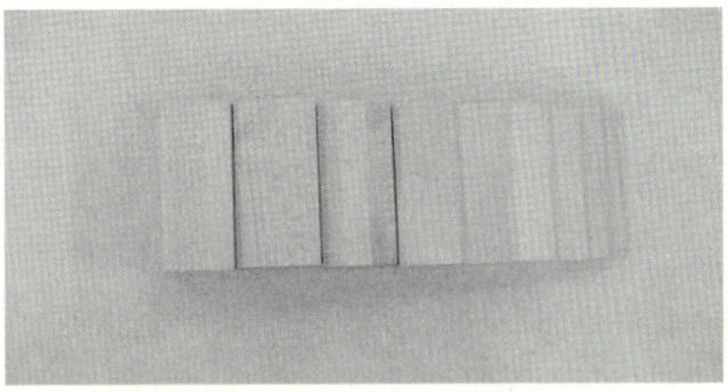

3. 준비작업
   - 교사: 〈갈색 계단〉의 모든 시범을 연습하여 완벽하게 준비되어 있어야 한다.
   - 유아: 분홍탑 교구를 마친 유아를 초대한다.
   - 환경: 교구가 준비되어 있고 시범 보일 공간이 충분한지 확인한다.

4. 시범
   ① 유아를 초대하여 활동명을 알려준다.
   "지금부터 〈갈색 계단〉을 시범해 볼게요."
   ② 매트 2개를 가져와서 충분한 공간을 확보하고 자리에 편평하게 편다.
   ③ 교구는 제일 왼쪽의 가장 굵은 것부터 잡고 옮겨서 왼쪽 매트에 공간에 무작위로 조용히 내려놓는다.
   ④ 두 번째 굵은 계단부터 가장 오른쪽에 있는 가는 것까지 나머지 9개의 갈색 계단을 ③번과 같은 방법으로 옮겨 놓는다.
   ⑤ 가져온 교구를 살펴본다.
   ⑥ 가장 굵은 갈색 계단의 옆면을 양손으로 잡고, 비슷한 크기의 갈색 계단 근처로 가져가 크기를 비교해 보고 가장 큰 것임을 확인한 후 오른쪽 매트의 왼쪽에 놓는다.
   ⑦ ⑥번과 같은 방법으로 1cm 작아지는 갈색 계단을 비슷한 것 옆에 대어 굵기를 비교한 후 굵은 것임을 확인하여 처음 놓아둔 갈색 계단의 오른쪽에 가지런히 붙여 놓는다.
   ⑧ 가장 가는 갈색 계단까지 같은 방법으로 순서대로 나열한다.
   ⑨ 완성된 갈색 계단을 살펴보고 오른손바닥을 펴서 계단을 가장 왼쪽 위에서부터 오른쪽 아래로 미끄러지듯 쓰다듬으며 내려온다.
   ⑩ 가장 가는 갈색 계단으로 양 손으로 계단의 끝을 잡고 왼쪽 두 번째 계단 아래쪽에 붙여놓고 오른손의 검지와 중지로 왼쪽에서 오른쪽으로 길게 쓰다듬으며 계단의 높이가 같음을 느낀다.
   ⑪ 그 다음 순서대로 점차 오른쪽 아래의 계단으로 ⑩번과 같은 방법으로 반복한다.
   ⑫ 유아에게 한번 해 보겠느냐고 권유한다.
   ⑬ 유아가 다 하고 나면 매트에서 일어나 가장 굵은 갈색 계단부터 양손으로 들어서 교구장에 제자리로 옮겨 놓는다.

⑭ 그 다음 굵은 갈색 계단부터 가장 가는 갈색 계단까지 ⑬번과 같은 방법으로 교구장에 나란히 정리한다.

⑮ 매트를 정리한다.

5. 잘못의 정정

- 갈색 계단을 두께의 순서에 맞지 않게 놓아서 계단 모양이 되지 않은 것을 보는 것
- 갈색 계단을 계단 모양이 조화롭지 못함을 시각적으로 보는 것
- 갈색 계단을 한 손으로 옮기다가 떨어뜨리는 것을 보는 것

6. 흥미로운 점

- 완성된 갈색 계단의 모습을 보는 것
- 가장 가는 갈색 계단으로 계단의 차이를 재어보는 것
- 갈색 계단을 놓을 때마다 직육면체의 면적과 부피가 일정하게 변화하는 것을 보는 것
- 갈색 계단을 들었을 때 크기에 따른 무게의 차이를 느끼는 것
- 나무의 질감이나 무늬 결을 만져보는 것
- 나무의 색깔과 모양을 보는 것
- 보는 각도에 따라 다른 모양을 보게 되는 것
- 완성된 계단을 손으로 쓸어내릴 때 한 계단씩 낮아지는 느낌을 느끼는 것
- 갈색 직육면체들이 순서대로 나열되어 조화를 이루는 것을 보는 것

7. 교구의 목적

- **직접 목표**: 두께와 너비에 대한 시각적 변별력을 기른다.
- **간접 목표**: 질서감, 집중력, 눈과 손의 협응력, 독립심, 예리한 관찰력, 논리 수학적 사고력, 쓰기를 위한 준비

8. **연령**: 30개월 이상

9. **언어**: 갈색 계단, 무겁다, 가볍다, 굵다, 가늘다

10. 변형 및 응용

- 수직으로 탑을 쌓기
- 다양한 모양으로 서열화하기
- 계단 한 개를 감춘 후 빠진 곳 알아맞히기
- 갈색 직사각형 카드 위에 갈색 계단을 찾아 올려놓기
- 분홍탑과 갈색 계단을 함께 사용하여 다양한 구조물을 만들기

감각 교구 활동계획서 4

1. 교구명: 빨간 막대

2. 교구: 10개의 빨간색 나무 막대(가로, 세로는 각 2.5cm, 길이는 10~100cm로 각각 10cm씩 증가), 매트 2개

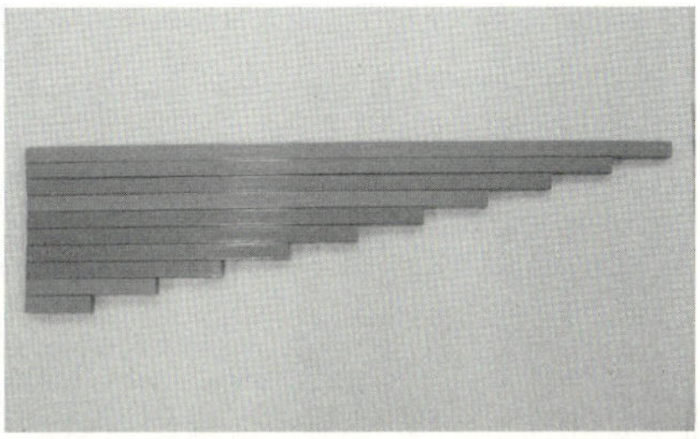

3. 준비작업
   - 교사: 〈빨간 막대〉의 시범을 연습하여 완벽하게 준비되어 있어야 한다.
   - 유아: 갈색 계단 교구를 마친 유아를 초대한다.
   - 환경: 교구가 준비되어 있고 시범 보일 공간이 충분한지 확인한다.

4. 시범

① 유아를 초대하여 활동명을 알려준다.
"지금부터 〈빨간 막대〉을 시범해 볼게요."

② 매트 2개를 가져와서 충분한 공간을 확보하고 편다.

③ 교구장에 가서 가장 짧은 것부터 양쪽 끝을 잡고 옮겨서 왼쪽 매트에 조용히 내려놓는다.

④ 두 번째 짧은 막대를 가져와서 매트 위에 순서 없이 무작위로 왼쪽 매트 위에 놓는다.

⑤ 나머지 8개의 빨간 막대를 같은 방법으로 왼쪽 매트 위에 옮겨 놓는다.

⑥ 가져온 교구를 살펴본다.

⑦ 가장 긴 빨간 막대를 찾아서 양쪽 끝을 양손으로 잡고, 비슷한 길이의 빨간 막대 근처로 가져가 크기를 비교해 보고 가장 긴 것임을 확인한 후 오른쪽 매트의 위쪽에 놓는다.

⑧ ⑦번과 같은 방법으로 두 번째 긴 빨간 막대를 비슷한 것끼리 비교한 후 긴 것임을 확인하여 처음 놓아둔 빨간 막대의 아래에 왼쪽 끝을 맞추며 가지런히 붙여 놓는다.

⑨ 나머지 막대를 ⑦번과 같은 반복하여 차례로 나열한다.

⑩ 완성된 빨간 막대 살펴본다.

⑪ 오른손 검지와 중지로 제일 긴 막대의 오른쪽 측면을 위에서 아래로 만져보면서 제일 짧은 것까지 반복하며 만져보며 내려오면서 길이의 변화를 느낀다.

⑫ 가장 짧은 빨간 막대를 양 손으로 끝을 잡고 두 번째 긴 막대의 오른쪽에 붙여 놓고 검지와 중지로 끝을 만져보면서 막대 길이가 같아지는 것을 만져본다.

⑬ 나머지 막대까지 ⑫번과 같은 방법으로 나머지 막대까지 길이가 일정하게 변화하는 것을 본다.

⑭ 유아에게 한번 해 보도록 권유한다.

⑮ 유아가 다 한 후에 매트에서 일어나 제일 긴 빨간 막대부터 양쪽 끝을 잡고 교구장에 제자리로 옮겨 놓는다.

⑯ 그 다음 긴 빨간 막대부터 제일 짧은 빨간 막대까지 순서대로 교구장에 위에서 아래로 나란히 정리한다.

⑰ 매트를 정리한다.

5. 잘못의 정정

- 빨간 막대를 놓을 때 길이 순서대로 놓지 않아 조화롭지 못한 것을 보는 것
- 빨간 막대를 한 손으로 옮기다 바닥에 떨어뜨리는 것을 보는 것
- 빨간 막대의 길이를 비교해 가며 놓을 때 너무 가까이 가져다 대어 교구끼리 부딪혀서 나는 소리를 듣는 것
- 빨간 막대 교구를 길이 순서에 맞게 완성한 후 손으로 위에서 아래로 내려올 때 손에 힘을 너무 많이 주어 교구가 밀려진 것을 느끼는 것

6. 흥미로운 점

- 완성된 빨간 막대의 모습을 보는 것
- 가장 짧은 빨간 막대로 길이의 차이를 재어보는 것
- 빨간 막대를 순서대로 놓을 때 점차 짧아지는 모습을 보는 것
- 빨간 막대의 질감이나 만져보는 것
- 빨간 막대의 색깔과 모양
- 가장 짧은 막대가 각 계단의 차이 부분에 꼭 들어맞는 것
- 완성된 빨간 막대를 손으로 만지면서 점차 줄어드는 느낌
- 빨간 막대를 잡고 길이를 비교하는 것

7. 교구의 목적

- 직접 목표: 길이에 대한 시각적 변별력을 기른다.
- 간접 목표: 질서감, 집중력, 눈과 손의 협응력, 독립심, 예리한 관찰력, 논리 수학적 사고력을 기른다.

8. 연령: 30개월 이상

9. 언어: 빨간 막대, 길다, 짧다, 더 길다, 더 짧다, 가장 길다, 가장 짧다 등

10. 변형 및 응용, 확장

- 두 개씩 합하여 가장 긴 막대와 같은 길이 만들기
- 여러 가지 모양으로 서열화하기: 미로 만들기, 지그재그로 놓기, 장미꽃 모양 만들기, 피라미드 모양으로 쌓기, 나선형으로 쌓아 올리기
- 기억 놀이(먼 거리를 오가며 서열화시키기)
- 교실에 있는 여러 사물의 크기를 빨간 막대를 이용해서 측정해 보기

감각 교구 활동계획서 5

1. 교구명: 색 원기둥

2. 교구: 빨강, 노랑, 파랑, 초록색 뚜껑이 있는 4개의 나무상자, 매트
   나무 상자 각각에는 뚜껑과 같은 색의 꼭지 없는 원기둥이 들어 있다.
   - 상자 1: 빨간색 원기둥. 높이는 같으나 지름이 점점 작아진다.
   - 상자 2: 노란색 원기둥. 높이와 지름이 점점 작아진다.
   - 상자 3: 파란색 원기둥. 지름은 모두 같으나 높이는 점점 낮아진다.
   - 상자 4: 초록색 원기둥. 지름은 점점 작아지는 반면 높이는 점점 커진다.

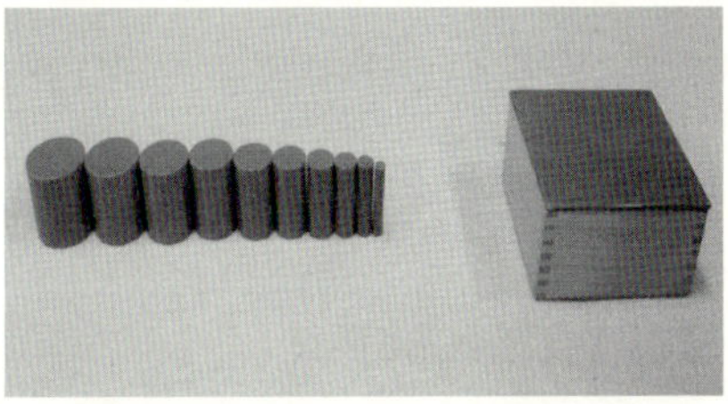
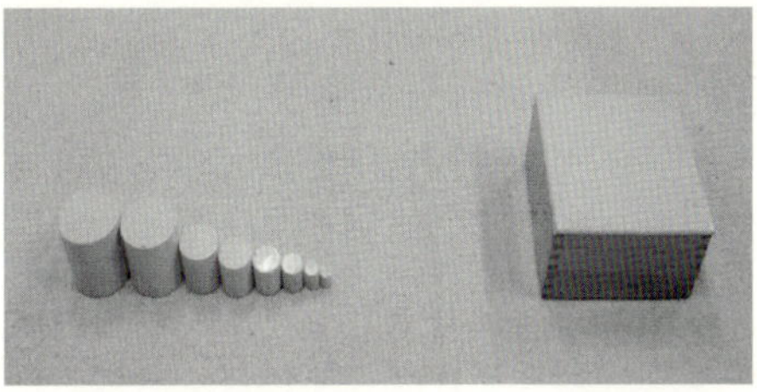
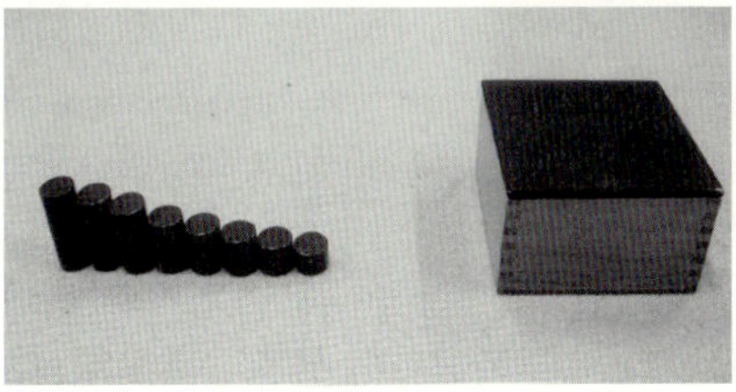

3. 준비작업
   - 교사: 〈색 원기둥〉 모든 시범을 연습하여 완벽하게 준비되어 있어야 한다.
   - 유아: 빨간 막대 교구를 마친 유아를 초대한다.
   - 환경: 교구가 준비되어 있고 시범 보일 공간이 충분한지 확인한다.

4. 시범
   ① 유아를 초대하여 활동명을 알려준다.
   "지금부터 〈색 원기둥〉을 시범해 볼게요."
   ② 매트를 가져와서 충분한 공간을 확보하고 자리에 편평하게 편다.
   ③ 교구를 가져와 매트의 오른쪽에 놓는다.
   ④ 뚜껑을 손으로 만진 후 두 손으로 열어서 상자 밑에 받쳐 놓는다.

⑤ 오른손 세 손가락으로 원기둥을 큰 것부터 하나씩 꺼내어 상자 왼쪽에 흩어 놓는다.
⑥ 원기둥을 다 꺼낸 후 상자 뚜껑은 상자의 왼쪽 바닥에 놓는다.
⑦ 가장 큰 원기둥부터 왼쪽의 유아 앞에 놓고 크기 순서대로 오른쪽으로 나열한다.
⑧ 상자 뚜껑 위에 큰 원기둥을 여기저기를 보면서 중간에 올려놓는다.
⑨ 두 번째 큰 원기둥을 가장 큰 원기둥 위 중간에 올려놓는다.
⑩ 나머지도 ⑧번과 같은 방법으로 탑을 쌓는다.
⑪ 다 쌓은 것을 살펴본다.
⑫ 큰 원기둥을 하나씩 매트 위로 내려놓는다.
⑬ 유아에게 한 번 해 보도록 권유한다.
⑭ 유아가 다 한 후에 원기둥을 매트 위에 하나씩 내려놓는다.
⑮ 상자 안에 가장 큰 원기둥부터 하나씩 넣는다.
⑯ 뚜껑을 닫고 교구장에 옮겨 놓는다.
⑰ 매트를 정리한다.

5. 잘못의 정정
- 색 원기둥 순서가 틀리게 놓아진 것을 보는 것
- 균형이 맞지 않아 넘어진 것을 보는 것
- 활동이 끝난 후 교구 상자에 넣을 때 교구 상자에 다 들어가지 않는 것을 보는 것

6. 흥미로운 점
- 완성된 색 원기둥의 모습을 보는 것
- 여러 가지 형태의 색 원기둥을 보는 것
- 원기둥들의 다양한 색깔, 크기를 보고 비교하는 것
- 원기둥들로 만든 탑과 계단의 모양을 보는 것
- 색 원기둥을 상자에 넣을 때 네 모서리를 채워 넣을 때 다 들어가는 것
- 색 원기둥의 굵기와 높이 변화가 꼭지원기둥과 같은 것
- 색 원기둥의 연합을 통한 다양한 색상의 조화를 보는 것
- 상자 뚜껑과 원기둥의 색깔이 같은 것
- 각 상자마다 10개의 색 원기둥이 들어 있는 것

7. 교구의 목적
- 직접 목표: 시각에 의한 크기의 변별력을 기른다.
- 간접 목표: 질서감, 집중력, 눈과 손의 협응력, 독립심, 예리한 관찰력, 논리 수학적 사고력을 기른다. 쓰기를 위한 준비를 한다.

8. 연령: 36개월 이상

9. 언어: 색 원기둥, 빨강, 노랑, 파랑, 초록, 길다, 짧다, 크다, 작다, 두껍다, 가늘다, 넓다, 좁다, 상자, 뚜껑 등

10. 변형 및 응용, 확장
- 두 개의 상자를 함께 사용하기
- 세 개의 상자를 함께 사용하기
- 네 개의 상자를 함께 사용하기
- 네 개의 상자에서 같은 크기의 원기둥들의 짝을 찾아보기
- 여러 가지 형태로 서열화 해 본다(달팽이 모양, 태극 모양 등).

감각 교구 활동계획서 6

1. 교구명:

2. 교구:

3. 준비작업
   - 교사:
   - 유아:
   - 환경:

4. 시범
   ①
   ②
   ③
   ④
   ⑤
   ⑥
   ⑦
   ⑧
   ⑨
   ⑩

5. 잘못의 정정
   -
   -
   -
   -

6. 흥미로운 점
   -
   -
   -
   -

7. 교구의 목적
   - 직접 목표:
   - 간접 목표:

8. 연령:

9. 언어:

10. 변형 및 응용
   -
   -
   -
   -

감각 교구 활동계획서 7

1. 교구명:

2. 교구:

3. 준비작업
   - 교사:
   - 유아:
   - 환경:

4. 시범
   ①
   ②
   ③
   ④
   ⑤
   ⑥
   ⑦
   ⑧
   ⑨
   ⑩

5. 잘못의 정정
   -
   -
   -
   -

6. 흥미로운 점
   -
   -
   -
   -

7. 교구의 목적
    • 직접 목표:
    • 간접 목표:

8. 연령:

9. 언어:

10. 변형 및 응용
    •
    •
    •
    •

감각 교구 활동계획서 8

1. 교구명:

2. 교구:

3. 준비작업
   • 교사:
   • 유아:
   • 환경:

4. 시범
   ①
   ②
   ③
   ④
   ⑤
   ⑥
   ⑦
   ⑧
   ⑨
   ⑩

5. 잘못의 정정
   •
   •
   •
   •

6. 흥미로운 점
   •
   •
   •
   •

7. 교구의 목적
   - 직접 목표:
   - 간접 목표:

8. 연령:

9. 언어:

10. 변형 및 응용
   -
   -
   -
   -

감각 교구 활동계획서 9

1. 교구명:

2. 교구:

3. 준비작업
   - 교사:
   - 유아:
   - 환경:

4. 시범
   ①
   ②
   ③
   ④
   ⑤
   ⑥
   ⑦
   ⑧
   ⑨
   ⑩

5. 잘못의 정정
   -
   -
   -
   -

6. 흥미로운 점
   -
   -
   -
   -

7. 교구의 목적
   - 직접 목표:
   - 간접 목표:

8. 연령:

9. 언어:

10. 변형 및 응용
   -
   -
   -
   -

감각 교구 활동계획서 10

1. 교구명:

2. 교구:

3. 준비작업
   - 교사:
   - 유아:
   - 환경:

4. 시범

①
②
③
④
⑤
⑥
⑦
⑧
⑨
⑩

5. 잘못의 정정
   -
   -
   -
   -

6. 흥미로운 점
   -
   -
   -
   -

7. 교구의 목적
   - 직접 목표:
   - 간접 목표:

8. 연령:

9. 언어:

10. 변형 및 응용
   -
   -
   -
   -

감각 교구 활동계획서 11

1. 교구명:

2. 교구:

3. 준비작업
   - 교사:
   - 유아:
   - 환경:

4. 시범
   ①
   ②
   ③
   ④
   ⑤
   ⑥
   ⑦
   ⑧
   ⑨
   ⑩

5. 잘못의 정정
   -
   -
   -
   -

6. 흥미로운 점
   -
   -
   -
   -

7. 교구의 목적
   - 직접 목표:
   - 간접 목표:

8. 연령:

9. 언어:

10. 변형 및 응용
   -
   -
   -
   -

감각 교구 활동계획서 12

1. 교구명:

2. 교구:

3. 준비작업
   - 교사:
   - 유아:
   - 환경:

4. 시범

   ①
   ②
   ③
   ④
   ⑤
   ⑥
   ⑦
   ⑧
   ⑨
   ⑩

5. 잘못의 정정
   -
   -
   -
   -

6. 흥미로운 점
   -
   -
   -
   -

7. 교구의 목적
   - 직접 목표:
   - 간접 목표:

8. 연령:

9. 언어:

10. 변형 및 응용
   -
   -
   -
   -

3 수 영역 교구활동

〈수 영역의 교육내용〉

1. 수량 개념의 기본
   수 막대/모래판 숫자와 숫자 카드/수 막대와 숫자 카드/방추형 봉/숫자와 바둑알/작은 수 막대/색 비즈/기억력 게임/기타

2. 십진법
   십진법 소개/9쟁반 소개/숫자 카드 나열/45나열/교환 게임

3. 연속 수 소개
   세강판 Ⅰ/세강판 Ⅱ/십대 분석/100판

4. 가감승제
   뱀놀이/은행놀이 소개 연습/은행놀이

5. 분수
   분수의 개념 소개/분수봉/분수 철판 도형

그림 8-3 수 영역

수 교구 활동계획서 1

1. 교구명: 수 막대

2. 교구: 10cm부터 1m까지 길이의 막대로 빨간색, 파란색이 번갈아 칠이 되어 있다.
   ※ 각 막대의 굵기는 2.5×2.5cm이다.

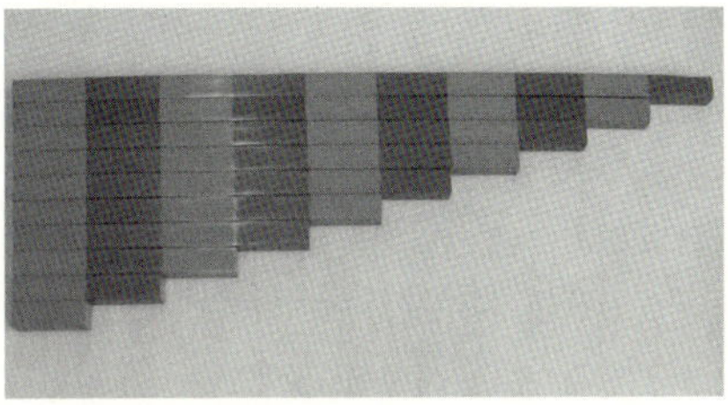

3. 준비작업
   • 교사: 교구가 준비되었는지 확인한다.
   • 유아: 빨간 막대를 경험한 유아

4. 〈시범 1〉
   ① 매트를 편다.
   ② 수 막대 1을 매트로 가져온다.
   ③ 나머지 수 막대도 차례대로 가져와 자유롭게 놓는다.
   ④ 가장 긴 막대를 찾아서 매트 위에 올려놓는다.
   ⑤ 나머지 수 막대도 차례대로 긴 막대 아래 왼쪽 끝을 맞추어 놓는다.
   ⑥ 검지, 중지로 계단 모양을 훑어 수 막대 길이의 차이를 느껴본다.
   ⑦ 수 막대 10만 두고 자유롭게 막대를 섞어놓은 후 유아에게 기회를 준다.
   ⑧ 수 막대 10부터 교구장에 가져다 놓는다.
   ⑨ 매트를 정리한다.

   〈시범 2〉
   ① 〈시범 1〉의 ①~⑤번과 같은 방법으로 한다.
   ② 수 막대 1을 아래로 내린다.
   ③ 한 손으로 수 막대의 왼쪽을 잡고, 다른 손으로 만지면서 "일"하고 말한다.
   ④ 검지, 중지로 수 막대를 훑으면서 "일"하고 말한다.
   ⑤ 수 막대 1을 아래로 내리고 수 막대 2를 가져와 빨간색 부분을 잡으며 "일", 파란색 부분을 잡으며 "이"하고 말한다.
   ⑥ 한손으로 수 막대 왼쪽을 잡고 검지, 중지로 수 막대 처음부터 끝까지 훑으면서 "이"라고 말한다.
   ⑦ 수 막대 3도 위와 같은 방법으로 한다.
   ⑧ 수 막대 1, 2, 3으로 3단계 교수법을 한다.
   ⑨ 유아가 1~3까지 이해하면 수 막대 4, 5, 6도 위와 같은 방법으로 한다.
   ⑩ 나머지도 위와 같은 방법으로 한다.
   ⑪ 교구와 매트를 정리한다.

5. 잘못의 정정
    • 시각적인 부조화
    • 계단 모양이 되지 않을 때
    • 교사에 의해서

6. 흥미점
    • 수 막대를 운반하는 것
    • 1부터 10까지의 숫자를 말해 보는 것
    • 빨간색과 파란색의 수 막대를 만져보는 것
    • 계단과 계단 사이를 훑어보는 것

7. 교구의 목적
    • 직접 목표: 1~10의 양을 안다.
    • 간접 목표: – 숫자를 셀 수 있게 준비를 한다.
        – 수 개념을 도입시킨다.
        – 십진법을 준비한다.

8. 연령: 3세 이상

9. 변형 및 응용, 확장
    • 수 막대와 물체 대응
    • 수 막대 부교재 색칠하기
    • 부르는 수 막대 가져오기
    • 조각 수 막대

수 교구 활동계획서 2

1. 교구명: 모래판 숫자와 숫자 카드

2. 교구: 모래판 숫자 카드 1세트, 1~9까지

3. 준비작업
   - 교사: 교구가 준비되었는지 확인한다.
   - 유아: 수 막대를 경험한 유아

4. 〈시범 1〉
   ① 매트를 펴고 교구를 가져온다.
   ② 모래판 숫자 1을 꺼내 한 손으로 왼쪽을 누르고 검지와 중지로 모래판 숫자를 천천히 써본 후 "일"이라고 말한다.
   ③ 유아에게 기회를 준다.
   ④ 교사가 다시 받아 시범한 숫자판을 다른 곳에 놓는다.
   ⑤ 모래판 숫자 2, 3도 위와 같은 방법으로 한다.
   ⑥ 모래판 숫자 1, 2, 3을 중앙으로 가져와 3단계 교수법을 한다.
   ⑦ 1~3까지 잘 이해하면 나머지 모래판 숫자 카드도 위와 같은 방법으로 한다.

5. 잘못의 정정
   - 시각적인 부조화
   - 교사에 의해서
   - 친구에 의해서

6. 흥미로운 점
   - 1~9까지의 수 알기
   - 손가락으로 모래 숫자의 촉감을 느껴보는 것
   - 모래판 숫자와 작은 숫자를 연합시키는 것

7. 교구의 목적
   - 직접 목표: – 1~9까지의 숫자를 쓸 수 있다.
     – 1~9까지의 숫자를 알 수 있다.
   - 간접 목표: – 숫자를 쓰기 위한 준비를 한다.
     – 십진법을 준비한다.

8. 연령: 2.5세 이상

9. 변형 및 응용, 확장
- 벽면 모래판 숫자와 숫자 카드 연합하기
- 색 쌀을 그릇에 담아 손가락으로 숫자 써보기
- 기름종이에 베껴 쓰기
- 도장 찍기

수 교구 활동계획서 3

1. 교구명: 수 막대와 숫자 카드

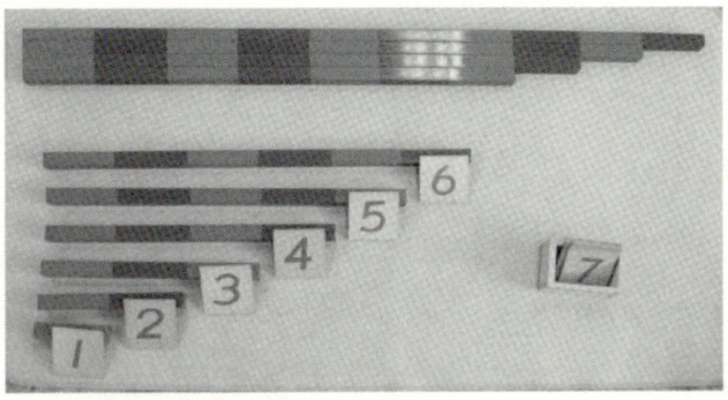

2. 교구 10cm~1m까지의 길이의 막대로 빨간색과 파란색이 번갈아 색이 칠해져 있다.
   ※ 각 막대의 굵기는 2.5×2.5cm이다. 숫자 카드 1~10(1세트)

3. 준비작업
   - 교사: 교구가 준비되었는지 확인한다.
   - 유아: 모래판 숫자를 경험한 유아

4. 〈시범 1〉
   ① 수 막대 〈시범 1〉의 ①~⑤번과 같은 방법으로 한다.
   ② 숫자 카드를 매트 아래에 펼쳐 놓는다.
   ③ 수 막대 1을 아래로 내린다.
   ④ 검지, 중지로 막대 윗면을 짚으면서 "일"이라고 말한다.
   ⑤ 숫자 카드 □을 찾아 "일"이라고 말한 후 수 막대 1의 오른쪽에 놓는다.
   ⑥ 수 막대 2를 가져와 왼손으로 막대 왼쪽 끝을 잡고 검지와 중지로 빨간 부분을 짚으면서 "일"이라고 말하고 파란부분을 짚으면서 "이"라고 말한다.
   ⑦ 숫자 카드 □을 찾아 "이"라고 말한 후 수 막대 2의 오른쪽에 놓는다.
   ⑧ 수 막대 10까지 위와 같은 방법으로 한다.
   ⑨ ①~⑩까지 수 막대와 숫자 카드를 읽는다.
   ⑩ 숫자 카드를 정리한다.
   ⑪ 교구와 매트를 정리한다.

   〈시범 2〉
   ① 수 막대 〈시범 1〉의 ①~③번과 같은 방법으로 한다.
   ② 제일 아래에 있는 수 막대를 가져와 한 손으로 고정되게 누르고 다른 손 검지와 중지로 빨간 부분과 파란 부분을 한 마디씩 세어본 후 그 수에 맞는 숫자 카드를 찾아 수 막대 오른쪽에 놓는다.
   ③ 나머지도 위와 같은 방법으로 한다.
   ④ 교구와 매트를 정리한다.

5. 잘못의 정정
   - 수 막대가 세로로 동일한 색이 되지 않을 때
   - 계단 모양이 이루어지지 않을 때

- 수 막대와 숫자 카드가 잘못 짝이 되었을 때

6. 흥미로운 점
   - 수 막대를 순서대로 나열하는 것
   - 계단 모양을 보는 것
   - 수 막대를 세어보고 같은 숫자를 찾아오는 것

7. 교구의 목적
   - 직접 목표: – 1~10까지 양과 수를 안다.
     – 양과 수를 연합시킨다.
     – 1~10까지 수의 개념을 안다.
   - 간접 목표: – 십진법을 준비한다.
     – 수 개념을 도입시킨다.

8. 연령: 3세 이상

9. 변형 및 응용, 확장
   - 교사가 수 막대를 놓으면 유아가 수 막대를 세어보고 맞는 숫자 카드를 찾는다.
   - 교사가 가져온 숫자 카드에 맞는 수 막대를 가져와 세어본다.

수 교구 활동계획서 4

1. 교구명: 방추형 봉

2. 교구:
   - 2개의 나무 상자, 상자는 5개의 칸막이로 되어 있다.
   - 한 상자 칸막이 뒤에는 0~4까지 쓰여 있고, 다른 상자에는 5~9까지 쓰여 있다.
   - 45개 방추형 봉이 담겨진 상자

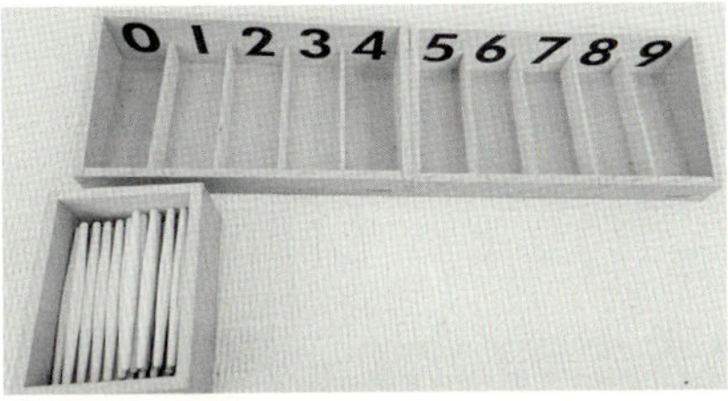

3. 준비작업
   - 교사: 교구가 준비되었는지 확인한다.
   - 유아: 숫자와 숫자 카드를 경험한 유아

4. 시범
   ① 매트를 펴고 교구를 가져온다.
   ② 방추형 봉이 담겨 있는 상자는 0~4가 쓰인 상자의 왼쪽에 놓는다.
   ③ 상자에 써 있는 숫자 '1'을 검지로 가리키며 "일"이라고 읽는다.
   ④ 방추형 봉 한 개를 한 손으로 꺼내 다른 손에 쥐며 "일"이라고 말한다.
   ⑤ ④번에서 집었던 방추형 봉을 두 손으로 감싸며 "일"이라고 말하며 유아에게 준다.
   ⑥ 유아는 방추형 봉을 두 손으로 감싸며 "일"이라고 말한다.
   ⑦ '1'칸에 숫자 '1'을 가리키며 "일"이라 읽고 방추형 봉을 넣는다.
   ⑧ 나머지도 위와 같은 방법으로 한다.
   ⑨ '1'칸부터 '9'칸까지 숫자를 가리키며 "일, 이, 삼 …… 구"라고 차례로 말한다.
   ⑩ 상자 '0'칸을 가리키며 "왜 여기에는 아무것도 없을까? 이렇게 자리는 있는데 아무것도 없는 것은 영이에요"하며 '0'의 개념을 알게 한다. 그리고 '0'도 소중한 숫자임을 인식시킨다.
   ⑪ 위의 작업을 마치면 '1'칸에 있는 방추형 봉을 꺼내 "일"이라고 말한다.
   ⑫ 유아에게 위에서 집었던 방추형 봉을 세어준다.
   ⑬ 유아는 양을 느껴본 후 "일"이라고 말하면서 방추형 봉을 상자에 담는다.
   ⑭ 나머지도 위와 같은 방법으로 한다.
   ⑮ 교구와 매트를 정리한다.

5. 잘못의 정정
   - 방추형 봉이 남거나 모자랄 때
   - 교사에 의해서
   - 친구에 의해서

6. 흥미로운 점
   - 방추형 봉의 모양
   - 방추형 봉을 상자에 넣는 것
   - 방추형 봉의 부피가 수량에 따라 달라짐을 손으로 느끼는 것
   - "0"의 자리가 비어 있는 것을 보는 것

7. 교구의 목적
   - 직접 목표: – '0'의 개념을 안다.
     – 양과 수를 연합시킨다.
     – 묶음을 안다.
   - 간접 목표: – 수학적 사고를 기른다.
     – 논리적 사고를 기른다.

8. 연령: 3세 이상

9. 변형 및 응용, 확장
   - 숫자 카드를 유아에게 나누어주고 그 숫자만큼 박수를 치게 한다('0' – 박수 없음).

수 교구 활동계획서 5

1. 교구명: 숫자와 바둑알

2. 교구: 1~10까지 빨간색 이동숫자 1세트
   55개의 빨간 바둑알

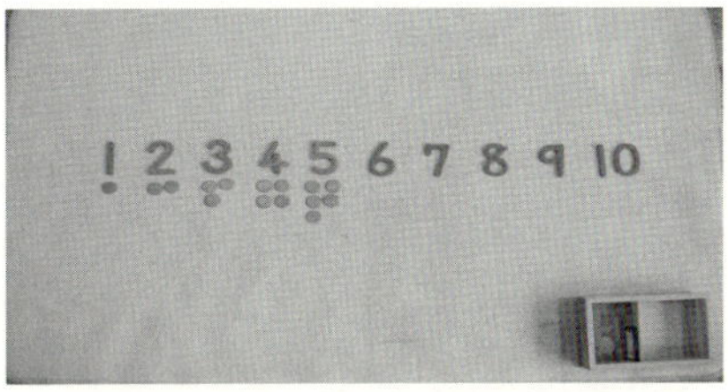

3. 준비작업
   - 교사: 교구가 준비되었는지 확인한다.
   - 유아: 방추형 봉을 경험한 유아

4. 〈시범 1〉

① 매트를 펴고 교구를 가져온다.
② 상자에서 이동숫자 1~10을 꺼내 매트 위에 왼쪽에서 오른쪽으로 놓는다.
③ 숫자 '1'을 가리키며 "일"이라고 말하고, 바둑알 한 개를 꺼내 숫자 '1' 아래에 놓으면서 "일"이라고 말한다.
④ 숫자 '2'를 가리키며 "이"라고 말하고, 바둑알 두 개를 꺼내 숫자 '2' 아래 한 개씩 나란히 놓는다.
⑤ 숫자 '3'을 가리키며 "삼"이라고 말하고, 바둑알 세 개를 꺼내 숫자 '3' 아래 한 개씩 놓는다.
⑥ 세 번째 바둑알을 첫 번째 바둑알 아래에 놓는다.
⑦ 숫자 4~10까지도 같은 방법으로 바둑알을 숫자에 맞게 놓는다.
⑧ 1~10까지 숫자마다 손으로 짚으며 읽는다.
⑨ 바둑알과 숫자를 상자에 정리한다.
⑩ 교구와 매트를 정리한다.

〈시범 2〉

① 〈시범 1〉의 ①~⑦번과 같은 방법으로 한다.
② 마지막 줄에 짝이 없는 바둑알의 수들을 가리키며 "혼자 있는 수를 홀수라고 합니다."라고 말한다.
③ 마지막 줄에 짝이 있는 바둑알의 수를 가리키며 "짝이 있는 수를 짝수라고 합니다."라고 말한다.
④ '1'을 검지로 가리키며 "1은 혼자 있으니까 홀수"
⑤ '2'를 검지로 가리키며 "2는 짝이 있으니까 짝수"
⑥ '3'을 검지로 가리키며 "3은 혼자 있으니까 홀수"
⑦ 나머지도 위와 같은 방법으로 한다.
⑧ "짝이 있는 것은 짝수이고 짝이 없는 것은 홀수이다."라고 말한다.
⑨ 홀수들을 가리키며(1, 3, 5, 7, 9) "이 숫자들이 홀수이다."
⑩ 짝수들을 가리키며(2, 4, 6, 8, 10) "이 숫자들이 짝수이다."
⑪ 1~10까지 차례대로 가리키면서 유아에게 홀수인지 짝수인지 말해 보게 한다.
⑫ 3단계 교수법을 한다.

⑬ 교구와 매트를 정리한다.

5. 잘못의 정정
- 바둑알이 남거나 모자랄 때
- 교사에 의해서
- 친구에 의해서

6. 흥미로운 점
- 숫자만큼 바둑알을 놓아보는 것
- 바둑알의 수가 점점 많아지는 것을 보는 것
- 바둑알을 줄 맞추어 놓아보는 것
- 짝수, 홀수를 아는 것
- 이동 숫자를 보는 것

7. 교구의 목적
- 직접 목표: – 짝수와 홀수의 개념을 안다.
  – 양과 수를 연합한다.
- 간접 목표: 가감의 준비를 돕는다.

8. 연령: 3세 이상

9. 변형 및 응용, 확장
- 얼음 얼리는 판에 홀수는 빨간 단추를, 짝수는 파란 단추를 놓아보기
- 홀수를 바둑알 가운데 놓아보기
- 인쇄된 숫자 밑에 빨간 색종이로 원을 만들어 붙이거나 그려보기

수 교구 활동계획서 6

1. 교구명: 작은 수 막대

2. 교구
   - 가로, 세로 2.5cm에서 25cm까지 길이의 막대로 빨간색, 파란색이 번갈아 칠해진 열 개의 수 막대
   - 1~10까지 숫자 카드를 담은 상자

3. 준비작업
   - 교사: 교구가 준비되었는지 확인한다.
   - 유아: 숫자와 바둑알을 경험한 유아

4. 〈시범 1〉

① 매트를 펴고 교구를 가져온다.
② 작은 수 막대들을 꺼내 매트 위에 놓는다.
③ 매트 위에 수평으로 가장 긴 막대부터 가장 짧은 막대까지 왼쪽 끝을 맞추어 위에서 아래로 놓는다.
④ 검지로 계단의 윤곽을 그린다.
⑤ 작은 수 막대를 상자에 정리한다.
⑥ 교구와 매트를 정리한다.

〈시범 2〉

① 〈시범 1〉의 ①~③번과 같은 방법으로 한다.
② 숫자 카드들을 매트에 꺼내 놓는다.
③ 수 막대 1을 자기 앞으로 놓고 검지로 짚으며 "일"이라고 말한다.
④ 나열되어 있는 숫자 카드에서 □을 찾아 "일"이라고 말한 후 수 막대 1의 오른쪽에 둔다.
⑤ 나머지도 위와 같은 방법으로 한다.
⑥ 숫자 카드와 수 막대를 정리한다.
⑦ 교구와 매트를 정리한다.

〈시범 3〉

① 〈시범 1〉의 ①~③번과 같은 방법으로 한다.
② 숫자 카드를 매트 위에 숫자별로 분류한다.
③ 수 막대 1을 자신의 앞에 놓고 검지로 짚으며 "일"이라고 말한다.
④ 숫자 카드에서 □을 찾아 "일"이라고 말한 후 수 막대 1 위에 올려놓는다.

⑤ 수 막대 2를 수 막대 1 위로 내리고 검지로 짚으며 "일, 이"라고 말한다.
⑥ 숫자 카드에서 □을 찾아 "일"이라고 말한 후 수 막대 1 위에 올려놓고 숫자 카드 2를 찾아 "이"라고 말한 후 수 막대 2 위에 올려놓는다.
⑦ 나머지도 위와 같은 방법으로 한다.
⑧ 숫자 카드를 정리한다.
⑨ 교구와 매트를 정리한다.

〈시범 4〉(10 만들기)
① 〈시범 1〉의 ①~③번과 같은 방법으로 한다.
② "어떻게 10이 이루어지는지 알아보자."라고 말한다.
③ 수 막대 10을 자기 앞에 둔 후 수 막대 9를 10의 아래에 두고 "구"를 센 후 나머지 빈 곳을 가리키며 그 수를 세어본다.
④ 나머지 1만큼 수 막대 1을 찾아 수 막대 9의 오른쪽에 놓고 수 막대 10과 길이가 같도록 만든다.
⑤ 수 막대 8을 4번의 아래에 두고 "팔"을 센 후, 오른쪽 나머지 빈 곳을 가리키며 "일, 이"라고 말하고 수 막대 2를 찾아 수 막대 8의 오른쪽에 붙여 10이 되게 한다.
⑥ 위와 같은 방법으로 수 막대 6까지 반복한다.
⑦ 수 막대 5는 1~5까지 막대를 짚으며 세고 나머지 빈 곳 1~5까지 짚으며 센다.
⑧ 수 막대 5를 수직으로 세운 후 다시 반대쪽으로 눕혀 수 막대 10의 길이가 같도록 만든다.
⑨ 작은 수 막대를 제자리에 정리한다.
⑩ 교구와 매트를 정리한다.

〈시범 5〉(감각적 덧셈)
① 〈시범 1〉의 ①~③번과 같은 방법으로 한다.
② 계단 형태에서 두 개의 막대를 선택하여 붙인다.
③ 붙인 두 막대를 세어보고 더한 수만큼 해당되는 수 막대를 찾아, 붙인 수 막대 위에 놓는다.
④ 작은 수 막대를 제자리에 정리한다.
⑤ 교구와 매트를 정리한다.

5. 잘못의 정정
- 계단 형태가 이루어지지 않을 때
- 시각적 부조화
- 교사에 의해서
- 친구에 의해서

6. 흥미로운 점
- 계단 형태를 만드는 것
- 막대 위에 카드를 올려놓아 보는 것

- 계단 형태를 훑어보는 것
- 숫자 카드를 분류하여 보는 것

7. 교구의 목적
   - 직접 목표: – 기본적인 덧셈을 익힌다.
     – 1~10까지의 양과 수를 연합한다.
   - 간접 목표: – 암산을 준비한다.
     – 십진법을 준비한다.

8. 연령: 4세 이상

9. 변형 및 응용, 확장
   - 숫자 카드를 막대 수만큼 옆에 쌓아놓기

수 교구 활동계획서 7

1. 교구명: 색 비즈

2. 교구

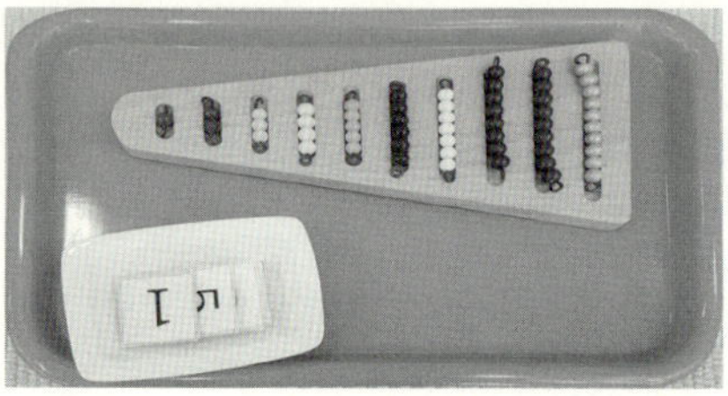

- 1~10까지 색 비즈 1세트(1－빨강, 2－초록, 3－분홍, 4－노랑, 5－하늘색, 6－보라, 7－흰색, 8－밤색, 9－파랑, 10－금색)를 담은 상자
- 1~10까지 작은 숫자 카드
- 셈자

3. 준비작업

- 교사: 교구가 준비되었는지 확인한다.
- 유아: 기본적인 수량 개념을 경험한 유아

4. 〈시범 1〉

① 매트를 펴고 교구를 가져온다.
② 뚜껑을 열고 검지와 중지로 색 비즈들을 매트 위에 꺼내 놓는다.
③ 가장 큰 색 비즈부터 차례로 위에서 아래로 놓는다.
④ 큰 색 비즈만 그대로 두고 나머지 색 비즈를 섞어 놓은 다음 유아에게 기회를 준다.
⑤ 색 비즈 '1'부터 상자에 정리한다.
⑥ 교구와 매트를 정리한다.

〈시범 2〉

① 〈시범 1〉의 ①~③번과 같은 방법으로 한다.
② 색 비즈 '1'을 앞으로 가져와 한 손으로 비즈의 왼쪽 고리를 잡고 다른 손으로 "일"하고 셈자로 세어 매트 중앙에 놓는다.
③ 색 비즈 '2'를 앞으로 가져와 위와 같은 방법으로 세어 색 비즈 '1' 위에 갖다 놓는다.
④ 나머지 색 비즈도 위와 같은 방법으로 세어 역삼각형 모양으로 놓는다.
⑤ 교구와 매트를 정리한다.

〈시범 3〉

① 〈시범 1〉의 ①~③번과 같은 방법으로 한다.
② 숫자 카드들을 매트 밑면으로 자유롭게 놓는다.
③ 색 비즈 '1'을 셈자로 세어 "일"이라고 말한 다음 매트 위쪽으로 세로로 놓는다.
④ 숫자 카드 □을 찾아 "일"이라고 말한 다음 색 비즈 '1'의 옆에 놓는다.

⑤ 색 비즈 '2'를 셈자로 세고 "일, 이"라고 말하며 색 비즈 '1' 아래에 놓는다.
⑥ 숫자 카드 □를 찾아 "이"라고 말한 다음 색 비즈 '2'의 옆에 놓는다.
⑦ 나머지 색 비즈도 위와 같은 방법으로 한다.
⑧ 숫자 카드와 색 비즈를 상자에 넣는다.
⑨ 교구와 매트를 정리한다.

5. 잘못의 정정
- 시각적 부조화
- 교사에 의해서
- 친구에 의해서

6. 흥미로운 점
- 색 비즈 자체
- 비즈와 카드 맞추기
- 색 비즈를 역삼각형으로 놓아보는 것

7. 교구의 목적
- 직접 목표: – 10까지의 수 개념을 안다.
  – 양에 해당되는 색 비즈의 수를 기억한다.
  – 1~10 숫자를 익힌다.
- 간접 목표: – 색 이름을 안다.
  – 기억력 게임의 준비를 돕는다.

8. 연령: 3.5세 이상

9. 변형 및 응용, 확장
- 색 비즈와 숫자를 따로 놓고 숫자를 찾아서 갖다 놓기
- 색 비즈 고리 걸기

수 교구 활동계획서 8

1. 교구명:

2. 교구:

3. 준비작업
   - 교사:
   - 유아:
   - 환경:

4. 시범

   ①
   ②
   ③
   ④
   ⑤
   ⑥
   ⑦
   ⑧
   ⑨
   ⑩

5. 잘못의 정정
   -
   -
   -
   -

6. 흥미로운 점
   -
   -
   -
   -

7. 교구의 목적
   - 직접 목표:
   - 간접 목표:

8. 연령:

9. 변형 및 응용
   -
   -
   -
   -

수 교구 활동계획서 9

1. 교구명:

2. 교구:

3. 준비작업
   - 교사:
   - 유아:
   - 환경:

4. 시범
   ①
   ②
   ③
   ④
   ⑤
   ⑥
   ⑦
   ⑧
   ⑨
   ⑩

5. 잘못의 정정
   -
   -
   -
   -

6. 흥미로운 점
   -
   -
   -
   -

7. 교구의 목적
    - 직접 목표:
    - 간접 목표:

8. 연령:

9. 변형 및 응용
    -
    -
    -
    -

수 교구 활동계획서 10

1. 교구명:

2. 교구:

3. 준비작업
   • 교사:
   • 유아:
   • 환경:

4. 시범
   ①
   ②
   ③
   ④
   ⑤
   ⑥
   ⑦
   ⑧
   ⑨
   ⑩

5. 잘못의 정정
   •
   •
   •
   •

6. 흥미로운 점
   •
   •
   •
   •

7. 교구의 목적
    • 직접 목표:
    • 간접 목표:

8. 연령:

9. 변형 및 응용
    •
    •
    •
    •

수 교구 활동계획서 11

1. 교구명:

2. 교구:

3. 준비작업
   - 교사:
   - 유아:
   - 환경:

4. 시범
   ①
   ②
   ③
   ④
   ⑤
   ⑥
   ⑦
   ⑧
   ⑨
   ⑩

5. 잘못의 정정
   -
   -
   -
   -

6. 흥미로운 점
   -
   -
   -
   -

7. 교구의 목적
   - 직접 목표:
   - 간접 목표:

8. 연령:

9. 변형 및 응용
   -
   -
   -
   -

수 교구 활동계획서 12

1. 교구명:

2. 교구:

3. 준비작업
   - 교사:
   - 유아:
   - 환경:

4. 시범
   ①
   ②
   ③
   ④
   ⑤
   ⑥
   ⑦
   ⑧
   ⑨
   ⑩

5. 잘못의 정정
   -
   -
   -
   -

6. 흥미로운 점
   -
   -
   -
   -

7. 교구의 목적
    • 직접 목표:
    • 간접 목표:

8. 연령:

9. 변형 및 응용
    •
    •
    •
    •

수 교구 활동계획서 13

1. 교구명:

2. 교구:

3. 준비작업
   • 교사:
   • 유아:
   • 환경:

4. 시범
   ①
   ②
   ③
   ④
   ⑤
   ⑥
   ⑦
   ⑧
   ⑨
   ⑩

5. 잘못의 정정
   •
   •
   •
   •

6. 흥미로운 점
   •
   •
   •
   •

7. 교구의 목적
    • 직접 목표:
    • 간접 목표:

8. 연령:

9. 변형 및 응용
    •
    •
    •
    •

수 교구 활동계획서 14

1. 교구명:

2. 교구:

3. 준비작업
   - 교사:
   - 유아:
   - 환경:

4. 시범

   ①

   ②

   ③

   ④

   ⑤

   ⑥

   ⑦

   ⑧

   ⑨

   ⑩

5. 잘못의 정정
   -
   -
   -
   -

6. 흥미로운 점
   -
   -
   -
   -

7. 교구의 목적
    - 직접 목표:
    - 간접 목표:

8. 연령:

9. 변형 및 응용
    -
    -
    -
    -

4 언어 영역 교구활동

〈언어 영역의 교육내용〉

1. 언어활동을 위한 준비
   물체와 물체 짝 맞추기, 그림 짝 맞추기, 다양한 패턴 활동, 손뼉음 따라 하기, 분류하기, 관계 짓기, 순서 카드

2. 듣기
   주의 깊게 듣기, 글자 소리의 구별을 위한 활동, 말로 하는 명령 게임, 음악 듣기, 동화 듣기, 동음어 듣기

3. 말하기
   물체의 이름 익히기, 주변의 사물명칭 말하기, 발표하기, 질문에 답하기, 순서 카드 보고 말하기

4. 쓰기
   철판 도형, 선 그리기, 쓰기

5. 읽기
   모래글자, 움직이는 글자, 움직이는 글자상자, 글자 만들기, 단어 만들기, 문장 읽기, 그림과 단어 짝 맞추기

6. 문법
   품사 소개, 품사 놀이, 문자의 구성, 문장의 분석

그림 8-4 언어 영역

언어 교구 활동계획서 1

1. 교구명: 물체와 물체 짝 맞추기

2. 교구: 동·식물·과일 등의 실물모형 4~6쌍, 바구니 2개
   ※ 바구니에 각 모형이 한 쌍씩 들어 있다.

3. 준비작업
   - 교사: 교구의 준비
   - 유아: 기본 일상 교구를 마친 유아

4. 시범
   ① 유아를 초대해 활동명과 교구의 위치를 알려준다.
   ② 매트를 펴고 교구를 가져온다.
   ③ 한 바구니에서 물체를 한 개씩 꺼내며 왼쪽으로 오른쪽으로 수평(또는 위에서 아래로 수직)으로 나열하며 이름을 말한다.
   ④ 다른 바구니에 있는 물체 모형을 꺼내어 매트 하단에 차례대로 나열한다.
   ⑤ 왼쪽에서부터 똑같은 물체를 찾아 짝을 짓는다.
   ⑥ 다 짝지은 후 유아와 함께 물체의 이름을 말해 본다.

5. 잘못의 정정
   - 유아의 시각적 변별력에 의해(유아가 짝 맞추기를 마친 후 관찰을 통해 서로 다른 물체가 짝지어진 것을 볼 때)
   - 교사에 의해서

6. 흥미로운 점
   - 같은 모양의 물체를 보는 것
   - 물체를 만져보는 것
   - 물체 이름을 아는 것

7. 교구의 목적
   - 직접 목표: 같은 물체 모형끼리 짝지을 수 있다.
   - 간접 목표: – 시각적 변별력 발달
     – 어휘력 발달
     – 읽기와 쓰기의 간접적 준비

8. 연령: 2.5세 이상

9. 변형 및 응용, 확장

- 동물, 공룡, 과일, 채소, 악기 등 여러 가지 물체 짝짓기
- 기억놀이: 2개의 매트를 펴고 하나의 매트에 모형 한 벌을 놓고 다른 매트에 나머지 한 벌을 놓는다. 한 쪽 매트에서 짝지을 모형 하나를 선택한 후 다른 매트에 있는 모형 중에서 똑같은 모형을 찾아와 짝을 맞춘다.
- 비밀 주머니를 이용하여 짝짓기

언어 교구 활동계획서 2

1. 교구명: 그림과 낱말 짝 맞추기

2. 교구: 그림과 낱말이 있는 카드 5~7장, 그림만 있는 카드, 낱말만 있는 카드

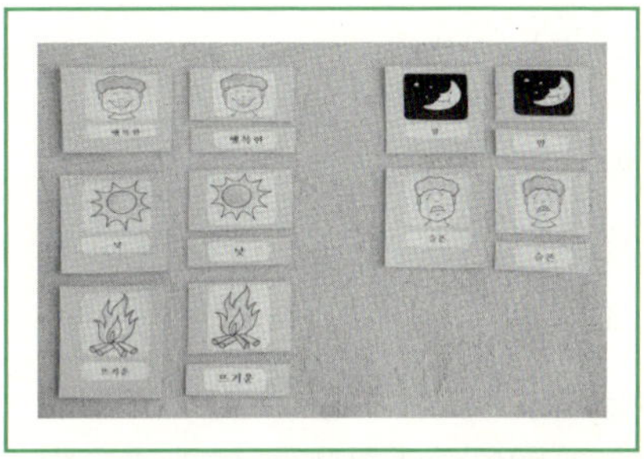

3. 준비작업
   - 교사: 교구 시범 준비, 교구 준비
   - 유아: 그림 카드 맞추기를 마친 유아

4. 시범
   ① 유아를 초대해 활동명과 교구의 위치를 알려준다.
   ② 매트를 펴고 교구를 가져온다.
   ③ 그림과 낱말이 있는 카드를 한 장씩 꺼내어 왼쪽에서 오른쪽으로(또는 위에서 아래로) 나열하며 그림의 명칭을 말한다. 읽기 이전 단계이므로 유아에게 익숙한 사물의 그림을 준비한다.
   ④ 왼쪽(위)에서부터 똑같은 그림 카드를 찾아 짝짓는다.
   ⑤ 그림에 맞는 낱말 카드를 찾아 그림 카드 밑에 놓는다.
   ⑥ 짝지어진 카드를 보면서 그림의 명칭을 다시 말해 본다. 3단계 학습을 할 수도 있다.
   ⑦ 정리할 때는 각 세트별로 카드를 섞어서 정리한다.

5. 잘못의 정정
   - 그림과 낱말이 서로 다르게 짝지어진 것을 볼 때

6. 흥미로운 점
   - 카드의 그림을 보는 것
   - 단어의 글자를 보는 것
   - 새로운 어휘를 아는 것

7. 교구의 목적
   - 직접 목표: 그림과 낱말을 짝지을 수 있다.
   - 간접 목표: – 시각적 변별력 – 어휘력 발달 – 읽기에 대한 준비

8. 연령: 3.5세 이상

9. 변형 및 응용, 확장
   - 학급 유아 사진, 동물, 공룡, 과일, 채소 등 그림 낱말 카드 짝짓기
   - 기억놀이

언어 교구 활동계획서 3

1. 교구명: 손뼉음 따라하기

2. 교구: 없음

3. 준비작업
   - 교사: 시범 준비
   - 유아: 청각 교구를 마친 유아

4. 시범
   ① 유아들과 함께 동그랗게 둘러앉는다.
   ② 활동명을 말해 준다.
   "지금부터 손뼉 따라 치기를 하겠습니다."
   ③ 교사가 3~5번 정도의 손뼉을 리듬 있게 친다.
   ④ 유아들은 선생님과 똑같은 리듬으로 손뼉을 따라 친다.
   ⑤ 유아가 손뼉 치기를 먼저 해 보도록 한다.
   ⑥ 교사와 나머지 유아들이 따라 친다.

5. 잘못의 정정
   - 교사에 의해서
   - 유아의 청각적 변별력에 의해서
   - 유아들끼리 서로 소리가 다를 때

6. 흥미로운 점
   - 손뼉음을 듣는 것
   - 손뼉을 쳐보는 것

7. 교구의 목적
   - 직접 목표: 듣기 능력을 발달시킨다.
   - 간접 목표: 읽기의 준비

8. 연령: 3세 이상

9. 변형 및 응용, 확장
   - 노래를 부르며 리듬을 만들어 손뼉 치기

언어 교구 활동계획서 4

1. 교구명: 비밀 소리 상자

2. 교구: 소리가 다른 물체들(돌멩이, 나무 조각, 솜 등), 쟁반

3. 준비작업
   - 교사: 교구, 시범 준비
   - 유아: 듣기 교구를 마친 유아

4. 시범
   ① 유아를 초대해 활동명과 교구의 위치를 알려준다.
   "오늘은 선생님과 소리 듣기 게임을 해 볼 거예요."
   ② 교구 쟁반을 가져와 매트 위에 놓는다.
   ③ 물체 한 가지를 꺼낸다.
   - "이것은 무엇일까요?" • "돌멩이"
   - "소리를 잘 들어보세요."(돌멩이를 떨어뜨려 본다.)

   ④ 나머지 물체도 같은 방법으로 소리를 들려준다.
   ⑤ 유아에게 눈을 감게 하고 상자에서 물체를 한 개씩 꺼내 소리를 들려주면 유아들은 물체의 이름을 알아맞힌다.

5. 잘못의 정정
   - 교사에 의해서
   - 유아가 눈을 뜬 후 물체를 보고서

6. 흥미로운 점
   - 물체의 모양을 보는 것
   - 물체가 떨어지면서 소리를 내는 것
   - 소리를 알아맞히는 것
   - 눈을 감는 것

7. 교구의 목적
   - 직접 목표: 소리를 변별하는 능력을 기른다.
   - 간접 목표: 주의 깊게 듣는 능력을 기른다.

8. 연령: 2.5세 이상

9. 변형 및 응용, 확장
   - 악기 소리 알아맞히기

언어 교구 활동계획서 5

1. 교구명:

2. 교구:

3. 준비작업
   - 교사:
   - 유아:
   - 환경:

4. 시범

   ①
   ②
   ③
   ④
   ⑤
   ⑥
   ⑦
   ⑧
   ⑨
   ⑩

5. 잘못의 정정
   -
   -
   -
   -

6. 흥미로운 점
   -
   -
   -
   -

7. 교구의 목적
    • 직접 목표:
    • 간접 목표:

8. 연령:

9. 변형 및 응용
    •
    •
    •
    •

언어 교구 활동계획서 6

1. 교구명:

2. 교구:

3. 준비작업
   - 교사:
   - 유아:
   - 환경:

4. 시범

   ①
   ②
   ③
   ④
   ⑤
   ⑥
   ⑦
   ⑧
   ⑨
   ⑩

5. 잘못의 정정
   -
   -
   -
   -

6. 흥미로운 점
   -
   -
   -
   -

7. 교구의 목적
    - 직접 목표:
    - 간접 목표:

8. 연령:

9. 변형 및 응용
    -
    -
    -
    -

언어 교구 활동계획서 7

1. 교구명:

2. 교구:

3. 준비작업
   - 교사:
   - 유아:
   - 환경:

4. 시범

   ①
   ②
   ③
   ④
   ⑤
   ⑥
   ⑦
   ⑧
   ⑨
   ⑩

5. 잘못의 정정
   -
   -
   -
   -

6. 흥미로운 점
   -
   -
   -
   -

7. 교구의 목적
    • 직접 목표:
    • 간접 목표:

8. 연령:

9. 변형 및 응용
    •
    •
    •
    •

언어 교구 활동계획서 8

1. 교구명:

2. 교구:

3. 준비작업
   - 교사:
   - 유아:
   - 환경:

4. 시범
   ①
   ②
   ③
   ④
   ⑤
   ⑥
   ⑦
   ⑧
   ⑨
   ⑩

5. 잘못의 정정
   •
   •
   •
   •

6. 흥미로운 점
   •
   •
   •
   •

7. 교구의 목적
    - 직접 목표:
    - 간접 목표:

8. 연령:

9. 변형 및 응용
    -
    -
    -
    -

언어 교구 활동계획서 9

1. 교구명:

2. 교구:

3. 준비작업
    • 교사:
    • 유아:
    • 환경:

4. 시범
    ①
    ②
    ③
    ④
    ⑤
    ⑥
    ⑦
    ⑧
    ⑨
    ⑩

5. 잘못의 정정
    •
    •
    •
    •

6. 흥미로운 점
    •
    •
    •
    •

7. 교구의 목적
   - 직접 목표:
   - 간접 목표:

8. 연령:

9. 변형 및 응용
   -
   -
   -
   -

언어 교구 활동계획서 10

1. 교구명:

2. 교구:

3. 준비작업
   - 교사:
   - 유아:
   - 환경:

4. 시범
   ①
   ②
   ③
   ④
   ⑤
   ⑥
   ⑦
   ⑧
   ⑨
   ⑩

5. 잘못의 정정
   -
   -
   -
   -

6. 흥미로운 점
   -
   -
   -
   -

7. 교구의 목적
    • 직접 목표:
    • 간접 목표:

8. 연령:

9. 변형 및 응용
    •
    •
    •
    •

언어 교구 활동계획서 11

1. 교구명:

2. 교구:

3. 준비작업
   - 교사:
   - 유아:
   - 환경:

4. 시범
   ①
   ②
   ③
   ④
   ⑤
   ⑥
   ⑦
   ⑧
   ⑨
   ⑩

5. 잘못의 정정
   •
   •
   •
   •

6. 흥미로운 점
   •
   •
   •
   •

7. 교구의 목적
    - 직접 목표:
    - 간접 목표:

8. 연령:

9. 변형 및 응용
    -
    -
    -
    -

5 문화 영역 교구활동

〈문화 영역의 교육내용〉

1. 지리
   땅, 물, 공기, 모래지구본, 색 지구본, 수형, 지형, 세계지도 퍼즐, 각 대륙별 퍼즐지도, 세계 여러 나라의 국기, 풍물, 언어, 등에 대한 소개, 우리나라에 대한 소개, 태양계 등

2. 역사
   시간의 소개, 나의 역사, 가족의 역사, 인류의 역사, 우주의 역사 등

3. 동 · 식물학
   생물과 무생물, 동물과 식물, 척추동물의 분류, 동물의 부분, 동물의 생태, 식물의 부분, 식물의 생태, 지질학 등

그림 8–5 문화영역

문화 교구 활동계획서 1

1. 교구명: 지구본 소개

2. 교구: 색깔 지구본 1개, 매트 1개

3. 준비작업
   - 교사: 지구본 소개하기 시범연습이 완벽하게 되어 있어야 한다.
   - 유아: 물, 공기, 흙, 모래 지구본의 소개가 끝난 유아를 초대한다.
   - 환경: 지구본이 있고, 매트 사용이 가능한지 확인한다.

4. 시범
   ① 유아를 초대하여 교구명을 알려준다.
   ② 매트를 가져와서 편다. 교구장에 가서 교구를 매트에 가지고 온다.
   ③ 매트 중간에 지구본을 놓고 지구본을 돌리면서 쳐다본다.
   ④ 이것은 지구예요. 우리가 살고 있는 곳이에요.
   ⑤ "파란색은 물로 되어 있는 곳이고, 색깔이 있는 곳은 땅으로 되어 있어요."
   ⑥ 유아에게 손으로 색깔이 있는 곳을 만져 보게 한다.
   ⑦ "저번에 모래로 되어 있는 곳은 사람들이 살고 있는 대륙이라고 했죠. 이 대륙들은 색마다 다른 이름을 가지고 있어요." "대륙의 이름을 알아봅시다." "노란색은 아시아 주라고 합니다."
   ⑧ 유아가 '아시아 주'를 만져 보게 한다. 유아가 만져 본 후 "아시아 주"라고 말한다.
   ⑨ 나머지 다른 색의 주도 같은 방법으로 소개한다.
   ⑩ 유아가 원하는 만큼 반복해서 만져 보고 말해 보게 한다.
   ⑪ 유아가 다 한 후 교구를 교구장에 갖다 놓는다.
   ⑫ 매트를 정리한다.

5. 잘못의 정정
   - 교사의 정정
   - 정정판에 의해서

6. 흥미로운 점
   - 대륙의 이름을 아는 것
   - 색깔 지구본의 모양을 보는 것
   - 색깔 지구본의 모양을 손으로 느껴 보는 것

7. 교구의 목적
   - 직접 목표: 지구의 대륙을 이름과 모양을 아는 것
   - 간접 목표: 자신의 문화 이해, 탐구력, 관찰력, 집중력, 상상력

8. 연령: 4.5세 이상

9. 변형 및 응용
   - 눈 가리고 지구본 만져보기
   - 다른 지구본과 비교해 보기

문화 교구 활동계획서 2

1. 교구명: 지구 대륙 퍼즐과 정정판

2. 교구: 지구 대륙 퍼즐, 대륙 퍼즐 정정판

3. 준비작업
   - 교사: 교구 시범을 완벽하게 연습한다.
   - 유아: 색지구본 소개를 받은 유아를 초대한다.

4. 시범
   ① 유아를 초대하여 교구명을 알려준다.
   ② 매트를 가져와서 편다.
   ③ 교구장에서 퍼즐과 정정판을 가져와서 매트 위에 놓는다.
   ④ 퍼즐을 쳐다본다. 대륙 모양의 하나를 꺼내어 퍼즐의 가장자리를 손가락으로 쓸어 본다.
   ⑤ 퍼즐의 이름을 말한다–"아시아 주". 아시아 주 퍼즐의 모양을 유아가 손으로 쓸어 만져 본다.
   ⑥ 아시아 주 퍼즐을 정정판 위의 아시아 주에 놓아 본다.
   ⑦ 나머지 다른 대륙 퍼즐도 같은 방법을 한다.
   ⑧ 매트를 정리한다.

5. 잘못의 정정
   - 대륙 퍼즐이 다른 곳에 놓아 지는 것을 보는 것
   - 대륙 퍼즐의 이름을 잘못 말하는 것

6. 흥미로운 점
   - 대륙의 모양을 퍼즐로 보는 것
   - 대륙 모양을 손으로 쓸어 보는 것

7. 교구의 목적
   - 직접 목표: 대륙의 모양과 이름을 알 수 있다.
   - 간접 목표: 문화 이해, 상상력, 집중력

8. 연령: 4세 이상

9. 변형 및 응용
   - 대륙 퍼즐을 색종이에 그려보는 것
   - 지구본에서 대륙 퍼즐을 찾아보는 것

문화 교구 활동계획서 3

1. 교구명: 수형과 지형

2. 교구: 수형과 지형 틀, 물, 종이, 펜, 쟁반, 책상

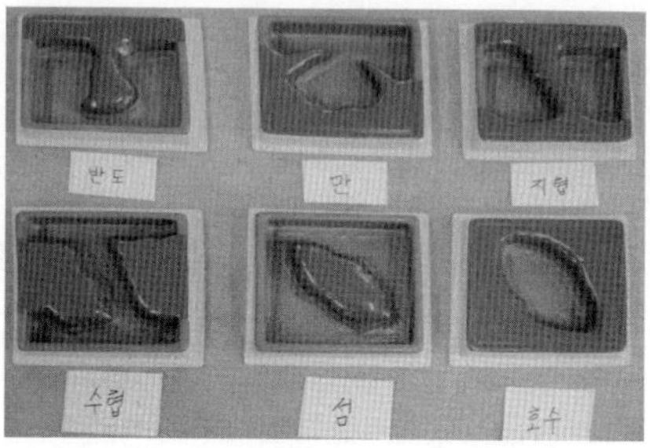

3. 준비작업
   - 교사: 수형과 지형 시범을 완벽하게 연습한다.
   - 유아: 지구 대륙 퍼즐, 지구본을 마친 유아를 초대한다.

4. 시범
   ① 유아를 초대하여 교구명을 알려준다.
   ② 교구장에 가서 교구를 책상으로 가져온다.
   ③ 지형 하나를 책상 중앙에 놓는다. 쳐다본다.
   ④ 파란색 물을 홈이 파인 곳에 붓는다.
   ⑤ "여기 흙색은 땅이고 파란색 부분은 물이에요. 이런 땅의 이름을 반도라고 합니다."
   ⑥ 쟁반에서 종리를 꺼내어 앞에 놓고 펜으로 종이에 '반도'라고 적는다.
   ⑦ 반도 지형 아래 부분에 이름적은 것을 종이를 놓는다.
   ⑧ '만', '섬', '호수', '수협', '지협'도 같은 방법으로 한다.
   ⑨ 다 한 후에 유아가 한번 해 보도록 권유한다.
   ⑩ 유아가 다 한 후에 교구를 정리한다.
   ⑪ 물은 다시 채워 놓는다.

5. 잘못의 정정
   - 지형, 수형의 이름을 잘못 적는 것
   - 물을 쏟는 것을 보는 것

6. 흥미로운 점
   - 지형과 수형의 종류를 보는 것
   - 지형과 수형의 이름을 아는 것
   - 종이에 이름을 적어 보는 것

7. 교구의 목적
   - 직접 목표: 수형과 지형을 알 수 있다.

- 간접 목표: 집중력, 문화 이해, 관찰력

8. 연령: 4세 이상

9. 변형 및 응용, 확장
   - 지형과 수형 카드와 매칭해 보기
   - 찰흙으로 지형과 수형을 만들어 보는 것

문화 교구 활동계획서 4

1. 교구명: 동물 부분 퍼즐과 이름

2. 교구: 물고기 모양 퍼즐, 부분 이름 카드, 매트 또는 책상

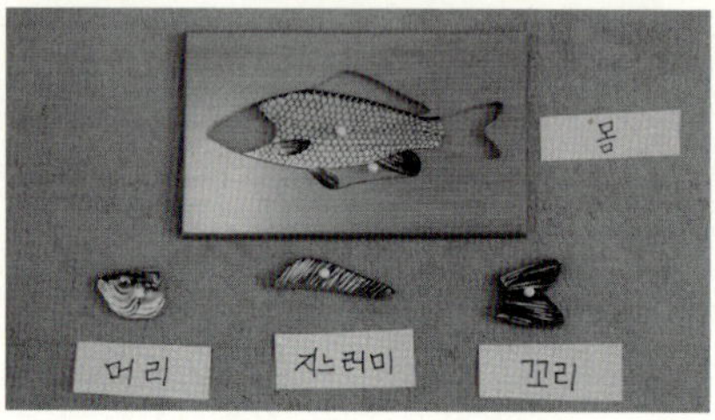

3. 준비작업
   • 교사: 교구 시범을 완벽하게 연습한다.
   • 유아: 동물의 분류 활동을 마친 유아

4. 시범
   ① 유아를 초대하여 교구명을 알려준다.
   ② 교구를 책상을 가져온다.
   ③ 물고기 부분의 퍼즐을 하나 꺼내어 앞에 놓는다.
   ④ 꺼낸 퍼즐의 가장자리를 손으로 쓸어 본다.
   ⑤ 퍼즐 부분의 이름을 말하고 이름카드를 퍼즐 아래에 놓는다. '머리' 부분의 나머지도 같은 방법으로 퍼즐과 이름카드를 매칭한다. '지느러미', '꼬리', '몸' 등. 정정판을 두고 확인할 수 있다.
   ⑥ 유아가 한번 해 보도록 권유한다.
   ⑦ 유아가 다 한 후에 교구를 정리한다.

5. 잘못의 정정
   • 부분의 이름과 퍼즐 부분을 잘못 매칭하는 것
   • 정정판을 보고 정정

6. 흥미로운 점
   • 물고기 부분의 모양을 보는 것
   • 물고기 부분의 이름을 아는 것

7. 교구의 목적
   • 직접 목표: 물고기 부분의 이름과 모양을 알 수 있다.
   • 간접 목표: 문화 이해, 관찰력, 집중력

8. 연령: 4세 이상

10. 변형 및 응용, 확장
   • 다른 포유류의 종류 부분을 알아보는 것
   • 정정판에 퍼즐 부분을 놓아 보는 것

문화 교구 활동계획서 5

1. 교구명:

2. 교구:

3. 준비작업
   - 교사:
   - 유아:
   - 환경:

4. 시범
   ①
   ②
   ③
   ④
   ⑤
   ⑥
   ⑦
   ⑧
   ⑨
   ⑩

5. 잘못의 정정
   -
   -
   -
   -

6. 흥미로운 점
   -
   -
   -
   -

7. 교구의 목적
   - 직접 목표:
   - 간접 목표:

8. 연령:

9. 변형 및 응용
   -
   -
   -
   -

문화 교구 활동계획서 6

1. 교구명:

2. 교구:

3. 준비작업
    - 교사:
    - 유아:
    - 환경:

4. 시범
    ①
    ②
    ③
    ④
    ⑤
    ⑥
    ⑦
    ⑧
    ⑨
    ⑩

5. 잘못의 정정
    -
    -
    -
    -

6. 흥미로운 점
    -
    -
    -
    -

7. 교구의 목적
   - 직접 목표:
   - 간접 목표:

8. 연령:

9. 변형 및 응용
   -
   -
   -
   -

문화 교구 활동계획서 7

1. 교구명:

2. 교구:

3. 준비작업
   - 교사:
   - 유아:
   - 환경:

4. 시범
   ①
   ②
   ③
   ④
   ⑤
   ⑥
   ⑦
   ⑧
   ⑨
   ⑩

5. 잘못의 정정
   -
   -
   -
   -

6. 흥미로운 점
   -
   -
   -
   -

7. 교구의 목적
   • 직접 목표:
   • 간접 목표:

8. 연령:

9. 변형 및 응용
   •
   •
   •
   •

문화 교구 활동계획서 8

1. 교구명:

2. 교구:

3. 준비작업
   - 교사:
   - 유아:
   - 환경:

4. 시범
   ①
   ②
   ③
   ④
   ⑤
   ⑥
   ⑦
   ⑧
   ⑨
   ⑩

5. 잘못의 정정
   •
   •
   •
   •

6. 흥미로운 점
   •
   •
   •
   •

7. 교구의 목적
    • 직접 목표:
    • 간접 목표:

8. 연령:

9. 변형 및 응용
    •
    •
    •
    •

문화 교구 활동계획서 9

1. 교구명:

2. 교구:

3. 준비작업
   - 교사:
   - 유아:
   - 환경:

4. 시범
   ①
   ②
   ③
   ④
   ⑤
   ⑥
   ⑦
   ⑧
   ⑨
   ⑩

5. 잘못의 정정
   -
   -
   -
   -

6. 흥미로운 점
   -
   -
   -
   -

7. 교구의 목적
   - 직접 목표:
   - 간접 목표:

8. 연령:

9. 변형 및 응용
   -
   -
   -
   -

문화 교구 활동계획서 10

1. 교구명:

2. 교구:

3. 준비작업
    - 교사:
    - 유아:
    - 환경:

4. 시범
    ①
    ②
    ③
    ④
    ⑤
    ⑥
    ⑦
    ⑧
    ⑨
    ⑩

5. 잘못의 정정
    -
    -
    -
    -

6. 흥미로운 점
    -
    -
    -
    -

7. 교구의 목적
    - 직접 목표:
    - 간접 목표:

8. 연령:

9. 변형 및 응용
    -
    -
    -
    -

문화 교구 활동계획서 11

1. 교구명:

2. 교구:

3. 준비작업
   - 교사:
   - 유아:
   - 환경:

4. 시범
   ①
   ②
   ③
   ④
   ⑤
   ⑥
   ⑦
   ⑧
   ⑨
   ⑩

5. 잘못의 정정
   -
   -
   -
   -

6. 흥미로운 점
   -
   -
   -
   -

7. 교구의 목적
   • 직접 목표:
   • 간접 목표:

8. 연령:

9. 변형 및 응용
   •
   •
   •
   •

참고문헌

강갑원(1997). 유아기 몬테소리 교육 효과의 문헌 분석적 고찰. 열린유아교육연구, 2(1). 137-170.

강수경(1993). 유아교사 양성 교육과정에 대한 유치원 교사의 인식. 이화여자대학교 대학원 석사학위 논문.

강수명(1999). Montessori 교육이 유아의 친사회적 행동에 미치는 효과. 건국대학교 석사학위논문.

강혜경(2001). 보육교사의 직무스트레스가 직무만족도에 미치는 영향에 관한 연구. 이화여자대학교 사회복지대학원 석사학위 논문.

강희숙(1988). 교육프로그램에 따른 유아의 사회성 발달 비교연구: S 유치원과 M 유치원을 중심으로. 이화여자대학교 교육대학원 석사학위논문.

고정자(2009). 교사들의 직장스트레스에 영향을 미치는 직무스트레스원과 자아존중감의 매개효과. 한국가족관계학회지, 13(4). 247-268.

곽노의(1998). 유아교육사상. 서울: 문음사.

곽영자(1993). 몬테소리 유아원과 일반 유아원 아동의 사회적 능력비교. 계명대학교 석사학위논문.

곽영자(1994). 몬테소리 유치원과 일반 유치원 유아의 사회적 능력비교. 유아교육, 4(1). 23-48.

구경선(2002). 몬테소리. 연세대학교 교육철학연구회(편), 위대한 사상가들. 서울: 교육과학사.

권영자 · 박정태(2009). 생명을 돕는 몬테소리 유아교육 이론과 실제. 서울: 양서원.

권오신(2008). 가톨릭 유치원의 몬테소리 교육 운영 실태와 교사의 인식, 원광대학교 교육대학원, 석사학위논문.

권은주(2004). 몬테소리교육 프로그램이 유아의 다중지능에 미치는 효과 연구, 동국대학교 교육대학원 유아교육전공 석사학위논문.

김경숙(1983). 몬테소리 교육의 본질. 대구가톨릭 대학교 대학원 석사학위논문.

김경연(2010). 특수교사의 직무스트레스 요인이 직무만족과 조직몰입에 미치는 영향. 창원대학교 대학원 석사학위논문.

김경옥(2009). 몬테소리 유치원 교사 직무만족도와 교사-유아 간 상호작용과의 관계. 대구가톨릭대학교 일반대학원. 석사학위논문.

김경중(1983). Maria Montessori의 교육이론에 관한 연구. 한남대학교 대학원 석사학위 논문.

REFERENCE

참고문헌

김남균(1998). 몬테소리의 교육사상에 관한 연구. 관동대학교 교육대학원 석사학위 논문.

김동춘(1982). 몬테소리 교육현황에 대한 분석적 연구. 이화여자대학교 교육대학원 석사 학위 논문.

김란희(2016). 유아의 기본생활습관에 대한 교사의 지도방법과 지도과정에서의 어려움. 성신여자대학교 교육대학원. 석사학위논문.

김명희 · 신화식 · 김지영 · 김민선(2005). 영아용 몬테소리 수행평가 도구 개발. 아동학회지, 26(2). 1-15.

김명희 · 신화식 · 황혜경(2004). 영아용 가정방문 몬테소리 수행평가 도구 개발에 관한 연구. 한국영유아보육학, 39. 89-109.

김선희(2001). 몬테소리 일상생활 활동 프로그램이 초등학교 1학년 기본생활습관 형성에 미치는 효과. 대구가톨릭대학교 교육대학원 석사학위논문.

김숙경(2009). 몬테소리 교육프로그램의 수학연한과 성별에 따른 유아 정서와 지능과의 관계, 대구가톨릭대학교 대학원 석사학위논문.

김아영 · 김민정(2002). 초등교사들의 교사 효능감과 학교조직풍도 간의 관계. 교육심리연구, 16(3). 5-29

김영란(2007). 몬테소리 교육프로그램이 유아의 정서 발달에 미치는 영향. 한국외국어대학교 대학원 석사학위논문.

김영선(1997). 몬테소리 교사양성의 문제점 및 그 개선 방안. 몬테소리 교육연구, 제2집. 89-107.

김영숙(2009). 몬테소리 교육이 유아의 자아존중감에 미치는 영향. 아주대학교 대학원 석사학위논문.

김영옥(1982). 몬테소리의 유아교육사상에 관한 연구. 대구가톨릭대학교 대학원 석사학위 논문.

김옥경(2003). 몬테소리 유치원 유아의 다중지능과 친사회적 행동의 관계 연구. 아주대학교 교육대학원 석사학위논문.

김은숙(2005). Montessori 일상생활 훈련이 유아의 자기조절력에 미치는 영향. 계명대학교 교육대학원 유아교육전공 석사학위논문.

김은숙(1990). 몬테소리 교육의 이념과 방법. 영진전문대학 연구논문집, 제12집. 101-115.

김준희(1994). 한국 몬테소리 교육의 실태조사. 중앙대학교 교육대학원 석사학위 논문.

김진순(1974). 몬테소리의 교육사상에 관한 연구. 고려대학교 대학원 석사학위 논문.

김춘경(1996). Montessori 사회교육에 관한 고찰. 유아교육연구, 16(2). 71-86.

남영수(1999). 한국 몬테소리 교사 양성과정에 관한 조사 연구. 한국외국어대학교 교육대학원 석사학위논문.

노영희(1982). 현대 유아교육과정의 탐색을 위한 몬테소리 교육법의 재평가. 전남대학교 교육대학원 석사학위 논문.

류문화(1996). 자기교시 훈련이 주의집중결함 과잉행동유아의 문제행동 수정에 미치는 효과. 대구대학교 대학원 박사학위논문.

문정미(2011). 몬테소리 유아교육기관 교사의 교사효능감과 교직 지향성 연구. 광주대학교 대학원. 석사학위논문.

박두하(1976). 몬테소리의 교육사상에 관한 연구. 성균관대학교 대학원 석사학위 논문.

박성은·오정숙·최선희 공저(2001). 몬테소리 유아교육의 철학적 이론과 실제. 서울: 창지사.

박정희(1889). 몬테소리 유아교육사상 연구: 교육이념과 교육방법을 중심으로. 계명대학교 교육대학원 석사학위 논문.

박효선(2003). 몬테소리 감각교육의 변형과 응용이 유아의 창의성 발달에 미치는 영향. 숭실대학교 석사학위논문.

배선희(2005). 몬테소리 교육이 유아의 자기주도성과 대인관계형성에 미치는 영향. 충남대학교 교육대학원 석사학위논문.

서인숙(1997). 삐아제와 몬테소리 교육이론 비교 연구. 건국대학교 대학원 석사학위 논문.

손미자(2009). 몬테소리 교육프로그램이 유아의 자아개념 발달에 미치는 영향. 숭실대학교 교육대학원 석사학위논문.

송은수(2007). 몬테소리교육이 유아의 자기조절능력과 사회적 문제해결능력에 미치는 영향. 성결대학교 대학원 석사학위논문.

송필연(2000). 몬테소리 교사교육에 대한 몬테소리 교사의 인식. 건국대학교 교육대학원 석사학위논문.

신정원(1998). 조기 영어교육을 위한 몬테소리 방법의 활용방안 연구. 중앙대학교 대학원.

신화식(1996). 몬테소리 교육의 이론과 실제. 서울: 양서원.

신화식(2007). 개별화 교육을 위한 몬테소리 이론과 실제. 서울: 양서원

신화식 · 김동춘 · 이윤경 · 배지희 · 이영미(2009). 몬테소리 수행평가 도구 개발에 관한 연구. 한국Montessori교육학회 정기학술대회. 59~66.

안효영(2008). 몬테소리 일상생활 영역 활동이 발달지체 유아의 주의집중 행동에 미치는 효과. 단국대학교 특수교육대학원 석사학위논문.

양옥승 · 김명희 · 신화식(2004). 영유아의 창의성 개발을 위한 몬테소리 수행평가 도구 개발 연구. (주)한국몬테소리 지원연구.

양옥승 · 김명희 · 신화식(2004). 몬테소리 수행평가 도구 개발에 관한 연구. 유아교육연구, 24(2). 243~263.

양옥승 · 김명희 · 신화식 · 성연승 · 김민선(2004). 유아용 몬테소리 프로그램 평가도구 개발 -59~93개월 유아를 중심으로-. 유아교육학논집, 8(3). 43~62.

어은정(1995). 혼합연령 집단 구성에 대한 교사와 부모의 인식. 이화여자대학교 교육대학원 석사학위 논문.

여성가족부(2007). 보육프로그램 개발 제 1권 총론. 연구보고 2007-05.

오금희(1993). 몬테소리 유아교육사상에 관한 연구. 건국대학교 대학원 석사학위 논문.

오금희(1996). 몬테소리의 유아교육. 서울: 문음사.

원영미(1993). 한미 몬테소리 교사들의 개입행동에 대한 비교연구. 교육학연구, 3(5). 111-129.

유재봉(2005). 몬테소리교육의 이해. 서울: 교육과학사.

이남희(2008). 몬테소리 교육에 대한 인식 및 교육 운영에 관한 연구. 한국외국어대학교 교육대학원. 석사학위논문.

이명희(1988). 마리아 몬테소리의 교사론. 대구가톨릭대학교 교육대학원 석사학위논문.

이상금(1987). 몬테소리 교육법의 이해. 서울: 교문사.

이승연(2000). 몬테소리 교육프로그램을 도입한 유치원의 운영현황에 관한 연구. 이화여자대학교 교육대학원 석사학위 논문.

이용례(1992). Montessori 프로그램이 유아의 지능, 사회성숙도 및 상호작용에 미치는 영향. 원광대학교 교육대학원 석사학위논문.

이은미(1994). M. Montessori의 유아교육사상을 중심으로 한 교사교육에 관한 연구. 대구 가톨릭대학교 대학원 석사학위 논문.

이은숙(1999). 몬테소리프로그램에 관한 학부모와 교사의 인식 연구. 숙명여자대학교 대학원 석사학위 논문.

이향숙(2005). 몬테소리 유치원에 적용한 집단치료놀이가 유아의 문제행동, 자아개념 및 사회적 유능성에 미치는 효과. 숙명여자대학교 대학원 박사학위논문.

이향숙(1999). 마리아 몬테소리의 교사론. 몬테소리 교육 연구, 제4집. 89-107.

장재향(2012). 몬테소리 감각 교육 프로그램이 학령기 아동의 주의집중력에 미치는 효과. 대구가톨릭대학교, 석사학위논문.

정영주(2005). 몬테소리 영역활동이 유아의 다중지능과 창의성에 미치는 영향. 국민대학교 교육대학원 석사학위논문.

조규영(2012). 보육교사의 직무스트레스 선행요인과 행위 결과에 관한 연구. 동아대학교 대학원 박학위논문.

조성자(1990). 몬테소리의 어린이의 신비. 서울: 창지사.

조성자(1993). 한국에 있어서 몬테소리 교육의 현황과 보완책. 대구가톨릭대학교 연구논문집, 제47집. 199-224.

조성자(1995). 어린이 발견. 서울: 창지사.

조성자(1996). 몬테소리 교육학. 서울: 중앙적성출판사.

조성자(1996). 몬테소리의 새로운 세계를 위한 어린이 교육. 서울: 중앙적성출판사.

조성자(1996). 마리아 몬테소리의 자유 개념과 자유 작업의 원리: 중앙적성출판사.

조성자(1998). 자유작업과 열린 교실을 위한 마리아 몬테소리의 교사론. 서울: 창지사.

조성자(1998). 몬테소리의 어린이의 정신. 서울: 창지사.

조성자(1998). Maria Montessori의 우주교육-유아기에서 청소년기까지-. 서울: 중앙적성출판사.

조성자(2010). 몬테소리 우주교육의 철학적 관점. 서울: 공동체.

조옥희(1991). 몬테소리 교육에 있어서의 자유. 영진전문대 연구논문집, 제13집. 41-54.

조옥희(1992). 몬테소리 유아교육사상에서의 교사론. 대구가톨릭대학교 교사대학원 박사 학위논문.

조옥희(1996). 몬테소리 교육이론에 기초한 교사교육 프로그램 개발. 영진전문대 연구논문집, 제18집. 61-85.

조옥희 · 권영자(1998). 몬테소리 유아교육. 서울: 중앙적성출판사.

조옥희 · 최순실(1993). 한국 몬테소리 교사교육실태에 관한 조사연구. 영진전문대학 연구논문집, 제15집. 123-140.

최보경(1999). 몬테소리 교사양성교육에 대한 유아교사의 인식 및 요구분석. 덕성여자대학교 대학원 석사학위 논문.

최안복(1997). 몬테소리 일상생활 훈련 프로그램이 만 3세 유아의 주의집중력·창의성과 사회적 문제해결력에 미치는 효과. 성균관대학교 교육대학원 석사학위논문.

최인자(2005). 몬테소리 감각프로그램이 발달지체유아의 지각-운동 및 주의집중에 미치는 영향. 강남대학교 교육대학원 석사학위논문.

홍건애(1990). 몬테소리 교육사상에 대한 비판적 고찰. 한양대학교 대학원 석사학위논문.

황현숙(2001). 몬테소리 교육운영 현황과 교사교육에 관한 인식 조사. 대구가톨릭대학교 대학원 석사학위논문.

Bagby, J. H.(2007). A Review of th Literature, 1996-2006. Montessori Life, 1.

Boehnlein, Mary Maher(1990). Research and evaluation summary of Montessori programs. In David Kahn, ed. Implementing Montessori Education in the Public Sector. Cleveland: North American Montessori Teachers' Association. pp.476-483.

Boyle, M. & Mahendra, N. & Hopper, T. & Bayles, K. A. & Azuma, T. & Cleary, S. & Kim, E.(2006). Evidence-based practice recommendations for working with individual with dementia: Montessori-based interventions. Journal of Medical Speech-Language Pathology, 14(1).

Camp, C. J. & Skrajner, M. J.(2004). Resident assisted Montessori programming (RAMP): Teaining person with demntia to serve as group activity leaders. The Gerontologist, 44(3). pp.426-431.

Clifford, Alcillia Jones, and Carol Takacs(1991). Marotta Montessori Schools of Cleveland follow-up study of urban center pupils. (Unpublished paper, Cleveland State University).

Cossentino, J. M.(2006). Big work: Goodness, vacation, and engagement in the Montessori method. Curriculum Inquiry, 36(1). pp.63-92.

Dreher, B. B.(1997). Montessori and Alzheimer's: A partnership that works. American Journal of Alzheimer's Disease, May/June, pp.138-140.

Diamond, A. & Lee, K., "Interventions Shown to Aid Executive Function Development in Children 4 to 12 Years Old," Science 333: 959-964 and Supporting Online Material (Aug. 19, 2011).

Duax, Tim(1989). Preliminary report on the educational effectiveness of a Montessori school in the public sector. The NAMTA Journal, (14)2. 56-62.

Fleege, U.; Black, M.; Rackauskas, J. Montessori Preschool Education Project 5-1061. Grant No OE3-10-127. Washington, D. C.: Office of Education, 1967.

Flynn, T. M.(1991). Development of social, personal and cognitive skills of preschool children in Montessori and traditional preschool programs. ED 337297.

Kramer. R.(1976). Maria Montessori, Chicago: University of Chicago Press.

Kilpatrik(1914). The Montessori system examined. Cambridge: The Riverside Press.

Lillard, P. P.(1973). Montessori: modern approach., New York: Schoken Books, Inc.

Mira C. Debs. Racial and Economic Diversity in U.S. Public Montessori Schools, Journal of Montessori Research, 2016. Vol 2, Issue 2.

Montessori, Maria(1956). Childhood education. Trans. Joosteon, A. M. New York: A Meridian Book, New Library, Inc.

Montessori, M.(1965). Dr. Montessori's Own Handbook. New York: Schocken Books(Original Work Published 1914).

Montessori, Maria(1965). The Child in the Church, ed. E. M. Staning. St. Paul, Minn.: CatecheticalGuild.

Montessori, M.(1972). The Discovery of the Child. New York: Ballantine Books.

Montessori, M.(1964). The Montessori method. Trans, A. E. George, New York: Schocken Books, Inc.

Montessori, M.(1965). Spontaneous activity in education. Trans, F. Simmonds New York : Schocken Books, Inc.

Montessori, M.(1967a). The absorbent mind. Trans, A Claude Claremont, New York: Holt, Rinehart, & Winston, Inc.

Montessori, M.(1967b). The discovery of the child. Trans, S. J. Joseph Costelloe, New York: Fides Publishers, Inc.

Montessori, M.(1913). Maria Montessori, Pedagogical Anthropology, New York: Fredrick A. Stokes.

Montessori, M.(1914). Dr. Montessori's own Handbook. By Nancy McCormick Rambusch, 유아교육 첫걸음. 김정환 옮김, 출판사: 양서원.

Montessori, M.(1989). The Child, Society, and the World. ABC-CLIO Ltd.

REFERENCE

참고문헌

Morrison, George s.(1998). Early childhood education today. 7th edition. Merrill Prentice Hall, Inc.

Nearing, G. B.(1998). Prevention of violent behaviors through attachment via a play therapy and Montessori program. Miami Institute of psychology of the caribbean canter for advanced studies Miami, Florida.

Orem, R. C.(1966). Montessori's Today. New York: Ballantine Books.

Palmer, J. A.(2001). Fifty Modern Thinkers in Education. London: Routledge.

Peter Sims(2011). The Montessori Mafia, THE WALL STREET JOURNAL, pr. 5.

Pickering, J.(1992). Successful applications of Montessori methods with children at risk for learning disabilities. Annals of Dyslexia, 42. pp.90-109.

Rathunde, K.(2001). Montessori education and optimal experience: A framework for new research. NAMTA Journal, 26(1). pp.11-43.

Rathunde, K., & Csikszentmihalyi, M.(Summer 2003). A Comparison of Montessori and traditional middle schools: Motivation, quality of experience, and social context. NAMTA Journal, 28(3). pp.12-52.

Spodek, Bernard(1973). Early childhood education. New Jersey: Prentice Hall, Inc.

Standing, E. M.(1962). Maria Montessori: Her Life and Work. New York A Mentor Book from New American Library of World Literature, Inc.

Standing, E. M.(1970). Maria Montessori: Her Life and Work. New York: Capricom Books.

7 Tech Innovators Who Became Wildly Successful After Going To Montessori School

Caroline Moss, Mar 5, 2014, 5:04 AM

http://www.blog.montessoriforeveryone.com/the-neurology-of-montessori.html

저/자/소/개

• **황현숙**

대구대학교 사범대학 유아교육과 학사
University of Missouri 문학석사(유아교육전공)
창원대학교 대학원 교육학 박사(교육심리전공)
AMS 미국 몬테소리 교사 3~6세 자격
현) 창원문성대학교 유아교육과 교수

몬테소리의 유아교육

초판 1쇄 인쇄 / 2017년 1월 10일
초판 1쇄 발행 / 2017년 1월 20일

저 자 / 황 현 숙
발행인 / 이 중 수
발행처 / **동 문 사**

서울특별시 서대문구 홍제원 1길 12
(홍제동 137-8)
Tel : 02)736-3718(대), 736-3710, 3720
Fax : 02)736-3719
등록번호 : 제9-17호
가격 : 19,000원

ISBN : 978-89-8251-924-6(93370)
E-mail : dong736@naver.com
www.dongmunsa.com